总 序

　　2016 年 8 月通过的《"健康中国 2030 规划纲要"》体现了党和政府对人民群众健康权益和促进人全面发展的高度重视，反映了我国由体育大国向体育强国迈进的国家意志。"十三五"期间，全面建成小康社会为体育发展开辟了新空间，经济发展新常态和供给侧结构性改革也对体育发展提出了新要求，建设健康中国更是为体育发展提供了新机遇。然而，当前我国体育人才发展水平同体育事业的发展需求仍有差距，存在着体育人才总量相对不足、体育人才培养质量不高、各类体育人才发展不均衡、高层次创新型人才短缺等现象，还不能满足体育强国建设的需求，难以发挥体育人才在体育事业发展和体育强国建设中的基础性、战略性、决定性的作用。特别是在体育专业人才培养质量方面，受招生规模不断扩大、生源质量参差不齐等诸多因素的影响，培养质量并未达到预期的目标。究其体育教学本质原因，学校体育教学目标、教师、学生、内容、方法、过程、环境、评价等都难以免责，但是，作为教学内容的载体——教材质量的好坏无疑决定着人才培养质量的水平。尽管体育学科教育改革在不断深化推进，但教学内容方面的创新改革力度仍显不足。目前，体育学类本科专业的教材内容仍以传授知识为中心，教材编写一直存在高度抽象化、纯粹理论化、逻辑不清晰、结构混乱、叙述晦涩、实例奇缺的问题，书中充斥着抄袭来的公式和陈词滥调，国际上最新的研究成果和理论较少能在教材中得到体现。整体上，体育学类本科专业教材存在建设滞后、缺乏个性化、内容更新周期缓慢、编写水平不高和印装质量低下等问题。其导致的结果就是出现教师"教不会""教不清"和学生"学不会""用不上"的窘况，教学质量难以保证，提高教学质量更无从谈起。因此，如何紧跟经济社会的发展变化，编写出能反映体育学科专业的最新研究成果，更好地适应教法更新和学法创新，激发现代大学生的学习兴趣，在教材内容、逻辑结构和形式编排等方面不断彰显优秀经验传承与创新的教材将是编写者亟待关注的核心问题，也是提高教材编写水平和教学质量的重要保证。

　　"高等学校体育学类本科专业系列教材"是依据"健康第一"的教育理念和《高等学校体育学类本科专业类教学质量国家标准》（修订稿）（以下简称《标准》）规定的专业课程体系要求，由编委会组织多位资深任课教师尤其是优势和特色专业学科带头人、知名学者、教授，在具备深厚学术研究背景、长期教学实践和教材编撰研究经验的基础上，编写出的体现体育学科研究成果的高质量系列教材。按照《标准》规定的专业必修课课程要求，编写了专业类基础课程（体育学类本科专业均需开设的课程）教材，包括"体育概论""运动解剖学""体育心理学""运动生理学""体育社会学""健康教育学""体育科学研究方法"7

门专业类基础课程的教材，并按照专业方向课程开设采用 3+X 的模式要求，编写了"学校体育学""运动训练学""体育竞赛学""体育市场营销""中国武术导论"等专业方向课程以及"运动生物化学""运动生物力学""体育管理学""乒乓球""排球""武术""体操""篮球""健美操""羽毛球"等模块选修课程的教材。该系列教材既可以作为体育学类本科专业学生的教材使用，也可以作为各级各类体育教师和教练员的参考用书。

本系列教材的特色有以下几点：

一是力求体育学科理论知识阐述和论证适可而止，避免机械地叠加理论或过度地引用、借用观点。力争避免高度抽象化和纯理论化，使教学内容丰富，更加贴近现代体育专业本科生的学习兴趣，体现新课程体系下的新的课程内容，注重提高学生的实践能力，培养学生的创新能力。

二是立足于理论联系实际的观点，突出学以致用的目标。在编写体例上强化了篇、章、节之间的逻辑关系的清晰性和结构的合理性，在案例、材料的选择上更加突出新意。根据知识的脉络和授课的逻辑，设计了思考、讨论或动手探索、操作的环节，提升书稿的互动性。同时，根据篇幅及教学情况，以知识拓展、阅读和实践引导、趣味阅读等形式，适当增加拓展性知识，力争使教师"教得会""教得清"，学生"学得懂""用得上"。

三是力求做到简洁、明晰。在大纲设计、内容取舍上，坚持逻辑清晰、行文简洁，注意填补新兴学科、交叉学科等教材的空白以及相关教材体系的配套，避免大而全、面面俱到的写作，力图使教材具有基础性、实用性、可读性以及可教性，最大程度地避免言不切实，空泛议论的素材堆积。

本系列教材编委均是各个专业研究领域的专家，大都具有博士学位，对各自的研究领域非常熟悉，有很深的研究与很高的学术造诣，他们所撰写的内容均是各自潜心研究的成果。对于如何编写好体育学类本科专业系列教材，全体编写人员在科学性、实用性、可读性、针对性和先进性方面做了初步尝试。交流和讨论得不够，不足之处在所难免，欢迎读者不吝赐教与批评指正，修订时将作进一步充实与完善。

虽然编委会按照《标准》的要求，有规划地对系列教材进行组织、开发和编写，但由于对教材质量和水平的高规格要求，一部分重要课程的教材并未被列入此次教材编写的名目，编委会将在后续编写中逐步增补。

本系列教材的编写，得到了重庆大学出版社领导的大力支持与帮助。同时，全国高等学校体育教学指导委员会技术学科组原副组长王崇喜教授，全国高等学校体育教学指导委员会委员、河南省高校体协主席林克明教授等专家也给予了许多的鼓励、建议与指导，编写时参考了诸多专家、学者的前沿研究成果，在此一并表示衷心的感谢！

高等学校体育学类本科专业系列教材编委会

2016 年 10 月

高等学校体育学类本科专业系列教材

总主编　刘纯献　赵子建
总主审　王崇喜　林克明

TIYU GAILUN

TIYU GAILUN
体育概论

主　编　黄延春　梁汉平

副主编　王晓东　梁立启
　　　　周进国

审　稿　张玉超

重庆大学出版社

图书在版编目(CIP)数据

体育概论/黄延春,梁汉平主编. -- 重庆:重庆
大学出版社,2018.6(2021.7重印)
高等学校体育学类本科专业系列教材
ISBN 978-7-5689-0706-4

Ⅰ.①体… Ⅱ.①黄… ②梁… Ⅲ.①体育—高等学
校—教材 Ⅳ.①G807.4

中国版本图书馆 CIP 数据核字(2017)第 186147 号

体育概论

主　编　黄延春　梁汉平
副主编　王晓东　梁立启　周进国
策划编辑:唐启秀　贾　曼

责任编辑:杨　敬　王　倩　版式设计:唐启秀
责任校对:张红梅　　　　　　责任印制:张　策

*

重庆大学出版社出版发行
出版人:饶帮华
社址:重庆市沙坪坝区大学城西路21号
邮编:401331
电话:(023)88617190　88617185(中小学)
传真:(023)88617186　88617166
网址:http://www.cqup.com.cn
邮箱:fxk@cqup.com.cn(营销中心)
全国新华书店经销
重庆升光电力印务有限公司印刷

*

开本:787mm×1092mm　印张:13.5　字数:281千
2018年6月第1版　　2021年7月第2次印刷
ISBN 978-7-5689-0706-4　定价:34.00元

前　言

　　体育概论是从体育理论中分化出来的一门基础学科，属于社会科学的范畴，它以辩证唯物主义和历史唯物主义观点作为自己方法论的基本原理，从宏观上、整体上综合研究体育的基本特征和发展规律。与此同时，体育概论也是体育专业的一门公共基础必修课，主要为不同的体育专业方向的学生提供体育基础理论知识，使其对"体育"这一社会文化现象有大致的了解，为进一步地进行学科学习奠定良好的知识基础。体育概论具有高度概括性，有利于帮助学生掌握体育知识的系统性和完整性，指导体育向合理化方向发展。

　　本书从体育的来源以及其概念的产生与发展、体育的目的、体育的功能和价值、体育体制、体育科学的知识体系和未来体育等方面，重新构建了教材的叙事体系。本书第一章介绍了体育产生的内外部原因及几种起源学说，重点介绍了体育概念的产生及其演变，运用逻辑学的划分和分类规则，引导学生采用多种标准对体育概念进行分类。第二章介绍了体育的自然质、结构质、系统质功能，重点介绍了体育的自然价值、社会价值和人文价值。第三章根据体育的三要素，对体育本质进行了分析，对体育目的的概念和目标任务的概念及其特点作了较为全面的介绍。第四章介绍了体育构成的特点和分类方法，阐述了学校体育、竞技体育和社会体育的内涵、任务、组成和特点。第五章系统阐释了体育手段的概念和特征，介绍了几种常见身体运动项目的特点、功用和发展历史。第六章介绍了文化与体育文化的概念及构成，体育文化的特性，中国体育文化的传统特质与当代发展，以及体育文化产业的内涵、构成与发展思路。第七章介绍了体育科学形成和发展的历史进程，体育科学的学科体系及其特征，论述了体育科学研究的一般过程以及几种常用的体育科研方法的特点和使用要求。第八章介绍了当前体育体制的形态及其特点、功能，描述了体育强国所实施的体育组织制度，我国目前采取的层次制和分职制相结合的组织管理体制的基本构成、特点、不足及今后的改革方向。第九章遵循体育自身的发展规律，从人发展的角度，阐述人的可持续发展与体育的关系以及人的现代化与体育的关系；从社会发展的角度，分析体育发展趋势，论述休闲体育、老年体育的形成与体育发展的关系；从科技发展的角度，分析计算机技术、基因技术、材料科学与体育发展的关系。

2016 年 10 月 25 日中共中央、国务院印发并实施《"健康中国 2030" 规划纲要》，如何充分认识和发挥"体育"对健康的促进和推动作用，无疑成为当下全民关注的话题；让大众更好地了解"体育"的本质及功能等，让更多的人，尤其是青少年理解和掌握"体育"的含义，进而充分发挥"体育"在"健康中国"中的作用，无疑是体育工作者应该及早完成的任务。本书也正是基于这样的宏观背景，邀请相关领域的体育学博士，进行了必要的探讨与论述。与此同时，为方便读者学习，每章章首都设有"学习任务""学习目标"和"学习地图"。每章结尾都有"本章小结""回顾与练习""知识拓展"等板块。希望这些努力，能对读者们全面、完整地认识、理解体育有所帮助。

本书主编：黄延春（博士，郑州大学）、梁汉平（博士，贺州学院）；副主编：王晓东（博士，安庆师范大学）、梁立启（博士，岭南师范学院）、周进国（博士，韩山师范学院）。具体分工为：前言、第一章（黄延春、梁汉平）；第二章、第三章（梁汉平）；第四章、第五章、第七章（王晓东）；第六章（周进国）；第八章、第九章（梁立启）。本书由黄延春、梁汉平统稿。由于编者的水平有限，难免存在一定的不足或瑕疵，请各位专家、同行及广大读者批评指正。

编　者

2017 年 9 月 30 日

目 录

第一章

体育概念

第二章

体育功能

第三章

体育目的

第四章

体育构成

第五章

体育手段

第六章

体育文化

第七章

体育科学

第八章

体育体制

第九章

未来体育

参考文献

第一章
体育概念

【学习任务】

本章以体育概念的来源为出发点,介绍了体育概念的产生及其演变,通过重点讲授逻辑学的基本法则,让学生认识和掌握体育的概念。运用逻辑学划分和分类规则,引导学生采用多种标准对体育概念进行分类。

【学习目标】

1. 了解体育概念的产生及其演变。

2. 熟悉属加种差定义法的结构。

3. 掌握体育的概念及其定义方法。

4. 熟悉体育概念的分类。

【学习地图】

体育概念的来源→体育概念的演变→体育概念的现状→体育概念

一、体育的起源

体育是人类社会特有的一种文化现象,人类社会又是一个极为复杂且多层次的有机系统。从体育的发展历程来看,体育的产生与发展,不仅受制于当时社会、政治、经济发展的需求,也受到历史、文化、生活习惯、意识形态的影响和制约。体育是人类在漫长的生活实践中,为满足人类自身生存和发展的需要而自主选择和创造的一种行为方式。它反映了人类不仅有劳动、防卫的需要,也有思想感情、喜怒哀乐、交往等的需求,由此构成了体育产生的内部动因。生产关系、消遣娱乐、教育活动、宗教祭祀、医疗卫生等人类特有的关系或活动,互相联系、互相促进、互相推动、共同进化和发展,是体育产生、发展和延续的外部动因。

关于体育的起源问题,学术界存在一定的争议。但大家都认可体育是伴随着人类的出现和发展而出现和不断完善的。因此,体育的出现是以人类的活动为前提,以人类体质的完善和心理的发展为条件,以人类社会的发展为基础,且和人类的生产劳动和生活实践密切联系的。关于体育的起源目前主要有游戏起源说、战争起源说、劳动起源说、祭祀仪式起源说、爱情起源说、模仿起源说、余力论起源说等。游戏起源说认为,在人类社会初期,游戏是教育儿童的一种手段,而体育即为一种逐渐发展形成的特殊游戏形式。战争起源说认为,体育是源于战争,服务于战争需求而逐渐演化到和平时期的一种竞争或健身愉悦手段。劳动起源说认为,人类的生活离不开劳动,而劳动又离不开奔跑、跳跃、攀爬等身体活动,劳动作为实践活动的最初形态,对体育的产生起着决定性的作用。祭祀仪式起源说认为,体育源于古人对天、神的敬畏和崇拜以及对祖先的怀念和追思。爱情起源说认为,体育源于人们为进行婚姻、婚配而进行的活动。模仿起源说认为,体育起源于人们对外界事物或动物的模仿,进而形成了相应的各种体育活动。余力论起源说认为,体育源于人类精力过于旺盛,而进行的余力消遣或发泄。

二、体育概念的来源

体育是一种社会现象,是人类完善自我身心与开发自身潜能的一种特殊的实践活动。体育的历史几乎和人类的文明史一样悠久。世界各国历史已经证明:文明的进步孕育了体育,并带动体育不断发展;而体育的发展又丰富了文明的内容,并推动了文明的进程。"体育是社会发展与人类文明的标志,体育事业发展水平是一个国家综合国力和社会文明程度的重要体现。"①

　　"体育"一词,据世界体育资料记载,最早是法国人于1760年在法　　　　　　论述儿童身体教育问题时使用的。1762年,卢梭出版了《爱弥尔》一书。他使　　　　　　对爱弥尔进行身体的养护、培养和训练等身体教育过程。由于这本　　　　　　教会教育,而在当时引起很大反响,因此"体育"一词同时也在世界　　　　　　里我们可以清楚地看到,"体育"一词的最初产生是源于"教育"一词,它最　　　　育体系中的某一专门领域。到19世纪,世界上教育发达的国家都普遍使用了"体育"一词。现在国际上普遍用的"体育"一词,其英文是"Physical Education"。它的本义是指以身体活动为手段的教育,直译为身体的教育,简称为体育。

　　关于现代汉语中"体育"一词的来源,目前公认的说法是:在古汉语中,"体"和"育"都是常用字,但并不存在作为身体文化核心概念的"体育"一词。"体"字和"育"字连用的情况在古汉语中也能偶尔见到,但与今天的"体育"概念说的根本不是一回事,或者说古代汉语中根本就不存在现代意义上的"体育"一词。19世纪中叶,德国和瑞典的体操才传入我国,随后清政府在兴办的"洋学堂"中设置了"体操课"。我国是约百年前才从国外引进"体育"一词的,体育史界一般认为最早是在1902年左右,一些在日本留学的学生从日本引入了"体育"这一术语,其为舶来品,是随着近代"西学东渐"潮流传入中国的。其理由是:"体育"是现代工业文明的产物,是随着工业文明的发展而发展的。我国长期处于农业文明时代,虽然早期的学校也教授类似"体育"的一些项目,但并不承担儿童身体发育成长的任务,这项任务完全由家长承担。因此,我国古代学校教育中没有出现身体教育这项教育活动。"体育"一词刚进入中国时,其使用也远不如"体操"一词广泛。然而不久,在清末中西文化碰撞、新旧势力交替的特定历史背景下,在美国实用主义教育学说和现代学校体育理论的影响下,由于以"体育"代替"体操"更能顺应整个教育话语体系的变化,更容易被社会各个阶层接受。因此,北洋政府于1922年颁布了"新学制"(即"壬戌学制"),以教育部通令的形式,完成了学校"体操"课改为"体育"课的历史变革。1923年,《中小学课程纲要草案》中,北洋政府正式把"体操科"改为"体育课"。学校"体育"课的内容也由先前的普通体操、兵式体操改为田径、球类、徒手操、技巧运动和游戏等。此后,"体育"这个术语逐渐被国人接受,并在当时的教育界产生了广泛的影响,成为中国学校体育教育理论成长的主要资源,并被纳入教育理论的话语体系。但此时"体育"的含义仅为"肉体之锻炼",直到20世纪30年代以后,才出现体育是"身体的教育",是"以身体活动为方式的教育"的表述。

　　中华人民共和国成立后,"体育"或"体育运动"被作为体育的总概念或第一上位概念。"体育"有广义和狭义之分,体育理论界对它的定义有不同的观点,目前比较普遍且较有群众基础的观点是:它是指根据人类社会生活的需要,依据人体生长发育、动作技能形成和机

---

　　①　周西宽.体育基本理论教程[M].北京:人民体育出版社,2004:18-28.

体机能提高的规律,以身体练习为基本手段,达到发展身体、增强体质、提高运动技术水平、丰富社会文化生活的一种有意识、有目的、有组织的社会活动,及其在人类社会发展中形成的全部财富。我国现代体育,基本上由大众体育(群众体育、社会体育)、竞技体育、学校体育三方面所组成。

随着国际交往的扩大,体育事业发展的规模和水平已是衡量一个国家、社会发展进步的一项重要标志,也成为国家间外交及文化交流的重要手段。体育又可分为大众体育、专业体育、学校体育等种类,包括体育文化、体育教育、体育活动、体育竞赛、体育设施、体育组织、体育科学技术等诸多要素。

第二节 体育概念的演变

一、古代体育概念的演变(1640年前)

体育的产生可以追溯到原始社会时期。但是,体育概念的出现却晚于体育的产生,直到近代才出现。也就是说,在古代,无论中国和外国都没有现代这样明确而完整的体育概念。

(一)古希腊体育概念的演变

古希腊是近代欧洲体育的发源地。古希腊人盛行以养生健身为目的的实践活动,其内涵与体育相同,公元前 10 世纪前后的《荷马史诗》中就记载了大量的葬礼竞技和宴会竞技活动。公元前 5—前 4 世纪,希腊的哲学家、思想家和教育家柏拉图的《理想国》《对话》和亚里士多德的《政治学》都谈论了有关体育的问题。尽管体育在古希腊人的生活中有着重要地位,但是,在古希腊文献中,有关体育的最基本术语也不过只有几个,如 Athletics(竞技、运动)、Training(训练、尚武教育)、Gymnastics(体操、竞技教练)等。在这些术语中,"竞技"一词大约产生于希腊的原始社会末期,公元前 10 世纪前后已广泛使用,"体操"一词产生于公元前 6—前 5 世纪。

古希腊的"体操"是一切健身运动的总称,古希腊建造了能够进行跑、跳、投掷、拳术、角力等活动的场地设施——"体操馆",柏拉图的《理想国》称"体操"为"身体训练的理论和方法体系"。古希腊的"体操"也是当时教育的一个重要组成部分。亚里士多德著文指出:希腊初级学校的"基础课目常常是四门,即读、写、体操和音乐,有些便是加上绘画","体操通常是借以培养勇毅的品德","体操有助于健康并能增强战斗力量"。从上述表述可以看出,古希腊的"体操"同今天的"体育"在概念上十分接近,都包含有身心两个方面教育的意思。

在古希腊的一些文献中,把"体操"与"竞技"作为并列的两个概念来使用。亚里士多德则反对专门的竞技操练,主张把竞技作为体操的手段。但是,"体育"的概念与"体操"和"竞技"的概念还是有差别的。今天的体育(广义的)可以包括竞技运动,且更为丰富。

(二)古代中国体育的相似概念的演变

在中国古代,没有"体育"一词。中国奴隶社会的体育只是感知阶段的体育,萌生出的体育活动几乎都从属于其他活动。如"射"被当作"礼"教与"礼"治的手段,"御""武舞""射猎"、兵器操练等,被当作军事操练和熟悉兵法、阵法的手段;学校教育中的"射""御""舞蹈"等,则是体育存在的雏形。这一阶段的体育,仅仅是体育的萌芽状态。封建社会的体育则逐渐形成了"养生之道"的体育"自觉意识",对体育的目的和作用有了进一步认识,于是出现了一些与体育、体操等相类似的概念,如"养生"与狭义的"体育"相类似,"养形""导引"与狭义的"体操"或"身体练习"相类似,"习武""尚武"与"军事体育训练"相类似,"劳动""运动"与"身体活动"相类似。各种体育活动之间缺乏内在的社会联系,因而未能形成一个相对独立的有机统一体以及与之相关的理论与方法体系。虽然从局部看,诸如武术、养生、导引、球戏、棋戏等体育活动也各自有其完整的体系,但还未出现一个可以概括所有体育活动的概念或术语。上述概念反映了中国古代体育更注重体现精神方面的重要特色。

二、近代体育概念的演变(1640—1945年)

(一)近代国外体育概念的演变

1.近代欧洲国家体育概念的演变

18世纪中叶以后,在一些西欧国家纷纷确立了资本主义生产关系,近代体育也就随着近代教育制度的兴起、建立而发展起来,"体育"一词应运而生。

德国是较早开展近代体育的国家,德国体操之父弗里德里希·路德维希·杨先生(1778—1852)不仅对体操发展作出了历史性的贡献,而且还对体育术语进行过系统的整理。据现有资料得知,狭义的"体育"(Physical Education)一词最先出现在法国,1762年的法国儿童教育著作中已有法语"体育"(Education Physique)的用语。德国学校体育的先驱古茨穆茨(1759—1839)在1793年出版的《青年体操》一书中使用了身体的教育和属于教育的身体练习等概念。19世纪以后,狭义的"体育"一词多次出现在教育和体育著作中,如1838年法国体育家阿莫罗什出版的《体育概论·体操与道德》,英国社会学家斯宾塞1854年发表的以《体育》为题的论文,英国体育家麦克拉仁1867年出版的《体育的体系》一书,等等。"体育"一词产生和应用的原因,主要是教育的发展,有远见卓识的社会学家和教育家都主张从德、智、体三方面进行教育,这就是体育长期被看作教育的组成部分的来由。今天在我国各级各类学校里进行的体育,即狭义体育,或称学校体育,也是由此而来的。

18世纪末19世纪初,正当欧洲大陆普遍推行德国、瑞典体操时,英国的户外运动

(Sport)发展兴盛起来,这时期的体育、体操、Sport是联合使用和混用的,有时将其混用,有时又把它们作为在概念上有区别的名词使用。我们现在的广义的"体育"比狭义的"体育"一词出现要晚,它是在德国、瑞典体操和英国的户外运动蓬勃并行、竞相发展之下产生的。在德语中,它是养生保健的概念;在法语中,它被解释为"锻炼身体的规律"。进入20世纪后,这个词在各民族语言中仍有不同的含义,如德语中有"锻炼身体"的意思,1917年后的苏联把该词作为广义的"体育"概念使用。

2. 近代美国体育概念的演变

美国体育概念的内涵经历了一个发展和变化的历程。1919年,美国教育界和体育界展开了关于体育目标的广泛讨论。通过这场讨论,逐步建立起"体育是以身体活动为手段的教育"这一体育概念,划清了"体育"和"体操"两个概念的界限。此后,"体操"仅仅作为一个运动项目的名称。

3. 近代日本体育概念的演变

日本在1868年使用"体操"一词,它来自欧洲的"Gymnastics",译成"体术""体学""锻炼法",1873年统一命名为"体操"。学校中的课程命名为"体操课",后来传入中国。1876年,日本学者近藤镇三在《独逸教育论抄》中将"身体教育"译成"体育"。1882年,横井琢磨出版了《体育书》。1886年,"大阪体育会"成立,同年,近藤镇三又在日本《教育杂志》第52号、《教育新志》第7号上连续使用"体育"一词。到1887年,在日语中正式使用"体育"一词,并逐渐为人们所接受。

(二)现代中国体育概念的演变

从体育一词最初传入我国直至"五四"新文化运动以前并不为人们所熟知,并且在20世纪30年代以前,体育一词也没有教育的含义。

1933年,上海商务印书馆出版的《体育概论》是探讨20世纪初期体育概念在中国演变的难得的历史文献,其中对体育进入中国后其含义的变迁作了详细的介绍,将20世纪30年代及以前中国体育概念的演变划分为如下五个阶段:第一阶段,1890—1900年,体育就是"体操"(Drill);第二阶段,1900—1910年,体育就是"运动"(Athletics);第三阶段,1910—1920年,体育就是"游戏"(Play);第四阶段,1920—1930年,体育就是"健康"(Health);第五阶段,1930年之后,体育就是"教育"(Education)。从这一研究可以看出20世纪30年代以后,我国才出现了体育是"身体教育","体育是以身体活动方式之教育"的表述。此外,1917年毛泽东在《体育之研究》一文中写道:"体育者,人类自养其身之道,使身体平均发达而有规则次序之可言者也","动之属于人类而有规则之可言者,曰体育"。这是对"运动"概念极好的表述,说明当时"体育"和"运动"两个概念并没有严格的区分。1919年,郭希汾认为,"举凡与身体发育有关系者"均属体育(最广义),"凡所以运动其躯体者"均属体育(次广义),凡是"照一定之方法秩序","其主旨专为肉体之锻炼"的运动,均为体育(狭义),

可见当时对体育是"身体教育"的认识还不成熟。

三、现当代体育概念的演变(1945年至今)

(一)现当代国外体育概念的演变

20世纪80年代,日本学者佐藤臣彦对体育概念进行了进一步的研究,指明体育仍然在"三育"之中,明确了体育属于教育,认为人要经历这样一个教育的过程,从而挖掘人自身的潜在能力。并且日本也存在着上下位概念之说,岸野雄三将身体教育放在"身体文化、身体教育、身体锻炼"的排列顺序里,而近藤镇三的排列方法是"身体文化、身体运动、体育"。体育概念在日本也经历了不断发展的过程,体育一词在日本的教育领域中能够比较清晰地区分开来,但在日常的使用中同样存在着概念不清、上位概念不明确的现象。

苏联学者对体育及其相关的概念都有十分清楚的界定,马特维也夫曾在体育院校通用教材中论述:"体育"这一概念术语,应该属于教育的范畴,它不仅要利用人自身的身体发展,更要完善人的发展。

美国对体育的定义也没有一个统一的说法,更没有一个十分固定的体育的上位概念。但美国在体育的上位概念上,比较多的是在 Physical Education 和 Sport 上存在争议。对于 Physical Education 的论述,主要强调体育是一个教育的过程,是通过人的身体活动提高人身体的性能;而 Sport 多用于竞技体育之说。究竟体育的上位概念是哪一个,尚无定论。随着各国文化的交融,出现了如 Kinesiology,Physical Fitness 等新的名词。这些名词的出现,都在一定程度上推动了体育概念的界定和学术交流。

(二)现当代中国体育概念的演变

"文化大革命"的结束,尤其是1978年12月党的十一届三中全会的胜利召开,为我国的政治、经济、文化发展重新确立了实事求是的思想路线,"体育"概念的研究迎来了春天。体育的范畴、命题以及体育概念的表述等一系列问题重新进入了研究者的视野,关于体育概念的各种不同说法层出不穷。

20世纪70年代后期至80年代初,体育概念主要突出身体运动,身体的教育即体质的教育,确立了体育是教育的组成部分。具有代表性的论述有:1980年,胡晓风在《关于体育科学体系的若干问题》中认为,体育是一种寓教育于运动之中的社会现象,是通过运动促进人的全面发展并丰富人们文化生活的一种社会现象。1982年,林笑峰在《体育和体育方法》中认为,体育是身体教育或体质教育的简称,指的是教育者向受教育者传授增强体质的知识技能和运用这些知识技能实际锻炼身体的过程。《现代汉语词典》认为:体育一是以发展体力、增强体质为主要任务的教育,通过参加各项运动来实现;二是指体育运用。

20世纪80年代中后期,体育概念进一步细化,出现了群众体育、社会体育、体育教育等一系列的下位概念,主要反映了体育是文化的重要组成部分。具有代表意义的有以下表述。1986 年出版的《中国大百科全书·体育》中的表述:体育的含义与体育运动相同,它包括身体教育(即狭义的体育)、竞技运动、身体锻炼三个方面。身体教育与德育、智育、美育相配合,成为整个教育的组成部分。它是有目的、有组织、有计划地促进身体全面发展、增强体质、传授锻炼身体的知识和技能,培养高尚的道德品质和坚强的意志的一个教育过程。竞技运动是指为了最大限度地发展和不断提高个人、集体在体格、体能、心理及运动等方面的能力,以取得优异运动成绩而进行的科学的、系统的训练和竞赛。身体锻炼是指以健身、医疗卫生、娱乐休息为目的的身体活动。1985 年曹湘君在《体育概论》中的表述:体育(广义的体育亦称体育运动)是指以身体练习为基本手段,以增强人的体质,促进人的全面发展,丰富社会文化生活和精神文明为目的的一种有意识、有组织的社会活动。它是社会总文化的一部分,其发展受一定的政治和经济的制约,也为一定的政治和经济服务,包括体育(狭义)、竞技运动、身体锻炼和身体娱乐。

20 世纪 90 年代中后期,体育概念突出了与政治、经济、社会、心理、文化的联系。人既是体育的客体,又是体育的主体。体育概念不仅反映了体育本质的共性特征,而且反映了其不断发展的属性,具有代表意义的有以下几种表述。1995 年,杨文轩与陈琦在《体育概念的逻辑学问题》里给广义"体育"下定义:体育是以身体运动为基本手段,为增强体质、完善人体的教育过程。1999 年,韩丹在《论中国体育:一分为三》中的表述:学校体育就是在称为学校的社会组织里,由体育教师按照教学计划,依照教材按课时规定对所有学生进行的体育知识和技能的培养活动。社会体育是指学校之外所有社会成员以增进健康为主要目的的体育活动,这是一个多因素、多层次的复杂结构的社会事项。竞技体育,是指为培养优秀运动人才,创造优异成绩而进行的系统的、科学的训练和竞赛,其基本任务是为国争光。《辞海》是这样表述的:体育狭义指身体教育,即以强身、医疗保健、娱乐休息为目的的身体活动。与德育、智育、美育相配合,成为整个教育的组成部分。广义指体育运动,包括身体教育、竞技运动、身体锻炼三个方面。它们均以身体活动为基本手段,来锻炼身体,促进健康,增强体质,并具有教育、教学和训练的作用,以及提高技术和竞赛的因素。《体育大辞典》表述为:体育也称体育运动,人们根据生产和生活的需要,遵循人体的生长发育、生理机能活动能力变化和适应性的规律,以及动作技能形成的规律与认识事物的一般规律,以身体练习为基本手段,结合日光、空气、水等自然因素和卫生措施,达到全面发展身体、增进健康、增强体质、提高运动成绩水平,丰富社会文化娱乐生活为目的的一种社会活动。

20 世纪 90 年代后期至今,体育概念更加细化、更加国际化,同时具有整体性和本土化特点。具有代表意义的有以下几种表述。于春艳、王景贤在《浅论体育的概念及其本质》中将体育定义为:体育是人类以身体活动为手段,以他人或自身为对象,为满足自身和社会的需要而进行的一种社会文化教育活动。王学锋在《Sports 与 5P 关系解析》一文中,将体育定义为:通过身体活动,使个体在身体、精神、社会技能和适应能力诸方面获得最佳化的一个教育过程,是教育的一个重要组成部分。刘湘溶、李宏斌、龚正伟在《质疑传统体育概念和体育分类》中指出:体育就是人的特殊育化,即人类依据自身需要,有意识地以身体运动为根基,以人为本质,以强化体能、愉悦身心为目的,以"释放"方式为特征,化育自身,使人向"完全人"(完善人)方向发展的方式和过程。周西宽在《现代"体育"概念几个问题的探讨》中称体育是人类为适应自然和社会,以身体练习为基本手段而自觉地改善自我身心和开发自身潜能的社会实践活动。简而言之,体育是人类以自身运动为主要手段改造自我身心的行为或过程。2004 年,熊斗寅在《"体育"概念的整体性与本土化思考》中的表述——体育是一种复杂的社会文化现象。它以身体与智力活动为基本手段,根据人体生长发育、技能形成和机能提高等规律,达到促进全面发育、提高身体素质与全面教育水平,增强体质与提高运动能力,改善人们生活方式与提高生活质量的一种有意识、有目的、有组织的社会文化活动。张洪潭在《体育的概念、术语、定义之解说立论》中的表述——体育是旨在强化体能的非生产性肢体活动,就是对体育的完整定义。但至今中国体育界还没有找到一个能够一致地被学术界认可的、具有明确内涵和外延的、符合中华人民共和国国家标准《术语工作原则与方法》的"大体育"概念。这也表明对体育概念的认识受到社会发展水平、教育发展水平等多方面因素的影响和制约。

第三节　体育概念的现状和界定

一、体育概念的现状

体育是当今世界上最普遍、最宏大、最持久的社会现象之一,也是人们最熟知的事物之一。但是有关体育概念及其术语的定义或表述,总是使人感到困惑。世界各国对体育概念的理解各不一样,体育概念含混不清,体育词语一词多义或多词一义的现象,由来已久。时至今日,不仅一般群众难以说清"体育"是什么,即使是体育专家、学者们对"体育"的理解也是仁者见仁、智者见智。

(一)国外体育概念的现状

在国外,对体育概念及其术语的使用存在一定程度的混乱状态。在西欧各个语系中,"体操"(Gymnastics)、"体育"(Physical Education 或 Physical Culture)、"运动"(Athletics 或 Sport)、"身体练习"(Physical Exercise)等体育词语的概念长期未能规范。早在 19 世纪中叶,德国就对体育概念的术语进行过多次整理。1916 年在柏林召开的一次国际体育工作会议上,曾确定了使用体育运动术语的四条原则:第一,符合体育运动的本质;第二,语言表达准确;第三,能为一般人所理解;第四,语言要简洁。当时德国、奥地利等国的语言学家和体育学家在这方面做了许多工作,但体育概念及其术语的规范目标并未实现。近半个多世纪以来,随着体育实践的发展,人们逐渐感到,原有的"体育"(PE)概念已不能反映越来越丰富的体育实践。1953 年,在美国举行了第一届国际体育会议,有四十多个国家的代表参加了会议,此次会议曾经就体育概念的问题进行了专题讨论。此后,美国、苏联、加拿大、日本、民主德国和联邦德国等都讨论过这个问题。1962 年联合国教科文组织的术语委员会所作出的决议中指出:为使图书分类标准化和学术情报交流等达到国际水平,要求各专业研究都要统一术语,并给予准确、明晰的定义,避免大量使用"同义异语"和"同义语",以便语言交流准确。1962 年召开了以对体育文献编录和整理为目的的国际会议,会上承认了由奥地利人切尔列创立的"统一体育术语研究会"。同年出版了由联邦德国人伯尔勒德编写的《体育术语小辞典》。翌年,又成立了独立的"统一体育术语研究会",该会于同年在奥地利举行了首届会议,会议讨论的中心议题就是体育基本概念问题。在 1965 年举行的第二届"统一体育术语研究会"上,曾以德语"Bewegung(Sport)"为议题进行了讨论。1980 年召开的世界科学大会上也把体育概念列为亟待解决的研究课题之一。可见,对体育概念问题的研究,是国际体育界共同关注的一个学术问题。

总之,在国际上,虽然经过长期努力,对体育概念及其术语的规范工作取得了一些成效,但是并未达到理想的目标。尽管在国际层面上体育总概念或广义体育概念已得到相当的认同,但在各语系里,其认同的程度、使用的范围,以及对术语的理解还是不一样。

(二)我国体育概念的现状

我国对体育概念的研究时断时续,1982 年 7 月,中国体育科学学会体育理论分会在烟台召开的"体育理论学术专题讨论会"就体育概念问题作了专题讨论,会议提出"体育是什么"这个问题后,学者们析"体育"概念的内涵和外延,为"体育"概念的确立寻找根基;辨"何谓体育"这个命题,为"体育"概念的建立找寻依据;考"体育"概念的表述形式,为"体育"概念的重建清理障碍。"真义体育派"与"体育整体派"之争,"教育属性"与"文化属性"之辨,"PE"与"Sport"之异,"广义体育"与"狭义体育"之分,"体育"概念的"应然""实然""本然"与"未然"之别……,"体育"的定义是否符合中华人民共和国国家标准《术语工作原则与方法》的问题,"体育"概念的逻辑起点问题,"上位概念"与"下位概念"的关系问题,"体育"的能指、所指、意指和类指问题,"体育"与"运动"谁包含谁的问题,竞技运动是否属于体育的问题,本土概念与舶来概念的接轨问题,不同语境下"体育"术语的使用问题,"体育"能否成为总概念的问题,中国特色"体育"概念的继承性与批判性问题……体育概念一直是探讨的焦点,历时三十年之久的"体育本质"大讨论,一波接一波的争论,使学术观点趋向多元,学术视野日渐拓展,研究结论不断升华,并出现了多种学术流派,确似百花齐放,轰轰烈烈、蔚为壮观。尽管到目前为止,人们仍未能在"体育"的定义上达成共识,也没有完全理清"体育"之概念,但却有力地推动了中国学术界对于"体育"概念更加深入地研究。当然,这个过程也存在着研究不够深入,缺乏理论基础,研究结论不够准确,反映体育本质不够,概念定义过于宏观、笼统,针对性不强,对社会体育、学校体育、竞技体育等方面的关系界定不够清楚,对玩、游戏、休闲、娱乐、身体教育、竞技之间的关系研究不够深入等问题。然而可喜的是,从近年来争论焦点的演变来看,学术界争论的出发点和理论基础发生了显著的变化,已从早期的引经据典,囿于经典著作条文和译著文本,罗列各自的论据,批判对方的论据,发展到开始把"体育"概念作为问题研究,重点考察概念的内涵与外延以及它们的演变轨迹,以澄清不同时代、不同语境中"体育"的实际含义,阐明各自的哲学基础与方法论,以批判对方方法论上所存在的谬误。不同的观点主要存在两个问题:认为体育就是"学校体育""身体教育"的人对体育概念理解偏窄;认为竞技运动、娱乐休闲都是体育,体育无所不包的人对体育概念的理解偏大。由于概念不统一,词语混乱,在讨论体育工作,从事体育科研以及写文章时,常常遇到困难。在体育学术讨论中争吵时有所闻。时至今日,这种状况也没有多大改变。

(三)体育概念含混的原因

1. 人的差异性

人的差异主要表现在两个方面:一是人与人之间自身的差异;二是人与人之间的差异所导致的群体性差异、民族性差异、国家间差异等。人类发展带来的认知发展,使人类的认识水平不断提高的同时,也形成了群体的意识形态差异、思维方式差异、文化差异。这些差异在很大程度上割裂了人们对同一事物的认识,造成了各自理解上的分裂。

2. 语言的模糊性

体育是社会实践的产物,是借助语言工具将这种社会存在现象在社会意识上进行反映。因此在很大程度上,语言的精确性关系到被反映的事物与语言描述所展现的图景一致性的高低。人们想要借助逻辑来约束语言在本质上存在的模糊性,但人类语言的含义不可能成为逻辑的对象,语言本身并不受语言形式的限制,因此不能仅靠使用分析性手段来测量。可以说,我们日常是采用模糊语言来反映一些模糊思维和判断结论的。

3. 体育的客观复杂性

体育的存在和系统性反映了体育的复杂性。体育是人类社会实践活动的产物,是一种社会存在,它是随着人类不断进化而发展的一种社会产物。现代意义上的体育是一个庞大的系统,是作为联系人类自身的自然属性和社会属性的桥梁,它的若干子系统起着协同作用。体育系统是个开放的系统,它与外界不断进行物质、能量和信息交换。这种情况引起了系统的边界模糊,在人类已能到达分子、原子、电子微观世界的今天,对这种边界模糊却还没有找到很好的解决办法。

二、体育概念

确定体育概念,一般是从唯物辩证法的视角出发,按照逻辑学的规范来展开。逻辑学是研究思维规律的学科,它具有工具性质。在体育科学领域里应用逻辑学这一工具,能够有效提高体育科研工作者运用概念、判断、推理反映体育客观规律的能力。逻辑学(主要是形式逻辑)对概念的确定、定义与划分都有明确的规定,它可以帮助我们辨析长期悬而未决的体育概念问题并正确界定体育概念。确定体育概念一般采用下定义的方法。

(一)概念和定义的关系

1. 概念及其构成要素

概念是反映事物本质属性的思维形式。本质属性是决定某一事物之所以成为该事物并区别于他事物的属性。概念构成要素包括内涵和外延。概念的内涵是反映事物的本质属性,回答“是什么”;概念的外延是反映事物的总和,回答“包含哪些”。

2. 定义及其构成要素

定义是指对于一种事物的本质特征或一个概念的内涵和外延的确切而简要的说明。定义是明确概念内涵的方法,概念用得是否明确都可以用定义来检查。

定义一般由被定义概念(指被提示其内涵的那个概念)、定义概念(指用以提示被定义项的内涵的概念)和定义联项(指用来联合被定义项和定义的词)组成。在这里,还要清楚上位概念(属概念)和下位概念(种概念)。上位概念指具有从属关系的两个概念中外延较大的概念;下位概念指具有从属关系的两个概念中外延较小的概念。如学生与大学生、工业与轻工业中,学生、工业是属上位概念。

3. 下定义

下定义最基本的方法是属加种差定义法。概念是从属加种差定义中派生出来的。属加种差定义的形式可以用公式来表示:

$$被定义项(种概念)=种差+邻近属概念$$

公式中,种差加上邻近属概念等于定义项。定义项提示了被定义项所反映的事物的本质属性,而事物的本质属性是共有本质属性和特有本质属性的统一,邻近属概念反映了事物的共有本质属性,种差反映了事物的特有本质属性。如三角形的定义:三角形 = 由三条线段围成的图形。“三角形”是下位概念(种概念);“三条线段围成”是种差;“图形”是上位概念(属概念)。

(二)定义的步骤

①第一步找出属概念,即找出包含了被定义项的较大的一个事物类。如轻工业属工业。

②第二步找出种差,即找出该属概念中区分这个种与其他种的差别。如轻工业在工业这个属中与重工业的差别。

③第三步将种差和属概念连起来,就得到要定义的概念。

(三)定义的规则

①定义项的外延与被定义项的外延必须全同,否则犯定义过宽或过窄的错误。

如:体育是以肌肉运动为主要内容的文化活动。(过宽)

如:体育是通过身体活动增强学生体质的教育。(过窄)

②定义中不能直接或间接地包括被定义项,否则犯"循环定义"或"同语反复"的错误。如:体育是以体育的基本技术为手段的文化活动。

③定义项除非必要,不应包含否定概念。如:体育不是娱乐选秀。

④定义项不能包括含糊的概念或语词。如:体育是一种独特的文化活动。

⑤定义项必须直接揭示被定义项的内涵。如:体育是现代科技的橱窗(这只是个比喻)。

(四)体育概念的定义

1.寻找体育的邻近属概念

体育的属概念有很多,体育可以是教育活动,可以是社会活动,也可以是人的活动,还可以是文化活动。我们要从准确说明体育概念的内涵和外延的实际需要出发,找出一个比较合适体育概念的邻近属概念。

(1)以"教育活动"作为体育的属概念过去合适,现在偏窄。"体育"一词的起源和发展表明它是教育学领域的产物。在我国最早出现于1903年的《学务则要》;1876年创造汉字"体育"的日本认为其是教育的一部分;1762年创造英文"Physical Education"的西方国家认为其是教育的一部分,该观念一直延续到20世纪80年代。

然而,科学技术的迅猛发展扩大了"体育"一词的内涵和外延。现代社会,越来越多的人参与体育运动是为了健康、快乐,为了追求能够痛痛快快流一身汗的畅快。追求快乐从根本上说是要求提高生活质量的反映,是人的本质需求的回归,也是人的发展与社会发展高度协调的验证。人生的真正幸福,应该是身心健康,精力充沛,能积极而快乐地生活,我们称之为"高品质的人生",也就是用健康的身心去享受人生的境界。因此,将体育局限在学校体育的观念显然过时了,体育应该是家庭体育、学校体育和社区体育的统一体。在现代文明社会体育能提高生活质量、改善生活方式已成为大家的共识。这表明体育已不再局限于教育这一规范的国际法规中。

(2)"社会活动"和体育是交叉关系,不是属种关系。"社会活动"这个概念本身比较含糊,一般认为"本职工作以外的集体活动是社会活动"。由此,本职工作不属于社会活动,个人活动亦不属于社会活动,但体育既可以是本职工作,也可以是个人活动。所以,用"社会活动"作为体育的邻近属概念来给体育下定义是不妥当的。

（3）以"人的活动"作为体育的属概念偏宽。人的活动是一个非常宽泛的概念,它包括政治、经济、宗教等集体的社会活动,也包括心理、生理、身体、精神、肢体、思维等个人的活动,以"人的活动"作为体育的属概念不能很好地反映体育的特有属性。

（4）"文化活动"是体育合适的邻近属概念。"体育是社会文化"的观点被国内外大多数学者认同。在国内,2004 年,熊斗寅在《"体育"概念的整体性与本土化思考》中的表述:体育是一种复杂的社会文化现象,它以身体与智力活动为基本手段,根据人体生长发育、技能形成和机能提高等规律,达到全面发育、提高身体素质与全面教育水平,增强体质与提高运动能力,改善生活方式与提高生活质量的一种有意识、有目的、有组织的社会文化活动。《国际体育运动宪章》第二条中也明确指出:"体育运动作为教育与文化的一个基本方面,必须培养每个人作为与社会完全结合的成员所应具备的能力、意志力和自律能力……就个人来说,体育运动有助于维持和增进健康,提供一种有益的消遣,使人能克服现代生活的弊病。就社会来说,体育运动能丰富社会交往和培养公正的精神,这种精神不但对运动本身是必要的,而且对社会生活也是必要的。"不言而喻,体育需要从教育和文化两个范畴来认识。在国外,《苏联百科全书》如此表述:体育运动是社会总文化的一部分,是为增进健康、发展人的身体能力,并为适应社会实践需要而利用这些能力的一个社会活动领域。《苏联百科辞典》表述道:体育是社会文化的一部分。为增强人的健康和发展人的体质而开展社会活动的一个领域。国际"体育名词协会"出版的《体育名词术语》认为:体育（Physical Culture）是广义文化的组成部分,它综合各种身体活动来提高人的生物学潜力和精神潜力的范畴、规律、制度和物质条件。1962 年,"欧洲体育用语统一国际研究会"把 Physical Culture 界定为体育的上位概念,认为它不只是包括体育教育,还包括身体的休闲、消遣、娱乐、竞技等活动,以及有关身体方面人类所创造的物质和精神财富的总和。

广义的文化是指人类创造的物质和精神财富的总和,它是人类特有的。狭义的文化是指人类创造的精神财富,它与物质生产活动对立。

体育的属概念既可以是广义的文化,也可以是狭义的文化。"体育是社会文化活动"——广义,"体育是社会文化事业的一部分"——狭义。

2.寻找体育的种差

体育作为一种实践活动,是通过人的生命体的自我运动实现人类对自我生命功能的改造。离开了运动,体育便无从谈起。运动就是人的生命体的内部运动（特别是细胞级的生命运动）和生命体的外部运动的有机结合,人的生命体离开了内外结合的运动,就不能进行物质、能量和信息的内外交流,不能保证内外环境的协调和统一,生命过程就会停止。体育正是选用了人体运动这种关键性的手段,通过对人体运动的调节和控制使人体结构和功能发生变革,因此,运动是体育的生命,没有人体运动就没有体育。

作为一种实践活动,体育有其明确的目的,因为人类的任何实践活动都是有目的性的活动,即使儿童的游戏也不例外。这样,没有明确目的的、偶然发生的外界对个体发展的影响就不能称为体育。

体育作为一种文化活动,它是指向"身心健康发展"的,体现出体育活动的目的性。但是身心发展的文化活动有很多,如饮食文化、健康文化、休闲文化等。身体运动是体育领域专用的术语,是作为体育手段的身体运动。以身体运动为基本手段正是体现了体育促进身心发展的手段的独特性,使得体育文化与饮食文化、健康文化相区别。

根据以上分析,"以身体运动为基本手段促进人的身心发展",体现了体育的特有本质属性,是合适的体育种差。

综上所述,不妨对体育的概念界定为:体育是以身体运动为基本手段促进身心发展的文化活动。这样的体育定义相对客观、辩证而全面,反映了体育的本质特征,重视了体育的自然属性和社会属性,考虑到中国特色并与国际接轨,确立了人的发展与社会发展在体育中的高度统一性。既从教育角度重视了对人的培养,又从社会文化的视角反映出体育对社会发展的贡献;既注重对体育的生物学研究,也注重对体育的心理学和社会学的研究,从生物、心理、社会等多层面认识体育。可以说是一种新的广义体育观。

(五)体育概念的分类

概念具有两个逻辑特征,即内涵和外延。在学术交流中我们强调要明确概念,指的就是要明确概念的内涵和外延。明确概念内涵和外延的方法主要是定义和划分。"定义"是明确概念内涵的逻辑方法,只要定义正确一般不会引起混乱;"划分"是把一个属概念的外延分成若干种概念,从而明确其外延的逻辑方法。划分要有正确的划分标准,具有明晰性特点的事物很容易划分归属,具有这一本质属性的就归为该类,否则就归为其他类。

分类是划分的一种特殊形式,是根据事物的本质属性或显著特征进行的划分。对概念进行正确分类必须遵守划分规则,它是检验分类是否正确的标准。划分的规则有:一是子项和母项必须相称,即子项的外延总和必须等于母项的外延;二是各个子项必须互相排斥,即子项不得相容;三是每次划分只能根据一个标准。

目前对体育概念的分类归纳起来大体有两种:第一种分为体育(狭义)、竞技运动、体育锻炼;第二种分为学校体育、群众体育和竞技体育。这两种分类的划分都背离了逻辑学的规则。第一种分类违反了"子项不得相容"的规则,出现了体育(狭义)包含竞技运动、体育锻炼的子项的问题。如果所谓的体育(狭义)不包含竞技运动、体育锻炼,那么这种体育通过什么途径达到它所规定的"促进身体全面发展,增强体质,传授锻炼身体的知识、技术和技能,培养道德意志品质"的目标呢?第二种分类违反了"每次划分只能根据一个标准"的规则,学校体育、群众体育和竞技体育是分别根据场所、对象和目的三种标准对体育进行分类的,在同一次分类中出现三个标准显然是不严谨的分类。

体育的分类是将体育领域中的各种表现形式,按照一定的标准进行区别并确定其归属的过程。按照逻辑学划分和分类规则,体育概念可以采用多种标准划分为不同的类别。

1. 按体育实施场地划分

学校体育: 狭义的学校体育,是体育教学与体育活动开展的主要领域。学校体育是教育的组成部分,是全面发展身体,增强体质,传授体育知识、技能,提高运动技术水平,培养道德和意志品质的有目的、有计划、有组织的教育活动。

社区体育: 由社区居民自主进行的身体锻炼活动,具有自主性、公益性、多样性、有趣性、服务性等特点,对丰富居民文化生活、提高生活质量、交流邻里感情、改善人际关系、促进社区繁荣发展有重要意义。

家庭体育: 是在家庭环境中,家庭成员按照一定的体育要求所进行的志在增进身体健康、养成良好锻炼习惯的各种体育活动。

2. 按体育参与者年龄划分

婴幼儿体育: 出生一个月至学龄前的婴幼儿进行的身体锻炼活动,目的是促进婴幼儿身体正常发育、技能协调发展、身心和谐、培养参加体育活动的兴趣,发展基本活动能力。

儿童少年体育: 7—17岁的儿童、青少年进行的身体锻炼活动,通过身体运动、卫生保健等手段,达到锻炼身体、增强体质、培养体育能力、促进身心全面发展的目的。

青年体育: 18—29岁,这一年龄段是身体成熟期,发挥其身体潜在能力,学习和提高体育技术,将有助于未来的职业需要与满足生活需求。

成年体育: 30—60岁的成年人参加的体育活动。在这一时期,人基本远离学校体育环境,体育活动呈现出多样性、自主性、休闲性等特征。

老年体育: 60岁以上人群进行的以增进健康、延缓衰老、防治老年性疾病、丰富老年业余生活为目的的身体锻炼活动。

3. 按体育参与者职业划分

农民体育: 指农民开展以健身、休闲、娱乐为目的的身体锻炼活动,具有项目多样化、乡土化、活动时间农闲化、形式分散化等特点。

工人体育: 指工人以健身娱乐为主要目的,根据业余、自愿、灵活、多样的原则所开展的体育活动。

军人体育: 指部队官兵通过各种身体练习,以达到增强体质,提高运动技术水平,丰富业余文化生活,培养共产主义道德意志品质,提高部队战斗力为目标的有组织、有计划的实践活动。

知识分子体育: 指知识分子以健身娱乐为主要目的,根据业余、自愿、灵活、多样的原则所开展的体育活动。

4.按体育发展年代划分

古代体育：是指在古代社会中存在的各种体育现象。

近代体育：是指从1640年英国资产阶级革命开始到1917年俄国十月革命开始前社会上存在的各种体育现象。

现代体育：是指从1917年俄国十月革命开始到1945年第二次世界大战结束社会上存在的各种体育现象。

当代体育：是指从1945年第二次世界大战结束至今社会上存在的各种体育现象。

5.按体育属性划分

竞技体育：是以竞技运动为手段来促进人的身、心和精神协调发展的一种体育活动。

休闲体育：是满足人们身心健康、娱乐需要而产生的文化活动。

健身体育：是以身体运动、自然力、饮食营养、卫生措施、生活制度、优生优育等作为手段,培育、锻炼、养护身体,以增强体质、增进健康的文化活动。

竞技体育是借助竞争机制、挑战高峰来实现身心发展的目的,休闲体育是通过参与多种多样的趣味身体活动实现身心发展的目的,健身体育是通过规律性的有氧运动实现促进身心发展的目的。竞技体育、休闲体育、健身体育之间只是形式、手段和方法上的差别,其共同的特有本质属性依然是"以身体运动为基本手段促进身心发展",依然遵循了划分的规则。因此,当代体育是由竞技体育、休闲体育和健身体育组成的,这个分类将得到广泛的应用并在指导体育实践方面发挥着重要作用。

三、中、日、美、英、俄五国体育概念的比较

由于理解的差异性,世界各国对体育概念及其术语的使用各不一样。中国、日本、美国、英国、俄罗斯五国是国际上公认的体育强国,在世界体育舞台上占有重要地位。从研究的角度出发,很有必要对这五国的体育概念进行比较,以便深化我们对体育的研究,促进体育观的更新。

(一)中国

我国对体育概念的理解多年来存在分歧,几乎没有权威的解释。在众多对体育概念的表述中,苏竞存先生对体育及其有关概念的见解具有典型意义。苏竞存先生用了"体育"和"运动"两个概念。他认为,体育是根据人体适应与变化的自然规律,有意识地用人体自身的运动来增强体质,促进身心健康的科学方法,是社会的一种文化教育活动;运动(Sport)是指用来增强体力、游戏娱乐的身体运动,包括竞技性的和非竞技性的运动。有些运动被认为是具有观赏性的技艺。运动是人类文化教育活动之一,与体育有密切关系。很多运动被用来作为体育的手段,这些属于体育活动;而纯粹为了玩乐的游戏运动可能有害健康,这就不能说是体育活动。舞蹈、杂技运动在用来作为体育手段时,属于体育活动。舞蹈家表演

舞蹈,杂技演员表演杂技,他们在做这些运动的同时,客观上也锻炼了自己的身体,但他们运动的目的不是为了锻炼自己的身体,而是为了表现这些运动技艺,供人们欣赏,因此,这些是艺术,而不是体育。所以,不能认为凡是运动就是体育。将体育与运动区别一下,并不是要排斥运动,而是更加有利于运动事业的发展。

(二)日本

1876 年,日本学者近藤镇三在《独逸教育论抄》中将"身体教育"译成"体育",从此正式使用"体育"一词。日本在教育领域中使用的体育名词是比较清晰的,但从社会上流传使用的情况看,存在混淆不清的现象。

日本也存在着上位概念、下位概念之说。岸野雄三将身体教育放在"身体文化 > 身体教育 > 身体锻炼"的模式里,而近藤镇三的排列模式则是"身体文化 > 身体运动 > 体育"。田岩男反对这样的分析,他认为这没有满足"各种概念都处在同一范畴内方可成立"的逻辑。

(三)美国

美国在体育概念方面没有国家统一的传统。各大学及其学者在使用有关名词概念时也只能代表本单位的观点,很难说谁的观点是典型的"美国概念"。从美国各大学的体育学院或体育系多名称共存的现象可说明,在美国有关"体育"的上位概念没有明确划分。有时 Physical Education 是上位概念,有时 Sport 是上位概念,有时将两者放在一起作为上位概念,这实际是没有上位概念。亚瑟·斯廷豪斯博士认为,体育是以适当和适量的身体活动为方法,使人格、个性得到训练的一种体能教育。他强调体育不是指任何一项运动、表演或竞赛,身体活动只是一种方法,完整的身体锻炼计划应从小到80~100 岁,更重要的是0—6 岁儿童的身体锻炼。体育工作者的任务是:认清体育对人类有哪些贡献,并将这些贡献用通俗易懂的方式向所有民众宣传。

《美国百科全书》对体育等有关概念的解释是较为准确的。它指出,体育(Physical Education)是关于人体构造、身体发展的教育,包括人体生理功能、力学原理及其有效运用的研究。当儿童学会基本的有助于身体发展的运动方式后,这一教育过程就得以开始,并在儿童后期掌握更复杂的运动方法的过程中持续进行。体育过程的最后阶段是要培养良好的健身习惯,以帮助制定一种最适宜的身体运动标准。这种标准能够保证体质增强和终身受益。为了达到体育预定的目标,就必须要寻求适合不同个体的身体运动标准。要找到这个标准,关键在于了解每个人的身体状况,明确认识身体运动对增强体质的作用。它认为,运动(Sport)是指着重于提高身体技能和力量等各项素质的消遣或娱乐过程。其范围很广,包括个人竞技运动和集体竞技运动。有组织的竞技运动常要具备一套含不同项目和特点的规则。现代业余竞技基本上倾向于竞技运动参与者的休闲,而职业竞技则是为了让观众大饱眼福,满足观众的娱乐消遣。

(四)英国

《大英百科全书》对体育、运动及其相关概念的论述与美国有相通之处,都是把体育与娱乐竞技看成是有本质区别又有本质联系的两种活动。它特别谈到业余竞技与职业竞技之间的关系问题,认为各项竞技运动之间的差别主要是来自业余与职业之分,这是一个长期存在的问题。竞技运动的业余性质与职业性质的争论,随着参加者和观众的增加而显示出来的竞技热的膨胀,也越来越激烈。但是业余竞技与职业竞技的分歧点,关键在于热爱与金钱之间的差距。"业余选手"的定义是仅仅为了喜爱运动而参加角逐的人。而职业竞技则是为了赚钱。几个世纪来,竞技运动选手一直在反映这一事实:业余竞技与职业竞技是客观存在的,其业余性质与职业性质的区别也不容混淆。

(五)俄罗斯

俄语中有关体育方面的用词很多,使用最普遍的两个词是身体文化和竞技,但这两个词译成中文时都变成了"体育"。苏联学者如马特维也夫对体育及其有关概念的阐述是非常清楚的,他在体育院校通用教材《体育理论与方法》一书中论述:"体育"这一术语属于教育范畴,其突出特点就是一个形成人的运动技能和发展身体的过程。它分成两个方面:学会运动,并在此基础上发展身体。

在体育过程中,学会运动是非常重要的,要注意在专门的教学过程中使人逐步掌握控制自身运动的适宜方法,从而获得人们在生活中必不可少的运动技能及有关知识。

体育的另一方面,就是有目的地作用于人体的自然因素的总和,即通过一定的运动生理负荷去刺激人体的发展。所谓自然因素,除运动负荷外,还包括合理的生活制度、有效利用环境等方面,这都是为了人体的完善发展。

(六)结论

通过对中国、日本、美国、英国、俄罗斯五国体育概念的比较,可以得出以下结论:

①从世界范围看,还没有关于体育内涵的统一的、规范性的表述方式。各国对体育内涵的规定,要根据其国情特点、文化背景去理解,国际上并没有统一要求,实际上也做不到。

②关于体育属性或体育概念的外延表述,也是各抒己见。各国基本上都把体育的各种活动或表现形式视为"文化",有的说是"社会文化",有的说是"民族文化"。

③体育与运动不是同一个词,有不同的内涵及社会功能。从不同的角度去观察体育,会得出不同的结论。体育工作者应全面、辩证地观察体育,才能更清楚地认识体育的本质。

本章小结 ── 　　体育概念的学习和理解是体育专业学习的入门知识，本章首先介绍了体育产生的内外部原因及其起源学说，随后介绍了体育概念产生的时代背景及其演变，描述了中外体育概念的现状，并借助逻辑学的基本法则给体育概念下了简明的定义，并按照逻辑学划分和分类规则采用多种标准对体育概念进行了分类。最后比较了中国、日本、美国、英国、俄罗斯等国体育概念的异同。

回顾与思考 ── 1.如何运用逻辑学法则给体育概念下定义？

2.如何分析和评价我国现有的体育概念？

3.如何从体育属性分析体育概念的分类？

知识拓展 ── **美国两所大学扩大体育概念**

　　位于芝加哥城外的罗伯特莫里斯大学是美国第一所提供电子竞技校队和校队预备队奖学金的学校。肯塔基的派克维尔大学是第二所将《英雄联盟》游戏玩家，与传统的足球、篮球和棒球运动员同等对待的学校。

　　罗伯特莫里斯大学体育活动副总监库尔特梅尔切在玩过Riot Games公司的《英雄联盟》在线多人游戏，并得知Riot Games公司组织了高校联赛之后，便提出了奖学金建议。该校校长不仅批准他招聘教练和招募学生玩家，还同意建造一套价值10万美元的电子竞技设施，供36名选手在校园内练习和参加比赛。

　　梅尔切表示："电子竞技与真实的体育比赛一样，孩子们在比赛中有不同的分工，他们要像团队一样相互配合。我们将电子竞技和传统体育视为第二课堂，学生可以在这里经历成功与失败。电子竞技可以在课堂之外吸引学生。"目前这两所大学正在扩大学校体育的概念，学校不仅组建了电子竞技团队，还为游戏玩家提供奖学金等支持。

第二章
体育功能

【学习任务】

本章从概述体育的功能出发,重点介绍了体育的自然质、结构质、系统质功能,让学生对体育功能的结构层次及每一层次体育功能的具体内容有比较透彻的认识和掌握。从体育系统构成要素的联系形式和联系效果的角度,重点学习体育的自然价值、社会价值和人文价值。

【学习目标】

1.掌握体育功能的结构层次及每一层次体育功能的具体内容。

2.掌握体育的健身功能和娱乐功能。

3.掌握体育的自然价值、社会价值和人文价值。

4.了解体育是如何对经济、政治产生作用的。

【学习地图】

体育功能的相关概念→体育功能的结构层次→体育的自然、社会和人文价值

第一节 体育的功能

一、体育功能概述

（一）体育功能的概念

功能一词在《现代汉语词典》中的解释是："事物的功用和效能。"在《辞海》中的解释是："事物或方法发挥的有利作用、效能。"例如 Mp4 的基本功能是：视频播放、视频输出、录音笔、移动硬盘。此外还有一些特有功能：数码相机伴侣、视频录制、电视收看、DV 等。根据功能的概念我们扩展到体育这一特定事物的功能，可将体育功能的概念确定为："体育功能是指体育这一文化现象对人和社会所能发挥的有利作用和效能。"①

（二）体育功能的变化和发展

体育作为一种人类的文化瑰宝，它在人类社会历史的发展中所凸现的功能是不断变化和发展的。体育从过去发展到现在，其活动形式和内容、体育的物质、体育知识观念等较之过去有明显的变化，随着政治、经济、文化、民俗、民族等多种性质要素的介入，体育变得更加丰富多样，体育功能也就随之增加、变化和发展。在古希腊出现的奥林匹克运动具有宗教功能，每四年一次的奥林匹克运动会是对古希腊众神的祭祀，是为了祈求神明保佑希腊人的平安。而现代社会中的奥林匹克运动会早已不存在古希腊的宗教功能。同时，我们现代体育所具有的一些功能，随着人类历史的发展也可能会消失。体育功能是在体育的生物效应和社会效应上衍生出来的，是动态的。千百年来，体育之所以不断地发展，而且越来越受到世界各国人们的重视，正是人们对体育功能的认识和利用的结果。

（三）体育功能的划分

体育对人和社会所能发挥的有利作用和效能取决于体育本身的特点和社会需要两个方面，据此对体育功能可作如下划分：

①纵向地、动态地考察，体育功能可划分为三个阶段功能——历史功能、现代功能、未来功能，它们与人类社会发展的时间相联系。我们把阶级、国家出现以前，体育对人类的作用和效能，称为体育的历史功能；人类进入阶级社会以后，体育对人类的作用和效能，称为体育的现代功能；而把阶级、国家消亡以后，体育对人类的作用和效能，称为体育的未来功能。

②对体育的每一发展阶段作横向的静态观察，体育功能可划分为政治功能、经济功能、

---

① 杨文轩，杨霆.体育概论［M］.北京:高等教育出版社,2005:39.

教育功能、娱乐功能、军事功能、医学功能等。

③从体育功能的作用对象上,可把体育功能划分为个体功能和群体功能。

④从体育功能的存在和表现状态上,可把体育功能划分为基础功能和随机功能(延伸功能)两种表现形态。体育的基础功能是一切其他功能发展的起点,这里实际上是指体育对个体的生物功能。体育的随机功能是指体育对象通过体育所获得的不同效应。如观看体操比赛的观众基于角度不同,所获得的感受和目的就不同,而作为体操表演者本身的目的也是不同的。这些目的都具有随机性,这都大大超过了体育本身的范畴。体育的随机功能具有广泛性和不确定的特点。

⑤从体育功能的作用方式上,可把体育功能划分为直接功能和间接功能。

⑥从体育功能的层次上,可把体育功能划分为自然质功能、结构质功能和系统质功能。其中,自然质功能是最基本、最基础的功能。

以上不同层次、不同方面的功能相互联系、相互交织在一起,形成一个错综复杂的网络体系。本书对于体育功能的详细阐述,将从体育功能的层次性方面展开。

二、体育的自然质功能

自然是与人为相对立的,对人来说,自然也是具有积极意义的,它作为系统先于人化自然而存在,因此,自然永远是人最基本的生存环境和基础,人化自然必须以自然存在为前提。但是,自然界中的很多物质未经人类加工,它对人类的效用和功用是有限的。例如树木活着时能够通过光合作用向人类输送氧气,它干枯了可以作为燃料供人类使用,它腐烂了可以作为有机肥料供人类使用,仅此而已。

体育最简单、最原始的表现形式就是人类的基本活动能力的表现。人类在进化过程中自然形成的走、跑、跳、投、攀登、爬越、悬垂和负重等运动方式,可以看作体育最原始的形式。这些运动方式对人类所产生的功效,就是体育的自然质功能。

体育的自然质功能比较单一,即体育的健身功能。体育的基本活动方式是通过身体运动来完成的,健身功能是体育文化现象最基本、最直接的功能,是决定体育其他功能的基础。体育的健身功能主要体现在以下四个方面:

(一)促进有机体的生长发育,改造人体骨骼和肌肉系统

生长和发育的表征往往表现在骨骼和肌肉的生长和发育方面,体育锻炼确实能够促进骨骼和肌肉的生长发育。人的身高不断增长主要是由于人长骨的骺软骨不断增生,直到其骨化完成,人的身高就不再增高了。而通过体育锻炼,特别是跳跃、伸拉等类型的运动能够刺激骺软骨的增生和分裂,从而促进孩子身高的发展。科学研究证明,经常从事体育活动的青少年比一般青少年身高增长要快。同时,经常参加运动,可以使骨骼变粗、骨密度增厚,骨骼的抗折、抗压能力增强。

经常参加体育活动的人,肌肉的工作能力得到增强,表现为肌肉的横截面积加大,肌肉变得粗壮有力。现代医学研究证明,经常进行体育锻炼,人的肌肉成分可以发生一系列有

利于健康的变化:增加氧化酶的浓度,促进碳水化合物和脂肪的分解,产生 ATP 形式的能量;增加线粒体的大小和数量,这是产生有氧能量的细胞能源工厂;增加肌肉利用脂肪作为能量来源的能力。

体育活动对于青少年来说是促进了骨骼和肌肉的生长发育,对于成年人和中老年人来说有助于保持骨骼和肌肉的机能能力。经常运动可使肌肉保持正常的张力,并通过肌肉活动给骨组织以刺激,促进骨骼中钙的储存,预防骨质疏松,同时使关节保持较好的灵活性,韧带保持较佳的弹性,锻炼可以增强运动系统的准确性和协调性,保持手脚的灵便,使人可以轻松自如,有条不紊地完成各种复杂的动作。

(二)改善人体内脏系统,增强机能能力

体育运动使人新陈代谢旺盛,血液循环加速,从而使血液循环系统、呼吸系统、消化系统,以及其他系统的机能都得到改善。

体育运动能改善和提高人体的新陈代谢,促进体内组织细胞对糖的摄取和利用能力,增加肝糖原和肌糖原储存。体育锻炼还能改善机体对糖代谢的调节能力。如在长期体育锻炼的影响下,胰高血糖素分泌表现出对运动的适应,即在同样强度的运动情况下,胰高血糖素分泌量减少,其意义是推迟肝糖原的排空,从而推迟衰竭的到来,延长人体持续运动的时间。脂肪是在人体中含量较多的能量物质,它在体内氧化分解时放出能量,约为同等量的糖或蛋白质的两倍,长期坚持体育锻炼能提高机体对脂肪的动用能力,为人体从事各项活动提供更多的能量来源。

体育运动能改善和提高心血管系统的机能。适当的运动是心脏健康的必由之路,有规律的运动锻炼,可以减慢静息时和锻炼时的心率,这就大大减少了心脏的工作时间,增加了心脏功能,保持了冠状动脉血流畅通,可更好地供给心肌所需要的营养,可使心脏病的发生率减少。

①经常参加体育锻炼可使心肌细胞内的蛋白质合成增加,心肌纤维增粗,使得心肌收缩力量增加,这样可使心脏在每次收缩时将更多的血液射入血管,导致心脏的每搏输出量增加,长期坚持体育锻炼可使心室容量增大。

②体育锻炼可以增加血管壁的弹性,这对人体健康的远期效果来说是十分有益的,人随着年龄的增加,血管壁的弹性逐渐下降,因而可诱发高血压等退行性疾病,通过体育锻炼,可增加血管壁的弹性,可以预防或缓解退行性高血压症状。

③体育锻炼可以促使大量毛细血管打开,因此加快血液与组织液的交换,加快新陈代谢的水平,增强机体能量物质的供应和代谢物质的排出能力。

④体育锻炼可以显著降低血脂含量(胆固醇、三酰甘油等)、改变血脂质量,有效地防治冠心病、高血压和动脉粥样硬化等疾病。

⑤体育锻炼还可以使人在安静时脉搏徐缓和血压降低。

体育运动能改善和提高呼吸系统的机能。经常参加体育锻炼,特别是做一些伸展扩胸

运动,可以使呼吸肌力量加强,胸廓扩大,有利于肺组织的生长发育和肺的扩张,使肺活量增加,经常性的深呼吸运动,也可以促使肺活量增长。大量实验表明,经常参加体育锻炼的人,肺活量值高于一般人。体育锻炼由于加强了呼吸力量,可使呼吸深度增加,以有效地增加肺的通气效率,研究表明,一般人在运动时肺通气量能增加到60升/分左右,有体育锻炼习惯的人运动时肺通气量可达100升/分以上。一般人在进行体育活动时只能利用其氧气最大摄入值的60%左右,而体育锻炼可以使这种能力大大提高,进行体育活动时,即使氧气的需要量增加,也能满足机体的需要,而不至于机体缺氧。

体育运动能改善和提高消化系统的机能。体育锻炼加速机体能量消耗的过程,能量物质的最终来源是摄取食物,因此,运动后会促进消化系统的功能变化,饭量增多,消化功能增强。

体育运动能改善和提高中枢神经系统的机能。大脑是人体各种活动的指挥中心,其重量仅占人体重量的2%,但它的耗氧量却占全身总耗氧量的1/4。体育锻炼能提高神经系统对人体活动时错综复杂的变化的判断能力,并及时作出协调、准确、迅速的反应。研究指出,经常参加体育锻炼,能明显提高脑神经细胞的工作能力。反之,如缺乏必要的体育活动,大脑皮层的调节能力将相应地下降,造成平衡失调,甚至引起某些疾病。

(三)提高人体适应能力,增进健康水平

许多户外运动往往在严寒、酷暑、高山、高空等条件下进行,因而对外界的适应能力也非常重要。体育也有助于培养人们勇敢顽强的性格、超越自我的品质、迎接挑战的意志和承担风险的能力,有助于培养人们的竞争意识、协作精神和公平观念。

体育锻炼可以增强我们的体质,提高我们对疾病的免疫能力,增强机体的适应能力。研究证明:不锻炼的人30岁起身体机能就开始下降,到55岁,身体机能只相当于他最健康时期的2/3;而经常体育锻炼的人到50岁左右,身体机能仍相当稳定,即使到了60岁,其心血管系统的功能大约相当于25岁左右不锻炼的人。运动医学专家指出:每天坚持跑步10分钟的人,心脏可年轻20年。

(四)调节人的心理,促进个体心理发展

在竞争激烈的社会里,快速的生活节奏、大都市的"高楼效应"使得人们的人际交往变得极为有限。在这种环境下人们容易在精神上、心理上陷入混乱,由此容易出现轻度到重度不等的焦虑、抑郁、敌意、孤独和其他感情不稳定的心理。心理健康对人的整体健康至关重要,对于心理障碍、不良情绪,除了做思想工作和心理治疗以外,体育活动也不失为一种积极的方法。现代医学流行病学研究证明,人们通过适当的体育运动能够降低"焦虑状态",提高心理健康水平。

体育锻炼对心理健康的影响是多方面的。斯蒂芬斯在1988年的研究中指出,身体锻炼的水平与精神健康之间存在一种正相关,即努力进行锻炼的人表现出良好的心理健康状态,而不锻炼者的不安感明显更高。因为长期持续的身体锻炼对心理疾病患者的焦虑和抑

郁有缓解作用,可以有效降低状态焦虑,从而产生良好的心理效益。所以,体育锻炼具有调节人体紧张情绪的作用,能改善心理状态,恢复体力和精力;能增进身体健康,舒展身心,有助于安眠及消除压力,使疲劳的身体得到积极的休息,让人精力充沛地投入学习、工作;可以陶冶情操,保持健康的心态,充分发挥个体的积极性、创造性和主动性,从而提高自信心和价值观,使个性在融洽的氛围中获得健康、和谐的发展;体育锻炼中的集体项目与竞赛活动可以培养人的团结、协作及集体主义精神,通过与他人的接触交流会使原有的孤独感、抑郁感等淡化甚至消失。

三、体育的结构质功能

结构质就是人类对自然物质进行加工,改变了原自然物质的形态结构,赋予原有物质许多新的功能。例如树木经过加工,可以做成各式各样的家具,虽然木头的化学和物理性质没有改变,但是由于其外部结构的变化,使其具有了许多新的功能:床可以睡觉,椅子可以坐,书架可以存放书籍,等等。

在体育中,常常改变身体运动的方法、增加各种规则限制等,这种身体运动结构的改变,就赋予了它们新的功能。例如我们在跑步运动中设置规则,就成为竞赛项目;竞赛项目中含有对抗性,同时又对运动技术提出要求;由于规则的严肃性,又产生了公平竞争的行为规范的要求。这样,一个简单的跑步,就变得复杂起来。体育的结构质功能可以归纳为两种:体育的教育功能和娱乐功能。

(一)体育的教育功能

体育的教育功能是指体育在促进人类身心全面发展的过程中的作用和效能。教育功能是体育最基本的社会功能,就其作用的广泛性而言,它对人类社会产生的影响,是体育的其他社会功能无法比拟的。体育的教育功能是通过体育对人的身心的促进与发展,来促进教育目的的实现而体现出来的。即便在奥林匹克运动中,体育仍然被认为是一种教育方式,即在道德范围和公平竞争的原则下促进人身心健康发展。体育的教育功能主要体现在以下四个方面:

1.教导基本的生活技能

体育产生于生活,也应服务于生活。通过身体教育、运动教育可传授各种生活技术和技能。例如走、跑、跳、投、钻、跨、滚、攀登、爬越等身体活动能力,提、挑、拉、拖、搬运等生产劳动技能,都是人们必须掌握的基本生活技能,但也需加以规范和改进。教师要求小学生站立时要抬头挺胸,走路时要克服内八字或外八字,跳跃时要注意落地缓冲等,就是在发挥体育教导人们基本生活技能的功能。再如,人们在日常生活中,上下楼梯,步行逛街,公园漫步,稍不留意就容易扭伤踝关节。因此,人们就需要学习如何预防踝关节扭伤:平时注意进行踝关节周围肌肉力量和本体感觉的训练;运动前进行充分的准备活动;适当减少运动量;运动时选择鞋底柔软的高帮鞋、弹力绷带或半硬的支具。这也是体育教导人们基本生活技能的功能。

2.传授文化科学知识，形成良好生活习惯

体育是人类宝贵的文化遗产，其中有许多内容对体育文化的传承和发展具有重要的作用。通过体育，人们在运动中学习了关于身体健康的保健知识，了解了体育对人体健康的价值、健康的评价方法和标准；学习了各种运动项目的规则与方法，运动项目的由来和发展，正确运动技术要领以及其中的科学道理；学习了各类比赛的规则和体育观赏知识以及终身体育对健康生活方式形成的必要性；树立了正确的体育观和体育意识，养成了终身体育的习惯和方法。为今后形成健康的生活方式、正确的价值观念乃至人生观奠定了基础。

健康的价值观随着体育大量介入发生了变化，人们传统的营养观也发生了变化，以食品价格评价营养价值观转变为以合理的膳食结构评价营养的价值观，坚持体育运动与合理营养相结合，才能真正增强体质，提高抵抗疾病和适应各种环境的能力，使身体健壮、精力充沛，从而提高学习效率。在现代教育中，体育教育承担了三育中的一育，这方面的文化传承任务除体育教育之外，没有任何一门课程可以取代。

3.提供社会规范教育、社会角色尝试，促进人的社会化

社会规范是历史形成或规定的行为与活动的标准。人的行为总是受某种文化下的社会规范的制约。这些社会规范不仅指法律、规章制度，还涉及人际交往时的一些礼节规则和游戏规则。当人们进行各种游戏时，在游戏中的人们也是遵守着游戏规则，对游戏规则持有着内在观点，认为在游戏的过程中人们在相应的游戏规则下就应该做出某种行为或者受到某种约束。人们在游戏中扮演角色、学习角色、领悟角色，从而使自觉遵守社会角色规范成为可能。人刚刚出生时他的生物属性占主导地位，随着时间的推移他的智力水平逐渐提高，在家庭教育、学校教育、社会教育的作用下，他的生物属性渐渐地被社会属性所替代，最后以社会属性为主导，这个过程就是人的社会化过程。

我们在进行体育游戏或某项运动比赛时必须要明确游戏规则，每个参与者必须无条件服从规则。"尊重游戏规则"如果延伸到社会生活的各个方面，就是必须要遵纪守法。学会基本的游戏规则，即为学会了社会规范。伦敦奥运会的口号是"激励一代人"，志在鼓励年轻一代，其体育教育项目关注的焦点主要集中在那些将实现长期的系统改变的活动，如教练的培训和政府政策的转变，而不是一次性的短期效应。特别是着眼于奥运会所带来的长远的价值，比如健康的生活方式，终身体育锻炼的习惯、竞技能力和包容意识的培养等。《奥林匹克宪章》规定："通过没有任何歧视，具有奥林匹克精神——以友谊、团结和公平竞争的精神互相理解的体育活动来教育青年，从而为建立一个和平的更美好的世界作出贡献。"[①]

4.促成个性形成和发展，培养完美的自我观念

体育不仅能影响到人的生理属性，还能影响到心理属性，促进身心的全面发展。现代

---

① 国际奥委会.奥林匹克宪章[M].北京:奥林匹克出版社,2001.

体育是一种培养个性的手段,具体通过三个层面进行:首先,体育培养个体自我意识,使参与者可以正确认识自己,选择方法自我改进,巩固提高自己的长处,促进个体的自我观念形成。其次,体育参与往往发生在群体活动之中,参与者要为了取得与自己相适应的地位和角色不遗余力。在体育群体中,良好的表现会得到奖赏,反之会受到冷落或批评。参与者要学习群体规则,塑造自己的思想和行为,因此体育具有仿社会的性质和培养社会化的重要功能。再次,参与体育既要接受客观环境的影响与制约,又要进行自我调整,自觉参与,在主客观的相互作用之中培养对自身积极性和客观限制性的辩证理解,从而达到塑造个性的效果。

体育教育是由"身"及"心"的过程,由身体运动和动作技术的学习,而发展人的"主体性",我们知道动作技巧的中枢体育机制同思维智力机制在神经网络层次上是融为一体地密切联系着的,体育不仅仅是体质发展的必要条件,也是智育和德育发展的重要条件。儿童的运动游戏,不但对于体育和智育非常重要,而且还是儿童培养积极意志和健全人格,正确认识和参与人际关系的一个重要课堂。

(二)体育的娱乐功能

体育的娱乐功能是指通过身体活动帮助人们享受愉快生活的作用和效能。体育在人类历史上已经存在很久了,最初的体育基本上都是以游戏的形式表现出来的。例如,马术、射箭、蹴鞠、马球等。美国学者休密慈(Schmitz,K. L.)指出:"竞技运动从根本上讲是游戏的延长,它的基础在于游戏,它的主要价值是从游戏中派生出来的。"[①]体育活动不同于为了生存的工作,它是工作之余的活动,具有放松性,所采用的各种体育项目很多也具有游戏性,因而体育活动与娱乐有着紧密的联系,所以体育具有娱乐功效也是必然的。

体育活动的娱乐要素主要表现在:第一,它是一种自愿、自发性的自由的活动,是人们想做时才做这一意义的自由;第二,它是非日常性、非生产性的活动,而不带有功利性;第三,它有一定的竞争性、对抗性和不确定性,其对抗胜负具有很大的不确定性。

随着技术的进步和生产的现代化、数控化,劳动时间缩短,人们的余暇时间增加。在现代人的余暇活动中,体育娱乐具有十分重要的作用,很大程度上,它所具有的社会功能是其他的余暇活动方式所不能取代的。

体育的娱乐功能一般通过两种基本途径实现:一是参与,个体参加到体育活动中运动,并且和其他运动者共同奔跑、跳跃、流汗。二是观赏,作为观众观看他人的体育活动,可以是在比赛现场观看,也可以是通过电视观看。NBA 全明星赛就是一个庞大的篮球宴会,在这里享受篮球大餐的有普遍球迷和 NBA 球员,还有一大批其他领域的明星大腕。尽管参与体育运动对身心的良好影响要比观赏体育运动更积极、效果更好,但是现实社会中以观赏方式从体育运动中获得娱乐的人群要多于以个体参与方式来获得娱乐的人

---

① 周爱光.试论"竞技体育"的本质属性——从游戏论的观点出发[J].体育科学,1996,16(5):4-12.

群数量。

体育的娱乐功能主要体现在以下四个方面：

1. 体验自由感

体育运动能够得到广大社会成员的喜爱，一个重要原因是体育与艺术等活动一样具有较强的娱乐功能。人们在体育运动的过程中能体验到很多乐趣和快乐，愉悦身心，疏导情绪，获得解放感和自由感。体育是人类社会多种娱乐方式中的一种。而积极健康的娱乐也是现代社会中人们提高生活质量的一项重要内容。例如，人们在自由自在的奔跑中，能体验到自由存在状态；户外活动可以调节生活，使人返回大自然，享受自然界的乐趣；在轻松优美的健美操锻炼中，练习者的注意力从烦恼的事情上转移开，忘掉失意与压抑，尽情享受健美操运动所带来的欢乐，得到内心的安宁，从而缓解精神压力，拥有更强的活力和更佳的心态。

2. 感知生命的活力

在运动竞赛中不断追求"更快、更高、更强"，以战胜自我，得到精神上的满足。特别是一些惊险项目，如跳伞、跳崖、潜水、冲浪、赛车等，在向自然的挑战中创造人生价值，加强生命的力量，从中获得能量释放的乐趣和快感。例如，空中抓杠活动能够挑战自我，克服心理障碍，增强自我控制的能力；面对机遇，果断地把握，增强自我决断的能力；以积极的心态去争取和获得机会。又如，高空断桥活动可通过活动提高参与者的灵活性，增强人们面对挑战时应具备的生存能力和适应能力，从而提升人的综合素质和发挥人的无限潜能。再如，从巨人天梯活动中可领悟到合作中最重要的是主动伸出你的手；在合作中尽快找到别人和自己的所长，并使其作用于团队；通过相互帮助来实现两人的相互沟通和彼此了解；体会共同登峰后的喜悦，认识自己的成功往往包含帮助别人成功的理念；确立目标与成功之间密不可分。

3. 体验自我实现感

美国人本主义心理学家马斯洛的需求层次理论指出，人的基本需要有五种：生存的需要（衣、食、住、行以及其他本能需要）、享受的需要（安全感、生活质量等）、发展的需要（体力、智力的发展，文化素养的发展，职业前途的发展等）、尊重的需要（被他人承认和接受、得到社会的尊重等）、自我实现的需要（超越自己、实现最终理想）。有的职业运动员把追求奥运会金牌作为毕生的理想，他们在竞技训练和比赛中能显示自我的能力，感受到自我能力实现的极大的快乐和幸福。

4. 获得美的享受

体育运动给人展现的是一个绚丽多姿的艺术世界，它能使人得到精神上的愉悦及美的享受。运动员在体育比赛中表现出的高超艺术，是体育运动中美的体现，它像一幅幅流动的画面，给人以美的享受。

当人们在观看艺术体操比赛时，运动员做波浪动作时所表现出的柔动连绵特色；做转体动作时表现出来的身体轻盈高飘;做平衡动作时表现出的稳健、优美给人以强烈的美的感受。在观看竞技体操比赛时,运动员稳健、准确、高难、优美的动作更给人以精彩、动人、魅力无穷的回味,使人进入梦幻般的境地。在观看球类比赛时,球场上快速多变的战术,紧张激烈的争夺,熟练默契的配合,更是高潮迭起,精彩纷呈,把人带入神话般的世界。更有跳高运动员的腾空飞越横杆;帆船运动员搏击惊涛骇浪;击剑运动员敏捷灵活的雄姿;花样滑冰运动员在冰上的千姿百态的舞姿;棋类运动员统率千军万马的气概等。这些诗情画意无不使人陶醉于体育美的享受之中,去激励人们对体育美更高、更深的追求。

四、体育的系统质功能

系统质功能:指当一个事物从自然质系统、结构质系统再进入社会系统时,就会产生许多以前不具有的功能。例如,在结构质中产生了许多具有新功能的家具,在这一系统中它们只有使用功能,床只能睡觉,不能当饭吃。但是,如果将床拿到市场上,它就成为商品,就可以换到米、面,就可以当饭吃。床的新功能是市场所赋予的,而市场则是社会系统的一个局部。

当体育进入社会系统,就会产生某种功效和作用,就又出现了许多新的功能,这样的功能就被称为体育的系统质功能,其中,体育的经济功能和体育的政治功能就属于此类。例如,我国 20 世纪末体育产业的发展说明,体育必须进入市场才能表现出体育的经济功能,而市场是社会系统的组成部分;运动员进入世界体育的大舞台,在奥林匹克运动会上为国增光的表现,就体现了体育的政治功能必须在社会系统中才能表现出来。

(一)体育的经济功能

体育的经济功能是指体育运动对经济发展的促进作用。体育的经济功能具有产业关联度广、需求潜力大、附加值高、资源消耗少、环境污染低的特点,是一个非常有前途、充满潜力和机遇的朝阳产业、绿色产业和健康产业。体育真正与经济挂钩,发挥其经济的功效,是在现代社会伴随着市场经济的发展开始的。随着市场的发展,商品经济无孔不入,体育文化作为社会消费的需要也成为现代经济中的一大产业。例如,现代奥运会已不是一场纯粹的体育竞赛,更是一场品牌的盛宴,全球化的传播通道,使企业从平凡走向伟大,可口可乐、柯达、三星、阿迪达斯、联想、伊利等中外著名企业都是借奥运与体育资源踏板迅速起跳的。汉城奥运会,韩国让泡菜卖到了全世界上百个国家。"泡菜妈妈"专程到奥运村负责泡菜供应,在政府的推动下,"泡菜产业"似乎成为了奥运会里最特别也是最显眼的"赞助商",韩国泡菜借机名扬四海。可见体育在现代社会中对经济产生的巨大作用。体育的经济功能主要表现在以下三个方面:

1.提高劳动者素质,促进生产力发展

经济学家认为,劳动生产力的提高是社会经济发展的重要标志,在对生产力进行评价时,人的素质往往是最主要的衡量标准。但在人的素质中,身体素质又显得尤为重要,这就使得世界各国都格外重视体育发展劳动者体力的作用,以减少发病率,达到促进社会生产

力发展的目的。这表明,体育的经济功能最初是由体育本身的发展,并间接通过提高国民身体素质,再转化为劳动生产力的。劳动者通过经常性的体育活动,使其身体强壮,精力旺盛,从而在工作中灵活、有力、协调,预防疾病,防止事故的发生,大大提高劳动生产率和经济效益。当今企业里大凡有见识的领导者都把开展体育锻炼,增进员工健康,提高出勤率视为提高企业员工素质的一个重要环节。20 世纪 50 年代,清华大学曾提出的"8 – 1 > 8"这一富有哲理性的公式正说明了这一点,即在一天工作或学习的八个小时中,抽一个小时来进行体育锻炼,效果比原来八个小时更好。

2. 带动体育产业,促进第三产业发展

体育发展对经济的促进作用,表现在高度发达的商品经济社会。伴随着体育娱乐化和终身化程度的不断提高,为满足体育人口不断扩大的需要,各种运动器材、体育场地设施、体育用品的批量生产、建设和供应,乃至体育健身、体育娱乐和体育旅游业都在迅速发展,已逐渐形成一个庞大的体育产业体系。竞技体育和商品经济的联系更为密切。比如,一场精彩的体育比赛可以吸引成千上万的观众,并可直接获取门票收入。一些大型运动会,除可带动旅游、商业、交通、电信和新闻出版等行业发展外,还可以通过发行彩票、邮票、纪念币,收纳广告费,印刷宣传品等途径得到相当可观的经济效益。随着商品经济浪潮的猛烈冲击,奥林匹克也难免卷入其中,表现出鲜明的商业化倾向。比如,在奥运会期间,世界各国财团都在利用其影响,进行巨额投资,从事商业性活动。1984 年美国洛杉矶奥运会,是首次由民间主办的奥运会,旅游业出身的彼得·尤罗斯借助商业化运作,一改以往奥运会亏损的局面,使第 23 届奥运会大获成功,不仅节约了原定的 5 亿美元的耗资,反而从中获得了 2.5 亿美元盈利。正是商业、金钱和现代传媒的大量介入,奥运会在 20 世纪后半期从一只讨人嫌的丑小鸭变成了一只娇艳欲滴、光彩夺目的白天鹅,成为众多国家争夺的对象。

按照国家体委在 1995 年颁布的《体育产业发展纲要》,我国的体育产业分为三类:第一类是体育主体产业,指由体育部门归口管理的、发挥体育自身价值和功能的、以提供体育服务为主的体育产业经营活动,如竞技体育产业、群众体育产业、体育教育产业、体育彩票赞助等;第二类是体育相关产业,指与体育有关系的其他产业,如体育服装,体育器材,体育场地,体育广告,体育食品、饮料等;第三类是体育系统办的产业,指体育部门为了创收和补助体育事业发展开展的与体育关系不大的其他产业经营活动,如餐馆、工厂、出租房屋等。从这一分类来看,这三类产业中大部分属于服务类产业,即属于第三产业范畴。因此,体育产业的发展有利于增加第三产业的产值比重。从社会的需求来看,随着人们生活水平的提高,对体育服务的需求也会越来越多。因此,大力发展体育产业有利于促进第三产业的发展。

3. 优化产业结构,增加就业机会

体育作为第三产业正以劳务的形式向社会提供服务。自 20 世纪 70 年代以来,世界经

济的发展促进体育的经济功能得以不断开发,体育产业呈现出快速化、国际化的发展趋势。并且体育产业自身发展的同时也促进了经济的发展,因为它是与市场经济相互推动、相互作用的。作为产业必然创造价值,在有些国家体育产业几乎已成为国民经济的支柱产业。体育产业的发展优化了产业结构,为社会提供更多的就业岗位。如奥地利人口 800 万,面积8.4 万平方千米,体育产业发达。2005 年奥地利体育产业创造产值 150 亿欧元,约占奥经济的 7%。奥地利现有 35.5 万人从事与体育有关的行业,占奥地利就业岗位的 10%。

我国体育产业的快速形成和发展,不仅拓展了第三产业的增加值,也起到了优化产业结构的作用。同时,体育产业是一个上游产业,它既能带动和促进第二产业中的一些相关行业的发展,也能带动和促进第三产业中一部分行业的快速发展,所以,对整个国民经济总量扩张和结构改善都有一定作用。体育产业良好的发展将会为社会提供千万个就业岗位,上到体育产业的管理者,下到体育场馆清洁工,这将为我国劳动力就业市场开辟一个新的广阔空间。仅以发行体育彩票为例,目前已为社会增加大量就业机会,为我国政府排忧解难。如江西省约有 2 000 台终端机,每台终端机能解决 2 个就业机会,就能安排约 4 000 个就业岗位。

(二)体育的政治功能

体育的政治功能是指体育运动对社会团体、国家、地区的安定团结、发展进步、繁荣昌盛的促进作用。在人类社会的诸多社会现象中,占有统治地位的"政治"往往具有主导作用。体育不可避免地要为一定社会和利益集团的政治和政治需要服务。体育有时候还具有很强的和不可替代的政治功能,在中外体育运动的发展历史上,体育的政治功能和体育为政治服务的现象与事例屡见不鲜。例如古代社会,竞技与政治关系非常密切,竞技往往成为达到政治目的的一种手段,古希腊人利用恢复奥林匹克竞技会的机会,在伊利斯大国王依菲斯特的政治周旋下,终于确定了奥林匹克神圣休战公约,由此开始了体育为和平政治服务的先驱。体育的政治功能主要表现在以下三个方面:

1.提高国家威望、振奋民族精神

体育文化被放在国际社会的平台上,这时它就被赋予象征国家、象征民族的功能,特别是现代奥运会已经成为世人瞩目的政治舞台。体育竞赛是人类社会在和平气氛下进行的"礼仪化"战争,体育竞赛的胜负寄托着一个民族的情感,它在弘扬爱国主义、强化民族精神方面有着重要作用。例如中国女排的"五连冠"在中国大地上掀起了一股"女排热""女排精神";1964 年东京奥运会,日本人向全世界宣布日本不再是一个战败国。它强化了日本的民族精神,使日本人在其后的工业生产上取得了飞跃发展;1984 年中国派出了大型体育代表团参加了第 23 届洛杉矶奥运会,许海峰的第一块金牌实现了中国在奥林匹克运动会上金牌"零的突破",外国评论"中国是正在苏醒的体坛巨人",中国人民震惊了,国外华侨也非常骄傲,感到中国强大了,中国人站起来了。这些事实都表明,体育文化对于提高国家威望、振奋民族精神具有特殊的效能和作用。

2. 表明国家政治立场、为外交服务

国际比赛受到世界的关注，因此各国政府也非常注意运用这一舞台来表明自己的政治立场和态度。例如，1956年中国政府抵制参加墨尔本奥运会，导致1958年中国奥委会中断与国际奥委会的一切联系。其主要原因就是，当时的国际奥委会主席布伦戴奇搞两个"中国"，让"台湾"以一个主权国家的身份参加奥运会。中国奥委会通过抵制参加奥运会和退出国际奥委会表明了中国的政治立场。1979年底，《名古屋协定》签署，中国恢复了在国际奥委会的合法席位，正式确认中国奥委会为中国全国性奥委会，"中国台北奥委会"以中国地方机构的名称留在国际奥委会内，这就意味着中国可以名正言顺地参加1980年的莫斯科奥运会了。但是由于苏联入侵阿富汗，60多个国家抵制了此届奥运会，中国也抵制未参加。

通过奥运会来表明自己政治态度的做法许多国家都使用过，西方国家也曾使用这一手段来实现自己的政治目的。例如，1980年的莫斯科奥运会，由于苏联入侵阿富汗，以美国为首的西方国家抵制参加这届奥运会。而反过来，1984年的洛杉矶奥运会，以苏联为首的东方社会主义国家也抵制参加这届奥运会，理由是"美国不能保证公民的生命安全"。这其实就是两大阵营之间的政治斗争，双方都通过奥运会来表达自己的政治态度。1960年韩国进入奥运会，朝鲜宣布退出。

体育是一种以身体运动为基本手段，无须翻译就可以交流的"世界语"，因此体育文化交流往往成为各国友好交往的桥梁。例如，我国在1971年通过第31届世界乒乓球锦标赛与美国乒乓球队接触，最后演绎了轰动世界的"乒乓球外交"，促成了中美建交，中美乒乓球之间的交流，被誉为小球转动了大球，打破了两国之间的外交坚冰，打开了隔绝22年的中美交往的大门，成为体育为外交服务的佳话。

奥运会是全世界人类的体育盛会，主办国可以借奥运会来宴请各国国家元首和政府首脑，然后通过私交或公谈的方式互相交流，因为领导人之间的会话对促进双边发展有极其积极的作用。运动员们不仅被视为具有高超技艺的个人，而且被看作是一个国家的优秀代表，看作是国际友好关系的使者，他们被称颂为"微笑的大使""外交的先行官""穿运动衣的外交家"等。例如，对峙已久的朝鲜韩国，以探讨共同组队参加奥运会的可能性为平台，开始了直接对话，并在悉尼和雅典奥运会的开幕式上合队入场，表达其民族统一的愿望。这都是体育为外交服务的典范。

3. 呈现安定祥和的社会环境

体育文化不仅可以在国际舞台上为政治服务，在国内的舞台上同样可以为政治服务。各国举行的各种体育比赛，不仅为丰富人们的文化生活服务、为带动经济服务，也呈现出一个国家经济繁荣、安定祥和的社会局面和态势。我国每隔四年举办一次全运会，这不仅是一次全国性的体育盛会，更是一次我国政治经济实力的显示。我国体育要引起党委政府重视，必须立足大局抓体育（提升城市品位，服务经济建设和社会发展大局，促进体育与经济

社会协调发展）、围绕中心干体育（以党委政府确立的重点工作为中心,创造性地发挥自己的职能作用去推动中心工作的开展）、跳出体育看体育（体育不但为全社会提供体育服务,达到增强人民体质、振奋民族精神的目的,还可以成为发展经济、服务社会的重要渠道,成为改善产业结构、促进经济发展的一个新的增长点）。体育是社会发展和人类文明进步的重要标志,是综合国力和社会文明程度的重要体现。

第二节　体育的价值

一、体育的价值概述

（一）体育的价值概念

从哲学的意义上说,价值就是指客体与主体需要之间的一种特定（肯定或否定）的关系。主体与客体之间的关系,不仅是一种改造与被改造、反映与被反映的关系,而且也是一种价值关系。价值不仅取决于客体本身的结构,而且也取决于主体的活动,是与主体的需要密不可分的。

从价值学的一般观点来看,体育的价值即体育的功能与人的需要之间的关系。体育作为客体是一种社会客体,它与自然客体不同,总是与人的需要和利益直接相关。体育作为一种社会文化现象,之所以能伴随着人类文明史生生不息,绵延至今,并对今日世界产生全方位的重大影响,皆因其具有满足人和社会发展需要的实际效用。这种实际效用就是体育的价值。体育的价值不仅是体育存在的社会前提,也是体育文化的核心内容。

（二）体育的价值主体和价值客体的关系

体育的主客体关系是非常复杂的,这主要有以下三方面的原因。①体育的价值主体的需要具有多样性和层次性,由于社会的政治、经济、文化、道德标准存在差异,不同层次的主体在不同的历史阶段的主体需要不同。例如,从事健身运动的主体与从事体育经营活动的主体间的需要会有很大的差别,在需要重要性的排序上也会有很大的不同;同文化、不同经济状况的主体,其体育的主体需要的差别也较大。②体育的价值客体的属性也具有多样性,随着人类认知程度的提高,人们对客体属性的认识不断拓展和深入。③体育的外在表现形式是丰富多彩的,与社会其他系统的联系非常紧密,这就表现出在体育的价值实现的过程中,主客体间的相互作用是非常复杂的。以奥运会为例,国际奥委会为价值主体时,整个奥运会及其相关事物就会成为其对象性客体;对赞助商来讲,国际奥委会、奥运赛事、运动队或运动员、奥运相关的营销活动等在不同的赞助环节都成为其对象性客体,对奥运主办地来讲,赛事活动组织、国际奥委会、观众、电视转播等都可以成为其对象性客体,对参赛运动员来讲,教练、营养师、医生、赞助商等也都可以成为对象性客体。虽然体育的价值主体和价值客体的关系非常复杂,但并不是说在研究这些问题时会束手无策,其中是有规律和原则可循的。体育的价值问题必然遵循事物的一般价值规律。

(三)体育的价值结构层次

价值表现为不同的形态和类型。从系统联系形式的构成要素上看,包括自然系统、人与自然的关系系统和人际间的社会关系系统,因而形成自然价值与社会价值的不同形态;从系统构成要素的联系效果上看,主要是指存在和发展,因而形成工具价值和目的价值的不同形态。不同的价值形态反映着客观物质世界价值关系的不同内容,体育作为社会系统中的子系统,它也存在着这样的价值形态。体育的主体是人,其中包含不同类别的主体形式,体育活动是主体人的对象性活动。体育的客体比较复杂,包括物质客体、人、物质与人共同构成的复合客体。所以体育的价值关系不能简单地理解为物质客体满足人的需求。

从体育系统构成要素的联系形式上看,可以分为体育的自然价值和社会价值(含人文价值)两种形态;从体育系统构成要素的联系效果上看,可以分为体育的工具价值和目的价值。

体育系统的构成划分可以有多种方式,不管如何划分,体育的子系统必须符合体育整体的实践要求。在体育价值的体现形式上,必须体现出以核心价值为中心。虽然体育不同系统间的价值存在和价值取向存在差异,这种差异主要是由系统主体的认知水平和系统所处的环境引起的,但是体育的主导价值必然和其子系统的主导价值具有一致性,这是系统正常运行所必需的,即系统核心价值的统一性。我们以体育的自然价值、社会价值和人文价值形态来探讨体育,这样便于我们清晰地探讨体育的价值问题。

二、体育的自然价值

体育的自然价值是指参与体育活动所集中反映的身体积极变化的价值。跑跑步,做做操,血脉畅通,肌肉发达,朝气蓬勃,身心俱泰,这是人们对体育价值的最直接的自然感受。人类作为大自然中的一个物种也必须遵从自然规律,满足符合自然规律的生物存活的基本需求。

(一)体育对人类有机体的自然价值

人体经过史前时代巨大的改变,形成了世界上唯一直立行走的身体活动方式,双手掌控器械为萌生丰富多彩的运动形式奠定了基础。"非常专门化了的人类的腿形成于人类的脑之前——甚至可以说腿的专门化也许是促进脑发展的条件。我们的祖先最初一定是像猿一样的动物,后来臀和腿发生了改变,使它能站立起来并能直立行走"①。直立行走是人类产生体育需求的自然根源。人类的两足行走、工具使用与脑容量增大,是对人类的身体运动形式、攻击性竞技能力、体质的彻底改变起决定作用的重大事件。人类区别于其他动物的最重要的解剖学特征,就在于使他能够直立行走的身体构造上的特点,这也使自身器官发生重大改变,如腹腔中内脏的位置发生变化,某些改变带来困难和不便,也容易导致人类患上一些特有的疾病。面对大自然选择过程中留下的遗憾,人类有意识地创造出包括体育在内的许多手段来对付它。换言之,两足直立行走导致人类身体运动形式产生根本改变,即伴随着文明程度提高而必须面对的身体日渐细弱和疾病隐患,人类注定要以非凡的智慧来弥补。没有两足行走,就不会创造和发展出丰富多彩的人体运动方式,体育的萌芽如无源之水。

人类进化以头脑的增长和肌肉的消退为特征的过程,这似乎埋下了体育需求的种子。其实,人类身体的细弱早在两足行走的史前时代就已经开始萌芽,而并非是我们一向错误认为的是现代文明的产物。只不过,近现代工业加速了这种与动物身体相比的弱化,而我们也强烈意识到必须用体育来满足自身增强自然物种质量的价值需求。

(二)体育在生物学意义上的自然价值

体育的自然价值(或生物价值、科学价值),是反映在生物学意义上的功利需求,来自体育对人体培育和锻炼的生物性效果,也可以说是遵循自然规律的身体活动对人的身体自然属性所产生的积极作用。体育给人们带来的这个最基本的好处看得见、摸得着,是实实在在可以发生在每个人身上的效果,是体育为满足人类在大自然中延续生物性存在的最基本的功能。在此基础上,引申出其他价值。

近代自然科学的兴起,使人们认识到体育可以强身健体,锻炼肌肉,提高躯体的运动能力,这是人类在自然界生存的物种发展需要;把这种生物性的作用说成是"自然价值"可能还欠准确,但这种对人体自然属性的价值评估,暂时没有其他更好的词语表示,姑且按其研究对象属于自然科学的思路来锁定。对其进行探讨的自然科学中如果按学科的进一步划分,则无疑应该归于生物学科(或生命科学)的范畴。在"体育学"下面的二级学科中,有专门的"运动人体科学"一门,其中包括人体解剖学、运动生理学、运动生物力学、运动生物化学,以及人体运动医学、人体测量与评价等若干子学科。这些学科都是把人作为自然物质,通过体育活动给人体带来的变化来确认其自然价值。

体育在生物学意义上的自然价值,反映在体育活动所带来的强身健体的效果上,主要借用医学的方法进行评估。这种效果清楚地显示在每一个参加体育锻炼的个体身上,它作为体育的基础性价值举足轻重,以致人们在很长的历史时期内几乎把它等同于体育的全部价值。迄今为止,对体育自然价值的研究已十分成熟,论文和专著汗牛充栋,科普读物遍及

---

① H. G. 韦尔斯. 世界史纲[M]. 北京:北京燕山出版社,2004.

社会。

　　人虽然是一种动物,但体育却是其他动物所没有的社会文化行为。人类进入所谓文明社会不过短短几千年,体育萌芽于这历史长河最近的一瞬。即便在这一瞬中,大部分时间仅限于某些局部区域的身体游戏和娱乐竞技活动的兴盛,而面向大众和深入学校的体育活动伴随着工业化的进程成为一种相对独立的文化形态,其真正的历史不过短短的几个世纪。认识人体的自然现象,确认体育给人带来的生物学意义上的变化,只能依赖自然科学。值得注意的是,仅用科学主义来认识体育的自然价值,是一把利弊均存的"双刃剑",在遵循工具理性的轨迹中给体育的发展留下阴影。

三、体育的社会价值

　　体育的社会价值是指体育竞赛等组织形态辐射到社会领域的价值。追溯体育的社会价值,最初萌芽于通过身体活动给自己所属的社会群体带来利益的行为,潜藏于渔猎时靠体力获取食物、冷兵器作战时靠体力制胜的年代。到了身体活动脱离了军事而相对独立的体育成形期,其社会价值广泛确认,主要表现为早期工业经济对于劳动力的培养、使用和修复的需要。体育的社会价值主要体现在以下两个方面:

(一)社会稳定的重要指标

　　在和平年代,体育作为疏导人类攻击性(侵略性、破坏性)的社会安全阀门,体现了稳定社会的价值。社会稳定是体育发展的基础,体育的发展也为社会稳定提供一定的平衡力量,在现代社会发展的进程中,体育所起的作用越来越为人们所重视,发展速度越来越快。

　　1.体育运动可以缓解国际争端

　　国际间的运动竞赛,能促进不同民族或团体间人与人的相互认识,能促使人们为共同的利益团结奋斗。在古希腊时期,举行体育运动时,各城邦之间要立即停战,这就是人们常说的"休战宣言""和平声明"的发表,当运动员获胜时要为他升国旗、奏国歌,当国旗升起、国歌奏响的时候,所有人都会投去赞许的目光,这时也不会引起他国敌视。

　　2.社会安定的有效砝码

　　体育运动对于维护社会安全,减少暴力,降低犯罪有积极的作用,每次大型体育赛事的举行,刑事犯罪率都会有很大程度的下降。根据调查统计资料证明,凡是城市里有重大赛事或电视里转播重大国际比赛时,街上的行人、公共交通工具上的乘客就大为减少,犯罪率也明显下降,同时体育运动竞赛活动中的公平、公正、遵守规则、服从裁判等特定要求对培养市民良好的道德品质和自觉遵纪守法的意识有积极的作用。再者体育运动过程增加了彼此的了解、信任、友谊,大家不同地域、不同民族、不同国籍,共同为理想而战,为荣誉而战,胜利者向失败者投去了爱的目光,大家相拥而泣,没有对手就没有胜利,彼此怀有不断超越的精神。面向未来的后工业时期,体育又成为人们休闲娱乐的重要方式。随着人类社会的发展,体育的社会价值将随着需求的递进而演变,分量将不断增加。

（二）强大的社会工具功能

1. 振奋民族精神，凝聚民族情感

在某些特殊的社会时期,体育作为某个群体为发展寻求显示度和话语权的特殊手段,被认为体育可以强国、强种,体育竞赛活动可以振奋人心,凝聚民族自信心,给国家带来精神利益,这时体现的是作为政治工具的价值。这样的社会价值往往体现在给群体巨大的凝聚力和精神满足上,有其历史阶段性。最为刻骨铭心的记忆,发生在改革开放之初。当时中国体育中的高水平竞技运动在国际体坛崭露头角,中国女子排球队的运动员们的每一场比赛甚至每一次扣球,都牵动着几亿人的心。经历过"文化大革命"后的百废待兴、信仰的失落,面对与发达国家的巨大差距带来的惊愕与沮丧,体坛健儿的表演像一剂强心针,振奋了民族精神。

改革开放对中国体育的积极性影响是巨大的,但体育并不仅仅是被动地接受改革开放的影响,而是积极为改革开放作贡献,前所未有地正面显示了体育的社会价值。特别是在改革开放的启动时期,体育竞赛为中国人树立了积极进取参与国际竞争的意识。由体育竞技掀动的积极进取精神以及由此焕发出的民族自信心和爱国主义热情,有力地推动了我国对外开放的进程;而在对内搞活经济方面,则是通过体育竞赛带来重视契约和诚信的规则意识、团结配合的协同精神、公平参与的民主观念,高效率规范运作取得优异成就,支持了社会主义市场经济观念的树立。中国体育是凝聚民族情感、增强群体自信心、表达开放决心的强心剂,体现了难以取代的社会价值。

2. 协调人际关系，创造和保持稳定的社会环境和局面

体育运动是人类进步的结果和文明的象征,随着社会的发展,体育运动逐渐成为人类社会生活进步的基本内容。同时,竞赛也是相互学习和交流的最好时机,并且通过竞赛能够创造相互理解和联系的条件,协调彼此之间的关系,使之正常化、情感化,从而为国家的稳定、经济的发展、政权的稳固、科学文化的繁荣等创造合适的社会环境和局面。体育运动对协调人际关系,缓和社会矛盾,加强社会公德,提高人民文明程度有积极的作用。"体育竞赛为控制冲突提供了一种有效的可能性",体育竞赛中竞争是激烈的,这是身体技巧、策略和战术上最优秀的人取胜的唯一模式。增进和调节国家民族间的关系,创造有利于人类共同发展的和谐国际环境,体育竞赛也释放了现代人的生活压力,缓解了来自各方的压力。

3. 宣传意识形态优越性的手段

体育的社会价值,往往在人类不同群体极端对立的战乱时期受到高度推崇。体育用来训练身强力壮的士兵,在全民皆兵的年代体现了很充分的军事工具价值。在19世纪下半叶和20世纪初,体育在世界范围受到了军民主义思潮的深刻影响,体育的社会价值受到国家意志的空前认同。二战后的冷战时期,体育成为宣传意识形态优越性的手段,通过竞赛的较量来显示政治制度的巨大威力,作为外交手段暗度陈仓另辟蹊径,甚至利用互相抵制奥运会来给敌对阵营施加政治压力,掀动国家主义、民族主义的狂热,使体育的社会价值发挥到登峰造极的层面,一度成为体育的主要价值甚至唯一的价值。进入21世纪,少数国

家仍然惯性地推崇曾经给自身带来巨大效益的体育社会价值,使体育的其他价值受到忽视。

体育的社会价值观在利用体育的自然价值转化为服务工具时,往往舞动科学主义的旗帜,以"社会本位"取代"人本位",以"种意识"蒙蔽"类意识",带来极为容易受人忽略的负面效果。实际上,体育并不是天地间生生不息的自然现象,也不是人类社会直接的政治经济活动,不能单纯视为一种资源或工具加以利用。体育是一种后天习得、传承和创造的身体文化,是人类独有的培养、完善自己身心的有组织、有目的的活动,是追寻健康理想的过程。因此,它所隐藏的人文价值就进入了我们的视线。

四、体育的人文价值

体育的人文价值是指体育对促进人自身终极发展的精神文化价值,是体育满足人的文化需要的程度,是关于体育中代表人的生存状态和方式的价值。体育是人在长期演进中创造的一种文化、一种生活方式。只有人的生存方式才形成体育文化;只有成为人的生存方式的体育才能充分发展。体育完全不同于动物的生存竞技或躯体游戏,或人利用体力进行物质生产的劳动,它是人类为自由发展而能动地设计出来的一种满足自身创造性欲望的身体运动方式。

(一)满足人的全面发展

在体育活动中,人的价值高于一切。世上最宝贵的就是人,人是发展的中心主体。社会经济、政治、文化等各方面的发展,人是参与者和享有者,在所有的发展中,人的全面发展是最重要的,尊重人的利益和尊严是体育对人类自身发展的终极评估。体育的主要作用、主要功能、主要目标,最终都只能指向人的发展。当代体育的人文价值,逐步成为反映体育深层次功利需求的核心价值。

在体育生活中,体育的人文价值能被感觉到,但往往很难说清楚。比如,顾拜旦说奥林匹克是为了人的尊严和美,这就是甚至连许多体育工作者都浑然不觉的人文价值;而奥运会通过竞技弘扬了人类的生命力,成为全世界最壮观的文化盛事,促进了全人类的发展,潜移默化地让人们领悟到做人的价值。

体育人文价值的外化形态是体育文化。体育文化的出发点是对人性的尊重,它关注人对各种需求的满足,注重人格的完善和充分的自我发展,具有人文主义的精神蕴涵。体育的人文价值也是各民族文化的人文价值理念在体育领域中的多样化体现,它具有与其他领域相同的有关人文标准和原则的普适性,也具有以身体的发展为基础来满足人性需求的特殊性,它决定了体育对人的生活意义的终极评价。体育作为一种文化现象,对人类社会所产生的作用和影响是多方面的,它全面作用于社会各方面。

(二)塑造人的发展方向

体育的人文价值,是体育的属性和功能在满足人类对自身发展需要的过程中形成的一种抽象关系。体育的人文价值是体育如何塑造人、培育人的一种内在标准,它为人们建立正确的体育价值观提供支撑。这种价值既反映了因人类而存在的尊严和通过体育活动实施的人文关怀,也体现了人文精神通过体育行为所表达的人类的情感、旨趣、欲望和审美理想,最终凝聚为体育未来发展的航标。

相对于体育的自然价值、社会价值,体育的人文价值具有内含隐性的特征。它虽然是相对隐性和抽象的,但涉及体育如何塑造人的发展方向,是最值得珍视的价值。体育的人文价值确立了体育真正的理想价值,是体育追求的终极意义和目的价值,它从根本上回答了人为什么需要体育,发展体育的真正意义是什么,人类体育追求的终极目标究竟是什么。因此,人文价值观在体育价值观体系中,属于主导性价值。它不是体育在某一方面和某些局部的价值,而是指向人的自由发展意义上的全部价值。

体育的人文价值,代表人类对体育未来的崇高理想,是弥补和整合体育多种价值取向的航标,引导和支配其他价值观念,使按生物规律运行的身体活动上升为文化习得行为,使丰富多彩的运动形式受社会因素干扰后仍然能够回归到为人类发展服务的终极轨道。体育的人文价值是一种体育本体意义上的价值理念,它从根本上引导人类体育的长远发展,承担起连接自然价值和社会价值的作用,标识人类体育的发展目标。

第三节 体育与其他社会活动之间的关系

体育运动作为一种社会文化现象,有其自身发展的规律,有一定的独立性。同时,它又是整个社会机体的一个组成部分,在社会这个更大的系统中,体育与其他各种社会活动如政治、教育、经济、军事和大众传播等都有着密切的联系,我们要深刻认识体育,不仅要研究体育内部的发展规律,而且要研究体育的外部联系。

一、体育与政治的关系

体育与政治的关系是一个不容回避的问题。现代社会发展的现实表明,体育向社会各个领域的渗透,政治对其他各种社会活动包括体育的干预越来越明显。体育与政治之间有着千丝万缕的联系,这种联系既复杂又微妙。体育对政治的渗透及政治对体育的干预,已经成了众所周知的事实。近年来又有一些外国学者试图通过一些措施来割断体育与政治的联系,消除政治对奥运会的影响,但实际上是很难做到的,而且也是不可能的。体育与政治的关系是系统互动的关系,即互相影响、互相作用。

(一)政治对体育的制约与影响

对体育与政治的关系的剖析,要从体育是不是上层建筑谈起。对这个问题必须作具体分析,笼统地说体育都属上层建筑,都有阶级性是不对的,应当说体育确实有一部分是属于上层建筑范畴的。比如体育的理论观点、政治观念、目的任务、方针政策、制度等,在阶级社会里都有一定的阶级性要受政治的制约,也为一定的政治服务,发挥其上层建筑的职能。在国际体育交往和比赛中,政治干预体育,体育受政治制约的事例比比皆是。可以说,在当今世界上,完全"超阶级""超政治"的体育根本不存在,没有哪个国家不利用体育为其政治服务,也没有哪国家的体育能够真正脱离本国的政治而独立存在。这就是体育与政治关系的最本质的一面。

由于体育也有一部分不属于上层建筑范畴,比如运动技术、战术,教学训练的方法、手段,运动服装、器材、场地、设施等,一般不带阶级性,可以被不同的政治因素所控制和利用,因而体育与政治的关系又表现出一定的灵活性。它既可以被用来宣传社会主义的优越性,传播共产主义思想,也可以被用来宣扬资产阶级自由化,这是体育与政治关系的另一面。

(二)体育对政治的反作用

体育作为社会的有机组成部分,它不仅受到政治的制约,同时它作为相对独立的、有重大影响的社会活动对政治也具有重要的反作用。体育运动可以作为一种安全阀为观众和参加者服务,它按社会可以接受的方式消除多余的能量、紧张和敌对情绪,从而创造安定的社会环境;体育运动是向青年和人们灌输政治哲学的工具,可培养与现存政治制度相一致的观念和规范;体育运动可以用来反映民族形象,体育运动的胜利可以提高国人的民族自豪感,加强国家的一体化,巩固现政权的统治;体育可改善和促进国家间的关系,增进友谊。运动员能充当国际友善的外交政治家;运动员在国际体育竞赛中赢得奖牌或冠军可以象征地体现国力的水平,从而提高国家地位,增强国际声望和威信;通过共同参加体育活动,增加不同阶层人群的交流和沟通,为政府领导人或寻求执政的人提供塑造良好形象的机会,以便提高其威望和宣传其政治观点,塑造国家精诚团结的形象,或宣扬政治意识等。

体育作为特殊的文化现象,其对政治的影响是显而易见的。但我们还须注意到,体育就是体育,体育不等于政治。它既有服从于和服务于政治的一面,也有自身发展的一面。在这一方面,既要反对过分强化体育政治功能的弊端,又要坚决消除淡化体育政治倾向的思潮。实事求是地看待体育这一特殊的社会现象,发挥体育自身的多元功能。

二、体育与经济的关系

体育与经济之间相互联系、相互制约。经济的发展为体育的发展提供物质技术条件和财力基础,又向体育事业提出新的需求。研究体育与经济之间的联系可以揭示体育对经济的依赖关系,以及体育对社会经济发展的促进作用。

(一)经济是体育发展的基础

物质资料生产是人类社会赖以存在和发展的基础,当然也是体育赖以存在和发展的基础。

1. 经济决定社会对体育的需要

人们对体育运动的需要是为了适应劳动、健身、精神、心理、社会交往的要求,而有意识、有目的地创造出来的一种社会性需要。而人类社会对体育的需要性质和需要程度,不是由人的主观愿望决定的,而是由社会经济条件所决定的。生产决定消费。随着社会经济的发展、消费结构的变化,特别是工作与闲暇生活的平衡,参加体育锻炼的人数和时间必然越来越多,体育活动内容也日益丰富。如医疗体育、娱乐体育、康复体育、保健体育、体育旅游等就是经济发展水平的产物。

2. 经济状况决定体育发展的规模和水平

体育发展以经济发展为基础,从宏观上说,只有经济发展到一定水平,人们才考虑生存温饱阶段以后的生活质量,经济保障是体育投资和体育消费的前提。体育的发展必须依靠经济发展提供的资金和其他物质条件。体育投资和体育消费主要受社会经济发展水平以及居民人均消费水平等经济因素的制约。欧洲之所以成为现代体育的发源地,其根本原因是生产力发展水平较高,经济较发达。衡量一个国家的经济状况,主要是看这个国家的经济实力和经济水平。而经济实力的主要指标是国民生产总值或国民总收入。经济水平的主要指标是人均国民生产总值或人均国民收入。统计结果表明:

①亚运会、奥运会成绩与本国经济实力高度相关,而与本国经济水平的关系不显著。以第23届奥运会为例,参加这届奥运会的140个国家和地区中获奖牌的只有47个国家,其中26个为经济发达国家,所获奖牌占奖牌总数的87%,21个发展中国家只获得13%。

②竞技体育水平与经济实力是同步发展的;群众体育水平与经济水平是同步发展的。

③体育整体发展既包括竞技体育的发展又包括群众体育的发展,既与经济实力高度显著相关,又与经济水平高度显著相关。因而衡量一个国家的体育整体状况,制定体育整体发展战略,就要对国家的经济状况进行科学的估计和预测。也就是说体育运动的规模和水平与经济是同步发展的。

3. 体育的发展需要专门的经济运作

体育发展,需要有专门的经济运作方式,从国家层面上看,苏联较早地运用体育彩票的方式来募集社会资金,投入到体育事业的发展中去,这是政府的运作方式。从西方市场经济国家来看,更多的是运用市场机制,在体育领域中发现市场供求关系,巧妙地激发强大的市场需求,然后,刺激投资的不断增长,保证体育产业较好的赢利水平,让体育与市场经济结缘,体育靠市场力量扶持,市场力量在体育事业中获得丰厚的投资回报。例如,NBA的产业化运作堪称典范。NBA一方面追求世界篮球运动的最高竞技水平,一方面追求商业利益的最大化,体现了竞技体育与经济的完美结合。经过多年的发展,NBA已经形成了科学完整的管理体系,从完善的赛制到运动员的选拔与交流制度,从场馆的建设到门票、广告以及其他NBA产权产品的商业运作等,都极大地推动着NBA的发展。

4. 经济的发展制约着体育的结构和手段

在经济发展的基础上,体育运动项目和教学训练的物质手段也有了很大的发展。现代工业不仅为体育提供了各式各样的运动训练的器械设备,电影、电视、录像等不但成为体育传播的手段,而且也成为教学、训练、科研手段逐渐应用到体育运动中来。电子计算机、遥测等现代化的检测技术也成为强化运动训练的有力手段。

(二)体育能促进经济的发展

体育作为一项全民的、具有重大社会经济效益的事业,可以服务于经济的发展,对物质生产和国民收入的增长起直接和间接的促进作用。这就是体育的经济价值的体现。

1. 体育产业的日益壮大对经济的发展起到了举足轻重的作用

随着各国经济的发展,体育产业的规模也逐步扩大,体育的经济动能被不断开发,体育产业呈现出快速化、国际化的发展趋势,成为国民经济的重要部门,甚至成为支柱产业。早在1998年,美国的体育产业产值就达到了630亿美元,超过了石油化工和汽车工业等老牌工业部门的产值。意大利体育产业的产值更是在20世纪80年代末就已位居国民经济十大支柱性产业之列。

毋庸讳言,在全面建设小康社会、经济发展突飞猛进、人们工作方式和生活方式的改变而使体育活动备受推崇的现代中国,体育产业有着广阔的发展空间。进入80年代以来,中国经济持续高速增长,在我国经济快速发展宏观背景支持下,体育产业发展迅猛,成为第三产业中不可忽视的生力军。例如,赞助者的广告投入,由于体育吸引了足够多的相关社会公众,体育人士利用自己的知名度与相关体育商品厂商合作,广告收入不菲。中国体育名人姚明的广告收入就颇为丰厚,而广告赞助商都是国际一流的体育产品厂商,他们看重的是中国十三亿人口正在升级换代的消费能力,而中国运动健儿在国际比赛中的显赫成绩,也吸引着越来越多的国人的眼球。将中国体育明星与相关的体育商品如运动装运动鞋、休闲商品如可乐饮料、口香糖和高档商品如轿车等连接起来,让人们分享中国体育明星的成功快感,体验中华民族振兴腾飞的快感,体验相应商品和服务的消费快感,这样的广告效应绝对是只赚不赔的。

2. 体育消费能带动经济增长

体育正在改变着人们的生活方式,因此,体育进入消费市场,产生巨大的经济拉动力量。业余生活的丰富,闲暇时间的增加,消费能力的提高,价值观念的时尚化和多元化,这都为体育经济创造了雄厚的市场基础。现在不论是在哪个城市,大小经营性的体育场馆不下数百家,从女性瑜伽、舍宾、健身操,到网球场、室内游泳馆、羽毛球馆、乒乓球馆、健身馆、保龄球馆等,再到社区的老年人棋牌活动室等,已经星罗棋布地散落在城市的各个角落。这在一定程度上带动了经济的发展。

3. 体育的发展可扩大需求并为其提供市场

体育产业是新兴的产业,具有很大的发展前途,主要满足人们精神文化、健身等需求。

社会的分工,经济的发展,使体育产业从非独立行业逐渐成为独立行业,使该产业在国民经济中发挥特定的功能。目前体育产业的主要市场有健身娱乐业、体育用品业、体育竞赛转播业、体育广告业、体育经纪业和体育电子商务等,还有待于进一步开发。体育运动的发展必然扩大对相关产品或劳务的需求,为这些相关需求提供市场,推动这些产业的发展。

4. 体育运动的开展能推动整个经济建设

体育是一个群众性很强的活动,一旦广泛开展,尤其大型赛会可推动各行业的繁荣,从而推动整个建设事业的发展。一次大型的体育运动会不仅将有力地推动本国产业结构的调整和升级,大大促进本国的基础设施建设,而且会推动体育产业、文化产业、环境产业和能源工业发展,刺激通信业、交通业、旅游业、金融保险业、建筑房地产业、餐饮业、服务业的发展,从而大大促进本国经济发展。

▌▌ 三、体育与教育的关系

体育作为一种满足社会发展和个性发展需要的多目标综合起来的教育过程和社会现象,必然与教育有着千丝万缕的联系和深层的交流融合。

(一)体育是教育的重要组成部分

1. 中世纪以前对体育的早期认识

教育发展的源头,可以上溯到古代。其中,古代希腊教育是作为西方现代教育的一个距今最远的渊源。在古希腊教育中,最有代表性的是雅典教育和斯巴达教育,而体育都是其中的基本内容。"雅典教育内容构成主要包括:体育教育(体操教育和体育训练)、心灵教育(或智育)以及审美和道德教育"[①],而斯巴达教育则是以体育和军事训练为特征的教育制度,其教育目的就是为国家培养体格健壮的军人。雅典教育和斯巴达教育对西方教育产生了重要影响,在后来的博雅教育、骑士教育等教育中,都体现出体育与教育的紧密联系。中国古代对体育的认识可以追溯到原始社会末期,当时含有原始舞蹈和原始体操因素的体育内容,对舒展筋骨、宣导郁滞、增进健康具有积极作用。到了奴隶社会,由于对内对外的武力斗争,人们进一步认识到体育对提高作战能力起着重要作用,于是军事体育应运而生。春秋时期孔子全面总结了奴隶社会教育的历史经验,肯定了包括体育在内的"六艺"教育,并与学生一起亲躬体育娱乐活动。到了封建社会,由于汉武帝"罢黜百家,独尊儒术"重文轻武,学校教育主要以儒家圣学之类的思想统治为主,体育基本上被排斥在学校教育之外。

2. 资产阶级革命时期对体育的深化认识

欧洲经过几百年的封建专制时期之后,出现了文艺复兴,此时期的人文主义教育家们,在当时生产力发展、科学文化繁荣的新形势下,为把人从中世纪神的奴役下解放出来,强调人的地位和肯定人的价值,在教育上特别强调人的个性发展,培养健全的人格。所以,他们

---

① 王建平.西方健康教育思想史[M].北京:首都师范大学出版社,2006(5).

对体育给予了足够的重视。

3.马克思主义产生后对体育的认识

马克思谈到在资本主义条件下对青少年一代的教育时指出："我们把教育理解为以下三件事:第一,智育;第二,体育,即体育学校和军事训练所传播的那种东西;第三,技术教育,这种教育要使儿童和少年了解生产各个过程的基本原理,同时使他们获得运用各种生产的最简单的工具的技能。"其次,关于体育在整个教育中的地位问题,在马克思主义经典著作中也有许多极为宝贵的见解。如恩格斯在《欧洲能否裁军》一文中指出,体育对青年的精神发展、对学生智慧眼界的扩展有相当重要的意义。体育属于教育的范畴,是教育不可缺少的组成部分,教育功能是体育的本质属性之一;体育不仅促进人类的形态的生长和机能的发育,形成健美的体格,而且通过身体教育促进体力、智力、情感、意志的发展,形成健全的人格,它是促进肉体和心灵双重发展的重要而关键的桥梁。

(二)体育是一切教育的前提和基础

教育的构成通常是指教育目标中所包含的德、智、体、美、劳等教育的组成部分。教育目标的第一层次是促进受教育者心理发展的抽象层次提出的目标和任务,这就是智育、德育和体育;当把心理发育的目标同其生理基础联系在一起考察时,就进入了教育目标的第二层次,这就是体育;与前两个层次的教育目标相比较,更具体更现实,不仅是其他四育的综合,而且是将从其他四育中获得的各种知识和能力在个体实践中创造性运用的最基本的劳动技能教育,即第三层次。现代教育的内涵是促进受教育者身心和谐发展,体育作为教育目标的第二层次不仅内在地包含着德、智、美三育,而且劳动技术教育在一系列的体育活动和训练中会更有效率、更有活力。

1.体育与德育有机联系,互相促进

对学生进行道德和意志品质的教育,既是德育的任务,也是体育的任务,在整个全面教育中很难被截然分开。体育是培养和发展道德品质及完善个性的重要手段。在学校教育中,应注意寓德育于体育之中,体育在实现思想品德教育方面有其独特的有利条件。

(1)体育能促进良好个性品质的形成。体育以它丰富多彩的活动内容吸引着青少年,通过体育活动进行思想品德教育,更适合青少年学生的年龄特征,特别是结合各种运动项目的特点和要求,能较全面地实现对青少年良好思想、品德和个性的培养。例如,田径运动对培养勇敢顽强、坚忍不拔的精神,具有突出的教育作用;集体性的球类项目,对培养学生的组织纪律性,集体主义精神和机智、灵活的应变能力,活泼开朗、豁达合群的个性有显著的作用;体操、武术等项目,则更有利于培养沉着、机智、果断的优良品质并提高自控能力等。

(2)体育可以培养集体意识。学校体育的基本活动形式多以集体为单位(如班级、代表队、锻炼组等),这有利于对青少年进行集体主义教育。青少年绝大多数都有上进、好奇、活泼好动等心理特征,因此,他们都有参加集体活动的需要,特别是体育活动更对他们有吸引

力。在体育课上,课堂常规要求要整队报告人数,练习时要按一定的秩序进行,对场地器材要爱护,对同学要进行保护帮助等。这些严格的纪律和严密的组织,都蕴藏着生动的道德教育的因素,有助于提高他们对自己行为的责任感,学会正确处理个人与集体、自由与纪律的关系,形成团结互助、自觉纪律等思想品德。

(3)体育可以培养竞争意识。学校体育活动多用竞赛、评比和奖励优胜等方法,比如全校运动会、课间操评比、班集体单项比赛等形式。这些形式本身对学生就具有教育意义。竞赛能激发青少年力争上游、奋发向上的精神,评比能使学生较好地意识到个人的努力或懈怠会影响集体的成败,而集体的成败又会给集体的每个成员带来影响,这就有助于培养他们的集体荣誉感和为集体作贡献的义务感、责任感。体育比赛对优胜者的奖励,能给青少年带来精神上的满足和感情上的愉悦,激起他们锻炼身体与发展才能的愿望。

(4)体育可以培养规范意识。学校体育作为一种进行教育和善度余暇的手段,对于防止和矫正学生的不良品德,教育犯有过失的学生都有积极的作用。造成学生品德不良的原因是多方面的,客观上有家庭的、社会的不良影响和教育工作不当等原因。从学生主观上来讲,形成不良品德有种种思想和心理因素,诸如缺乏正确的道德观念,受错误的个人欲望和要求所驱使,意志薄弱,道德观念不能战胜不合理的需要,不良行为的习惯作用,受不良道德观或错误的道德逻辑支配等。学校体育在克服上述客观原因方面,能以各种健康文明的体育活动充实学生的余暇生活,占领业余阵地,防止不良的道德观念对学生的影响,抵制精神污染。通过体育活动还可以提高学生辨别是非的能力,培养和利用学生的自尊心和集体荣誉感,从根本上提高学生自身的抵抗力。所谓自尊心是个人要求受到集体和社会尊重的情感。在自尊心的基础上,可以培养学生的集体荣誉感。集体荣誉感是爱国主义的要素,是推动人们互相团结,创立功勋的一种力量,也是人们克服个人缺点和错误的内部动力。经常犯有严重过失的学生,由于过多地受到指责和惩罚而缺乏自尊心,因而也更缺乏集体荣誉感。然而,大凡有各种过错的学生,又往往是精力充沛、活泼好动的,把他们吸引到体育运动中来,把他们的剩余精力用于发展其运动才能,把他们争强好胜的(如喜欢打架斗殴等)个性导入合理的、有一定约束的运动竞赛之中,这对于培养学生约束自己行为的自制力,培养自觉性有显著的效果。教育实践的经验证明:学生在用行动争取荣誉的过程中,能深刻体验到作为集体成员的一种有尊严的感情,从而有助于培养他们的自尊心和形成集体荣誉感,很多学校里全校知名的"调皮大王",经过各种批评、教育,甚至处分都不能使其转变,然而在运动场上却找到了他们受教育的课堂,有的后来转变成了德、智、体全面发展的三好学生。

当然,以上论述只是说明了体育在内容、形式、方法和学生对体育的兴趣方面提供了进行思想品德教育的有利条件,如能充分利用这些条件进行教育,就能使这种可能性变成现实。但同时也必须看到,体育运动总是伴随着激烈的竞争和对抗,要拼个你输我赢,因此,如果教育工作抓得不紧,学生也会出现动作粗野、故意伤人、个人主义等毛病,这是必须引起我们重视的。另外,在体育运动中所培养的思想品德要迁移到日常生活中,也需要注意做大量的引导和转化的教育工作。

2.体育与智育相互联系,辩证统一

在教育实践中,往往容易直观地看到体育与智育矛盾的、对立的一面,认为时间是个常数,用一定的时间锻炼身体就会影响学习,这正是重智轻体的"根据"。事实上,体育与智育是对立统一的辩证关系,体育对智力的发展有着积极的促进作用。毛泽东同志在《体育之研究》中曾提出体育可以"增知识",并且对此进行了精辟的分析:"文明其精神,野蛮其体魄。其言是也。欲文明其精神,先自野蛮其体魄;苟野蛮其体魄矣、则文明之精神随之。夫知识之事,认识世间之事物而判断其理也,于此有须乎体育者焉。直观则赖乎耳目,思索则赖于脑筋,耳目、脑筋之谓体,体全而知识之事以全,故可谓间接从体育得知识。"这里涉及体育能增强人的体质,人的认知能力、判断能力、观察能力和思维能力发展与完全的知识的取得都取决于力能胜任。

①增强体质为智力发展创造良好的物质基础,为勤奋学习提供充沛的体力和精力。从现代教育学和心理学的角度来看,学习不是单纯的脑力活动,是通过思考、观察、分析、推理以及批评性评论等方式实现的,这就需要身心俱健。要有充沛的精力、饱满的精神和乐观的情绪,这样才能发展积极的思维、良好的记忆力、丰富的想象力和集中的注意力。

②根据大脑皮层对人体各种活动的分工,体力和脑力活动有关的中枢抑制与兴奋可以交替,从而提高学习效率。一个人的智力水平、学习效果,主要取决于大脑的发达及其反应的灵活性。运动生理证明:从事体育运动,由于局部肢体的运动,能促使大脑皮层相应部位神经中枢的发达,能改善和提高中枢神经系统,特别是大脑皮层的工作能力,使兴奋和抑制更加集中,提高神经过程的均衡性、灵活性和大脑皮层的综合能力。如思维敏捷、判断能力强等。

③体育活动能提高心肺功能,充分满足大脑工作对氧的需要,提高记忆力。学习的过程是一个脑力劳动的过程,大脑皮层处于积极活动状态,需要大量的氧气供给,而体育活动可以加速血液循环,提高心肺功能,改善大脑的供氧情况,提高大脑的工作效率。如增强记忆等。

④体育运动对学习来讲,还是一个积极性休息的手段。人的大脑不像电子计算机那样可以无休止地储存信息,大脑在工作一段时间后,就会产生疲劳,适当的消极性休息(如睡眠、静坐等)当然是必要的。但在某些情况下(并非睡眠不足),采用体育活动的方式进行积极性休息(如课间操等)效果会更好。这是根据高级神经活动负诱导规律,即在大脑皮层中,每一个兴奋灶都会诱发其周围部分的抑制,兴奋中心愈集中,则邻近区域的抑制愈强。据此,在体育活动中,运动中枢的兴奋会导致思维、记忆中枢的抑制,从而获得完全的休息而很快消除疲劳,恢复工作能力。这正是在集中学习、工作一段时间后去从事一些体育活动,会使人感到头脑清醒、精神焕发、记忆增强的生理机制。"8-1>8"这个富有哲理的公

式就是从这个意义上提出来的。

⑤在体育教学和训练中,运动记忆具有重要意义。运动记忆是一种复杂的心理过程,是指对运动动作和完成工作过程的记忆。它包括身体位置的记忆,运动形式、方向、速度的记忆以及复杂成套技术要领和系统完整科学知识的记忆。

⑥从事体育运动全面发展了人的身体素质,提高了青少年身体的灵活性、协调性、耐受性以及适应各种环境和条件的应变能力,有助于他们掌握各学科的技能技巧。研究资料和实践证明:学校代表队的运动员和经常参加体育锻炼的学生,能够更快、更容易地掌握各种技术性动作,工作的效率也比较高,并且比不经常参加体育运动的人更坚强、更具有配合精神,这正是由于运动培养了他们豁达合群的个性特征。

⑦体育锻炼还能起到防病治病的作用。健身祛病是坚持学习不可缺少的条件。

总之,参加体育运动有助于学生智力的发展,能改善学生的心理素质,培养思考的深度、综合的技术、动手的能力、视听记忆的能力、注意力的集中以及感觉的敏捷、反应的迅速等,有助于学生对文化科学知识与技能技术的掌握。

当然,体育需要智育,但智育不等于体育。体质的增强只能为智育提供有利条件,体育不能解决智育的所有问题,体育与智育互为条件,却不可互相代替,体育与智育有各自的教育任务,但都为完成教育的总目标服务。

3.体育与美育关系更为密切

美育是审美和创造美的教育,借助艺术以及大自然和现实生活中美的影响,陶冶人和教育人,培养感受美、鉴赏美、体现美和创造美等能力。美作为人的个性和谐发展和精神文明的综合的标志,它是广泛地寓于德育、智育和体育之中的。思想品德和情操的美与德育是紧密联系的;风度美、语言美、环境布置美等又是同一个人的文化程度、知识水平和美学修养直接有关的。这里着重论述体育与美育的关系。体育与美育是完全融合在一起的,很难截然分开。体育中的美育有三大方面:

①体育中的美育体现在培养人的健美身体上,也就是说,通过科学而严格的体育教学和运动训练,促进学生和运动员集体的健美发育,从而获得匀称的体形,优美的姿态;坚强的骨骼、发达的肌肉、白皙的皮肤和健康的气色,将人的体格塑造得更加健美。这种健美,是广大青少年健康成长的基础,是人类的共同愿望,也是人类精神文明和物质文明不可缺少的重要组成部分。当然,人的体形和遗传变异有很大的关系,但通过体育锻炼可以加以改善。现代研究证明,长期坚持体育锻炼,对人的肌肉、骨骼会产生良好的影响,使人身高体壮,增强健美感。从身体的角度意识到艺术的美:健康美、姿色美、协调美、强壮美和肤色美。

②体育中的审美教育不同于一般教育的根本特点,在于"寓教于乐",其是通过生动、鲜明、具体的形象来激荡人们的情感,产生感情共鸣的。它不是靠说理教人,而是靠形象打动人,使人们在体育观赏中不知不觉地受到美的感染、美的熏陶。从运动的角度意识到的

美:韵律(节奏)美、形态美、强力美、和谐美、弹性美、敏捷美、柔韧美和放松美。

③体育作为精神文明的有机组成部分,人们参加体育运动本身就是一种高尚的社会文明活动,不论是直接参加还是间接观赏都能得到精神的调节。从行为的角度意识到的美:协作美、结构美(指集体组织)、道德美(指责任感、正义感、牺牲精神、诚实、纪律、礼仪和谦逊等)、耐性美、热情美、纯朴美、机智美和沉着美等。

在体育中不应脱离增强体质的根本目标去讲求空虚的美,例如把体操同音乐和舞蹈结合起来,如果体育的本质被抛到九霄云外,只能成为良好的文娱活动,事实上与体育的根本目标分道扬镳。体育采用具有形艺和技巧因素的运动项目,必须为增强体质所用,追求体育的实效,使美妙的形艺活动作为手段而不是目的。

4. 体育与劳动教育的关系

劳动教育包括对劳动态度、劳动习惯和劳动技能的培养。儿童和青少年不同发育阶段,劳动教育的目标和内容有所不同,但三者的目的基本相同,即通过劳动教育促进德智体美各育发展。在劳动中发现个人天赋才能促进学生的职业定向,这些目的只有亲身参加劳动过程才能达到。由于劳动的性质形式必须服从创造财富的目的,劳动对增强体质的作用有片面性与局部性,不能使人体得到全面锻炼,所以劳动不能代替体育,必须经常组织劳动者参加各项体育运动以促进身体全面健康发展,使体育运动成为劳动者积极休息,丰富文化生活,保持充沛工作精力,祛病强体延缓衰老的重要手段。青少年在亲身参加劳动过程中增强劳动态度、劳动习惯和技能,就会自觉积极参加体育运动以谋求自身全面发展,进行积极性休息,并在体育活动中参加力所能及的劳动,如扫运动场地、修理和保管运动用品、场地划线、松沙坑、布置比赛场地、协助裁判工作、担任广播采访、绘制宣传品等工作及各种社会公益劳动。

(三)教育对体育的制约和影响

教育的本质就是培养人、塑造人,体育包含着增强学生体质的教育过程,体育属于教育的范畴,是教育不可缺少的组成部分。而教育是体育功能的本质属性之一,教育思想和目的的制定实施,教育的文化背景和发展水平的好坏高低对体育也有相当的制约力和影响力。

1. 体育来源于实用

在我国古代原始社会和奴隶社会,体育是直接或间接地满足生存需要,是为了满足军事作战保护疆土的需要。到了封建社会,由于"罢黜百家,独尊儒术",体育一直被排斥在学校教育门外,只有军事武艺出于实用功利需要而得到发展。尽管古希腊斯巴达人那种在今人看来过于苛刻的体育教育也是源于他们危险的海盗生活,源于频繁的城邦战争的需要,但他们的教育重视体育,崇尚人体力量和人体之美,也正是这种体育教育拯救了古希腊,也拯救了斯巴达。从此,体育运动和舞蹈便成为希腊人最神圣的教育活动。所以说,占统治地位的统治者所实施的教育方针、教育宗旨、教育目的是制约和影响一个国家、一个民族的体育观念、体育发展方向、体育水平的重要因素。

2.体育高于实用

奥林匹克运动会这样的体育活动,也正是一种"有意味的形式",而不是简单的实用人生的模写或复现。正是这样,脱离了实用的体育活动,最终才会成为真正的"游戏"。换句话说,体育不仅是肢体的游戏同时也是心灵的游戏,它虽受制于教育的发展和变革,但它又有自身相对的独立性。体育的独立性和独立意义已经显现出它的价值,因为体育游戏"使人打破了技术化的例行公事,逃脱了人为的规范和物的领域,它至少涉及了人类生存的一个基本问题,即人们与胜利失败的各种感情体验之间的斗争"。① 总之,体育是构建一个健全社会的重要砝码。鉴于此,也鉴于当今国际的竞争主要是人才竞争的现状,中共中央国务院适时做出了《关于深化教育改革,全面推进素质教育的决定》。《决定》中要求:学校教育要树立健康第一的指导思想。什么是健康?世界卫生组织认为:健康不仅仅是没有疾病和不虚弱,而是生理、心理、社会方面都处于一种安宁完好的状态。体育不仅作为一种纯自然的活动,而且作为一种有意识的社会活动和社会文化现象,更应该树立健康第一的指导思想。所以世纪之交的全国体育工作会议明确提出:要切实将体育工作重点放在增强人民体质,提高国民素质这项基本任务上。

四、体育与军事的关系

体育与军事,既有密切的联系,又有明显的区别。它们相互影响和促进,在人类历史进程中保持着特殊的亲缘关系。现代的许多体育活动中,依然活跃着许许多多军事技术的原形,如射箭、铁饼、武术的刀、标枪、击剑等。在现代已经形成了一个既是体育组成部分,又可纳入军事领域的相对独立的军事体育系统,并在体育及军事活动中,发挥独特的、双重的作用。

(一)体育对军事的作用

战争,需要身体强健、性格彪悍、勇猛顽强、技艺不凡而又能吃苦耐劳的战士。千百年来,由于身体训练能够增强体质、磨炼意志、提高技能,因此体育活动成了满足军事需要的重要手段。

1.军事需要体育,体育要为军事服务

体育与军事自产生时起,就相伴而生,且相得益彰。军事技能大量地转化为体育活动的形式,成为人们参与体育的基本手段。军事对体育的需要则是客观存在的。从汉代守边大将霍去病,到近现代的朱德元帅,他们无不将体育作为提高军队素质,增强战斗力的主要手段。霍去病学习胡人的角力,并广泛在军队中推广,既确保将士的健康,又提高了部队战斗力。陈毅元帅也在1959年强调指出:"强大的国防建立在全国人民体育事业普遍发展的

---

① 弗洛姆.健全的社会[M].北京:中国文联出版社,1993:147.

基础上,"并且还说,"严格说,体育问题即国防问题。"一个国家的国防力量强弱,一方面取决于武器的水平,另一方面取决于国民体质、军队的身体训练水平等。如朝鲜战争,虽然战争双方在武器上极不平衡,甚至无法相提并论,但中朝一方的超人勇气与良好素质则充分弥补了武器方面的不足,使得战争最终维持均势。可见,尽管现代战争对武器的依赖程度越来越大,但尖端武器的运用是受许多因素制约的,常规武器仍在战争的进程中占有重要的地位,战士的军事技能与身体素质仍然是其战斗力的主要体现,而这与体育的关系极为密切。我国则在20世纪五六十年代全国体育发展的战略中,明确提出:"发展体育运动,增强人民体质""提高警惕,保卫祖国"。当时体育发展与军事、国防需求间的关系由此可见一斑。

2.体育能提高部队的战斗力

体育有助于提高部队的战斗力,培养官兵勇敢善战、不怕牺牲的精神,是提高部队作战素质,增强国防力量的重要手段。

(1)提高军队的身体素质和基本技能。体育运动首先能够提高人的基本活动能力,诸如人们的走、跑、跳、投、攀登、爬越等能力,而这些人类基本活动能力同样也是各种军事技能的基础。目前,各种部队采用的身体训练手段其宗旨也在于提高战士的身体素质和适应能力,为其军事技能的形成与掌握以及在此基础上形成的战斗力构建一个平台。

应该看到,在一定差异限度内决定战争胜负的主要因素是人,人是武器的操纵者。体育是增强士兵体力最积极有效的手段,而体力在战争中是直接的战斗力,是军事实力的一部分。行军、射击、拼杀、格斗、潜伏、越过障碍等都需要体力。体力的强弱,往往直接决定战斗的胜负,这在古代使用冷兵器的状况下尤其如此。斯巴达成功的体育教育体系曾使得身处冷兵器时代的斯巴达城邦空前强大,且名噪一时,可以说斯巴达城邦的兴盛充分印证了体育与军事的关系。在现代战争中,复杂的野战条件,严格的时间要求,精密的武器装备,要求作战人员有充沛的体力和掌握军事技能的良好身体素质。可见军队自身素质的重要性。

(2)体育锻炼塑造人的优良品质,活跃军营生活。体育锻炼能塑造人的优良的品质。如培养人勇敢、顽强、机智、灵活、果敢和百折不挠的意志与精神。这些品质对于军人来说,尤为重要。体育锻炼是人们征服自然,战胜和超越自我的过程,通过对躯体的捶打,意志得以磨炼,精神得以净化,境界得以升华。这对其适应未来可能出现的艰苦的战斗环境来说是必不可少的。军队训练有句俗话:"平时多流汗,战时少流血。"战争是对人的体力、智力、意志力等方面的综合考验,体育锻炼在其中发挥着重要作用。即使在战争武器现代化程度很高的今天,军人的大无畏精神依然是打击一切来犯之敌的首要条件。

体育活动是部队文化娱乐活动的重要组成部分,对活跃军营生活很有作用,特别是对远离城市的边疆海防部队和广大基层连队作用更大,这正是纪律严明,严肃紧张的军营生活所必需的。

3.体育发展为国防提供大量的后备役人员

国防体育广泛开展,可以培养大批现代化国防后备力量。在国防体育项目中,如射击、摩托、跳伞、滑翔、航海多项、无线电、水上摩托、军事野营等,均是现代战争中的实用军事技术。在欧洲的瑞典,国家实施了完善的国防体育活动,使得瑞典国民在军事体育方面训练有素。通过普及国防体育教育,瑞典国民的军事素养长期稳居欧洲之首,为国家提供了大量后备役人才。以至于瑞典人称:"有多少瑞典人,就有多少个战士。"国防体育的广泛开展,不仅可以普及科学技术知识,振兴科技,而且能为国家培养大量现代化国防后备力量和军事技术人员。

(二)军事对体育的影响

按照某些体育史学家(如德国的费特)的观点,体育的起源可以上溯至原始公社时期部落间的战斗。原始的军事训练早已与体育的萌芽融为一体。中外体育发展道路上,都曾留下军事的强大推力所刻下的印记。古代各国在为应付战争而进行的军事训练中,创造出若干流传至今的丰富的体育内容。简言之,军事对体育的影响可归结为三个方面。

1.影响体育的内容和手段,推动体育的发展

从古至今,武器和作战方式的演变对士兵的体质及军事技能不断提出新的要求,影响着体育的内容和手段。如从弓箭战、车战、骑战、步兵阵战、散兵野战到现代化的战争,训练的方式也有射、御、战车赛、马球、队形队列、奔跑、格斗、越障碍、投掷、射击等变化。许多为军事所淘汰的训练项目,却在民间保存下来并广泛开展,从而极大地丰富了体育活动的内容与手段。

2.影响体育的规模,客观上锻炼了人的体魄

从古斯巴达到近代的德国,许多国家面临战争的威胁时,都采取"全民皆兵"体制,对所有能作战的人进行身体及军事技能的训练,实际上是强制性地扩大了体育的规模,虽然其目的不是为了提高人们的健康水平,但客观上起到了增强整个民族体质的作用。此外,大规模军事训练的组织管理方面的某些经验,如设置层层机构、制订锻炼标准、体质调查等,为体育制度化提供了借鉴。

3.给体育带来的一些负面影响

军事活动与体育活动虽然同属社会活动,但二者的目的绝不相同,军事的需要和体育的要求也有区别的。军事活动往往干扰体育的发展,频繁的战争破坏了体育发展所需要的安定环境。比如,在世界大战中,奥林匹克运动会便无法举行。还有,战争中死伤累累,战后还要遗留下大批伤残者,这与体育以增进人类健康为宗旨的目标是背道而驰的。

(三)军事体育的变革

人类进入 20 世纪以来,军事活动规模和样式空前发展,两次世界大战以及大大小小数不清的局部战争,对现代体育产生了极大的影响,也使军事体育活动逐步现代化,形成了自己的体系,在军事活动和体育活动中保持了相对独立的地位。

1.现代军事体育的特点

当代世界军事体育活动的发展趋向,从形式上讲,组织管理更加严密而有计划性,并呈现国际化趋势使普及化程度更高,其对象相对集中于服兵役的青年。从内容上看,由于采用现代科技的成果,一般军事训练和高水平的竞技虽然已出现分化的苗头,但总体上仍以实用性很强的对抗性的集体项目为主,围绕现代军事活动的需要不断更新内容,力图保持为军事服务的宗旨。从目的上看,自第二次世界大战以来,以军体理事会为代表的国际军体活动,将和平作为其追求目标,"通过体育促进友谊"成为国际军体理事会的口号。这与奥运的宗旨相符,但与各国内部军事体育训练的目的呈现差别。

现代的军事与体育,已经以一种崭新的形式结合在一起,构建成独具特色的现代军事体育系统。它既与现代军事训练活动有机地联系在一起,又是现代体育活动的重要组成部分,对推动人类社会体育事业的发展起着重要作用。

然而,我们又不能不遗憾地看到,体育与军事的结合,很快会发生根本性的变化。在人类发展的长河中,这可能比新婚蜜月还要短暂。导致这一变化的根本原因是人类生产方式的进步。在后工业社会——信息社会,生产方式中体力的作用下降到几乎可以忽略不计,体力不再作为生产力的构成因素,社会必然会调控体育在政治和经济上的需求。传统的体育观念沿着"增强体质→提高劳动力→发展经济"的思路,得出"发展士兵的身体运动能力→提高战斗力→获得军事胜利"的军事体育理论,将受到严峻挑战。正如当代肌肉发达的人并不能比普通人产生更多的经济效益,身体强壮的士兵可能在战场上并不占据必胜的优势。特别是几千年传统文化使我们在重新审视军事体育在培养保卫祖国的力量方面发生哪些功能性变化时,有许多课题应根据新时期的需求,认真加以研讨。

2.现代高科技对军事体育的影响

知识经济彻底改变了体力在劳动中的地位,也彻底改变了体力在军事上的作用。在漫长的冷兵器时代,体力绝对是制胜的要素;而在火器取代冷兵器的工业革命时代,体力在战争中仍然占有相当重的分量;但到了20世纪末,知识经济初见端倪,体力在军事中的地位和作用迅速下降。军事体育的目标正在从主要发展体力,过渡到对高技术条件下的现代军事斗争的高度适应能力方面。

未来的战争将超越军事的界限,成为外交、传媒、金融等各种手段综合运用的行为。使用高技术的尖端武器,要求战斗员必须花主要精力和时间去学习知识和技能;美国西点军校的每个学生平均耗资90万美元——肯定绝大部分不是用于体育。这个位于纽约市城北哈得逊河边的世界著名军校,培养了2位总统和4 000名将军。但只有50%的学员能学满4年。被淘汰的多数是刚进去就忍受不了严酷军训的新生。军体训练不只是为了体能的提高,更主要的是耐受艰难困苦的意志力。

现代战争,几乎可以排除身体的直接对抗。这一趋势,从海湾战争开始,到阿富汗战争,已经表现得淋漓尽致。刺刀、手榴弹之类的武器在高技术战争中很难派上用场;"小米加步枪"的获胜奇迹已成为历史;许多传统的军事技战术也只能进军事博物馆。但是,根据文化人类学的"残存"理论,以及现代战争和军队发展的不平衡性,作战样式呈现多元化的特征,相当一部分军事斗争的形式可以在军事体育项目载体中保存下来。

体育在发展直接战斗力方面的地位和作用降低,而在维持战士的生理和心理健康、发展智力和体能、提高对复杂环境适应力、丰富精神文化生活、促进军人全面和谐发展乃至促进各国军队的交流和友谊等方面的地位和作用将不断提高。军事体育的内容和形式都将发生重大的变革。

总之,军事是体育产生的源头之一,而军事离不开体育。成功的体育教育是强大军事有力的支撑。体育虽然不以战争为前提,却为战争作好充分的准备。军事教育虽不以增强体质为直接目的,却有锻炼和培育人的优良体质的作用,但它不能完成体育的全部任务,同样体育也不能完成军事教育的所有任务。

本章小结 ——
　　本章从概述体育的功能出发,重点介绍了体育功能的结构层次,及体育的自然质、结构质、系统质功能的主要形式及其具体内容。在概述体育的价值基础上,从体育系统构成要素的联系形式角度,重点阐述了体育的自然价值、社会价值和人文价值的主要体现内容。在此基础上论述了体育与其他社会活动之间的关系。通过对体育功能和价值的分析,进一步加深对体育文化的认识。

回顾与思考 ——
1.体育自然质功能的表现形式有哪些?

2.体育教育功能的表现形式有哪些?

3.体育的经济功能是如何体现出来的?

4.体育的政治功能有哪些方面的表现?

知识拓展 ——
　　　　　李宁运动品牌回归运动本质　展现专业体育魅力

　　第31届体博会上,李宁专业运动装备通过跑步及田径项目、羽毛球、篮球、游泳、武术、重竞技项目首次向中国体育业内人士及爱好者展示了李宁品牌在各个专业运动项目上的投入。期待李宁继续为中国的体育爱好者提供更加专业的产品和服务,满足消费者专业化和功能化的需求,回归运动本质,展现专业体育的魅力与希望。

　　第31届体博会在北京开幕,同时迎来了体博会20周年的生日。伴随体博会20年来日趋成熟的交流平台,中国体育用品产业也经历了快速成长,从品牌初创到逐步建立规模经营、打造专属品牌的长足发展，体育用品产业行业规模逐渐壮大。

在全球与中国经济成长减缓的大环境下，一度高速成长的体育用品行业也面临巨大挑战，行业本身到了不得不调整升级的阶段。令人欣慰的是，目前中国体育消费市场蕴藏的巨大能量还远未被释放，体育用品行业仍处于发展初期，随着城市化进程加速、人们可支配收入的增加以及消费者需求日渐细分化，体育用品行业有着巨大的增长空间。李宁品牌携其麾下专业运动装备参与展示，更加凸显率先变革的李宁公司回归运动本质、聚焦体育本身的运动基因。

从专业的前百米世界纪录保持者鲍威尔的专业比赛鞋和服装，到最近在苏迪曼杯称雄的谌龙专业服装与装备，还有中国参与人数众多且为传统民族体育项目的武术专业装备等，李宁为中国普通消费者提供了全面和丰富的专业产品服务，而这种产品服务也是中国众多运动服装品牌之前所并未关注和提供的。

在体博会现场，李宁专业运动装备事业部公司总经理李放先生指出："在中国2000年之前是运动品化的阶段，那个阶段只要是运动品牌，无论什么产品都是好的高档的，是品牌的充分体现阶段。在2000年到2010年，是中国运动品牌休闲化的阶段，这个阶段中国的运动品牌高速成长，休闲化的产品满足了老百姓日常生活的需要，但同时带来了很多问题，如不够专业，休闲和缺少功能性，产品较为同质化。而现在正逢中国运动品牌的转折点，是运动品牌回归运动本质的大好时机，中国的消费者越来越关注运动本身，而只有关注运动本身需求的运动品牌才能逐渐体现其本身的价值并因此获得长期而稳定的发展。"

这一点在国际运动服装行业也曾得到了多次印证。因此，未来的中国体育用品行业也必将逐渐细分其市场，出现针对场内、场边、看台及场外的专业、基础及休闲产品及品牌。

随着中国居民消费水平的逐渐提高，普通消费者日常参与运动的人数及专业性也已经有了明显的提高，相信中国的运动品牌公司能够在此次运动服装行业调整的时刻，做好产品和服务的差异化，也相信李宁这个民族品牌能够继续为中国的体育爱好者提供更加专业的产品和服务，满足消费者专业化和功能化的需求，回归运动本质，展现专业体育的魅力与希望。

第三章
体育目的

【学习任务】

　　本章着重从体育的三要素方面对体育本质进行分析,使学生理解并掌握构成体育的三要素和体育的本质,能够对体育与其他身体运动形式加以正确区分。对体育目的的概念和目标任务的概念及其特点作了较为全面的介绍,通过分析制定体育目的的依据,让学生通过学习并掌握我国体育的目的和目标任务的基本内容,理解实现我国体育目的任务的基本途径和要求。

【学习目标】

　　1.掌握构成体育的三要素和体育本质,正确区分体育与其他身体运动形式之间的区别。

　　2.掌握我国体育目的任务的基本内容。

　　3.理解实现我国体育目的任务的基本途径和要求。

　　4.了解制定一个国家体育目的的依据。

【学习地图】

　　体育的本质→体育的目的→实现体育目的的途径→体育目的的制定依据

体育的本质

　　体育的本质问题是体育理论中最基本的问题,体育的本质是认识体育的核心,但这个问题至今中外学者众说纷纭,莫衷一是。要讨论体育的本质,首先应明确什么是本质。

一、本质的内涵

　　亚里士多德认为,"事物的本质就是它的第一本体(形式)""在事物的说明方式中所包含的第一要素,也就是说,表现那一事物是什么(本质)的东西叫作属概念,而那一事物的诸属性质叫作种差"。一般来说,某事物的本质是指决定这一事物是什么的东西,即某事物的本质决定了该事物就是它自身,而不是其他事物,本质属性是指该事物所具有的必不可少的特征。因此,本质是指事物本身所固有的、决定事物性质与面貌和发展的根本属性,是区别于其他事物的基本特质。根本属性,是指在一种事物的多种属性中,处于主导地位的,能够决定事物之所以是该事物而不是别的事物的属性,即独特性。

　　事物的本质是隐蔽的,是通过现象来表现的,不能简单直观地去认识,必须透过现象掌握本质。本质是事物的内在联系。它由事物的内在矛盾组成,是事物比较深刻的一贯的稳定的方面。科学认识的任务是揭示事物的本质属性,把握事物的规律,指导实践,促进实践的发展。我们要了解体育本质的目的也在于此。如何透过表面现象,揭示体育现象的本质特征? 本质的内涵为我们提供了一条非常有价值的线索:寻找特殊性。

二、体育现象与非体育现象的本质的区别

　　体育现象和非体育现象在本质上有什么不同? 在这些特征中,哪些是特殊而主要的? 有两种视角的体育:一种是抽象的视角,体育是一种关于身体运动的文化现象(宏观体育现象包括体育思想、体育制度、体育手段、体育方法、体育内容等);一种是具体的视角,体育是一种独特的身体运动现象(微观体育现象指各种形式的身体运动)。人类的身体运动,从目的上看大致分为三种。

(一)为了维持生存必需的身体运动

　　与人们日常生活紧密联系的身体运动,即日常生活中的身体运动,如走、跑、站立、举、放、上下台阶、身体的转动、身体的弯曲等。这些运动是人类生存最基本的需要。离开生存需要,其他需要则无从谈起。人类为了生存,在同大自然的斗争中,就必须拥有快速地奔跑、敏捷地跳跃和准确地投掷等本领,需要勇敢的品质,而"勇敢需要力量,力量需要体魄,

体魄来自锻炼,锻炼必需体育。这就是希腊人的逻辑与培养勇敢的途径。"[1]

(二)为了改造自然必需的身体运动

与生产劳动直接联系的身体运动,即劳动中的身体运动,如农民种地、工人体力劳动动作等。动作的形式依据生产劳动的需要和使用工具而定。劳动以谋求外在事物为目的,这种活动受制于外物,因而是不自由的。

(三)为完善自身必需的身体运动

也就是与生活、生产劳动没有直接关系,而是为了达到某一特定的目的而专门进行的身体运动。如塑身中的运动、休闲中的运动、教育中的运动、竞技中的运动等。

上述分析的结果是:体育现象与非体育现象相区别的特征不仅是身体运动,更重要的是身体运动的目的。兹列举生产劳动与体育的关系予以比较说明。

生产劳动与体育有着相关之处:①劳动在改造自然的过程中,也改造了人的"自身自然";②劳动是体育获取实践手段的源头之一;③劳动是促进体育产生和发展的主要动因(劳动结构的转变对体育产生影响)。

然而,生产劳动与体育的差异性也是显而易见的:①二者的目的不同。劳动是以获取物质生产资料,满足人类生存、生活需求而进行的身体活动;体育则以增强体质、增进健康为目的。②二者作用的对象不同。劳动作用于生产资料,而作用于人"自身自然"是一种自在的过程,而不是生产劳动技术改造的着眼点,它对人的身心可能产生良性的影响,也可能产生消极的影响;体育作用于人并改造人"自身自然"。③两种身体运动的表现形式也不完全相同。劳动中的身体运动是以人体的某一部分或几个部分重复、机械运动而实现的;体育则尽可能使全身器官、系统共同参与,身心互动。

▌三、体育的本质

体育的本质,是指体育本身特有的不同于其他事物的根本属性。体育本质虽属抽象的体育原理问题,但在现实的体育实践之中处处都有它的体现。从宏观上看,对体育本质的不同认识直接影响体育目标的确立,体育内容和方法的选择,体育发展战略和各项体育方针、政策的确定,以及体育投入,等等。从微观上看,对体育本质的不同把握将直接影响人们体育观的形成。因此,认真研究和明晰体育本质,对树立科学体育观具有重要意义。

探索体育的本质,一方面要归纳体育过程基本要素的内在联系,另一方面又要综合这些内在联系的一系列必然性和规律性。体育的本质反映了体育过程内部的特殊矛盾,构成了体育区别于其他事物的特殊性质。本质是相对现象而言的。现象指一事物的外在表现。体育有着多种多样的外部表现形式。如果我们能够透过这些变化多样的外部现象,从纷繁

---

① 马卫平,范运祥.体育本质的公理化方法阐释[J].天津体育学院学报,2011(04):7-11.

复杂的矛盾中找到潜藏在现象中同一的、普遍的、稳定的东西，便是找到了体育的本质，找到了决定体育活动与其他社会实践活动根本区别的特殊规定性。人、运动、目的是构成体育的基本要素。体育在本质上是三个要素的有机融合，三者缺一，体育将不复存在。下面，从这三个方面分析体育的本质。

（一）人是体育的物质前提和最终归宿

1. 人的有机体是运动的物质前提

人作为有生命的自然存在物和社会存在物，首先是一种自然存在物。人的有机体是运动的载体，离开了有机体以及有机体的基本活动能力，人的运动便不复存在。

2. 体育是人创造的

人是能动的自然存在物，人类为了满足自身生存、发展需要而从事各种实践活动，并创造出丰富多彩的文化现象。体育就是人类有意识、有目的地创造出的有关身体运动的文化现象。

3. 体育是为人创造的

在人类创造的所有文化现象和各种活动中，"体育"具有鲜明的"为我性"特征。体育是人类针对自身所创造出的一种身体运动文化。体育的目的直接指向是"人类"自身（身心）的发展问题。真正体现着"以人为本"。

（二）身体运动是体育的手段、内容和外在表现形式

各类身体运动（项目）共同构成了体育的内容和外在的表现形式。身体运动分为有意识的身体运动和无意识的身体运动，而有意识的身体运动包括运动系统的身体运动和其他系统的身体运动。

身体运动由身体姿势、身体运动轨迹、身体运动时间、身体运动速率、身体运动速度、身体运动力量、身体运动节奏等要素构成。人就是在参与各种各样的身体运动（空间位移或内部代谢加强）的过程中实现独特的目的的。

（三）目的性将人和运动融合为体育

如前所述，运动是体育的内容、手段和外在表现形式，没有运动便没有体育，但是，运动还不是体育，只是体育之前的事实和现象，运动和体育并无必然联系。是目的使人和运动发生了联系后，体育才成为一种新质的现象。

人在长期的身体运动实践活动中，逐渐认识到了身体运动对自己存在发展的意义，并开始有意识地运用自己的身体运动来实现特定的目的——人类自身的完善和发展。随着人类对自身结构、功能、身心发展规律、身体运动规律认识的深化，其目的性变得更加明确。它是人所特有的意识的产物。

四、关于体育本质的研究现状

由于对体育的概念存在分歧，因此各学者对体育本质的认识也是各持己见，纵观国际

社会,研究体育的哲学家、社会学家、历史学家和心理学家在学术上对体育的本质展开过激烈的探讨,至今依然进行着不同观点的学术对话。

(一)国外体育本质的研究现状

国际体育组织对体育本质有过重要的论述。1970 年国际体育联合会发表的《世界体育宣言》将体育定义为"体育是教育的一个组成部分。它要求按一定规律以系统的方式,借助身体运动和自然力的影响,作用于人体,完成身体发展的任务"。1995 年,加拿大和美国的健康、体育、娱乐与舞蹈联合会在北美论坛共同制定的《学校体育的全球性展望》中指出体育对儿童和青少年的正常生长和发育(不仅是生理的,还包括社会和情感的)的所有方面都是至关重要的。1999 年世界体育峰会提出的《柏林备忘录》指出,高质量的身体教育是向儿童提供的最有效和最广泛的身体教育的手段,有助于保证智慧、身体和精神全面和综合发展。西方学者从不同的视角对体育本质进行了研究。西方学者如美国体育家麦克乐(McCloy C. H.)、威廉姆斯(Williams J. F.)将体育定义为一种身体的教育。而勃郎纳尔(Brown,C. L.)和苏联体育家马特维耶夫主要从促进人的社会化方面定义体育。《牛津词典》从 Physical Education 和 Sport 两方面来诠释体育。Physical Education 是作为教育开展的活动,特别是学校体育。Sport 是个人或团体通过一种运用体力和技能与他人竞争,并从中获得乐趣的活动。在《韦氏词典》中,体育是一种以共同参与活动的形式为那些获得和保持有灵敏性、技巧及活力的个体或者是团队成员开展的竞赛。在美国,体育用 Physical Education and Sport 泛指一切非生产性的体力活动,即从兴趣出发,以竞技为目标和以强身健体为目的的体力活动。

(二)国内体育本质的研究现状

我国学者对于体育本质的认识,主要有以下三种观点。

1.教育的观点

(1)增强体质的教育。体育是增强体质的教育,人的解放、人的自由等都不是体育的本质(即单本质观)。郭劲松、陈长礼指出:"体育的本质是由体育过程中的内部规律决定的……从运动具有特殊性和普遍性,从历史和现实的角度来看,体育的本质是身体的教育,是人类在其身心的参与和协调下,加速自身建构、改造和完善的社会实践过程。"任杰、刘卓分析得出"体育在本质上不是一种通过身体而是一种针对身体的教育,他的独特功能是育体"。唐建在哲学、人类学、教育学等学科理论与方法的角度,从人的本质的发展和人的实践活动出发,在分析出"体育是人类所特有的社会现象,其本质属性具有层次性"的基础上认为"体育的本质是培育人身体的活动"。

(2)以身体活动为媒介(手段)的教育。此观点又有两种不同的认识。一种观点认为体育是以身体活动为手段,促进人身体素质全面发展的教育。郝森林、陈敏在明确了体育的概念、体育的根本目标、体育的基本手段之后提出了新的体育本质论,从体育的概念出发,认为:"体育即以身体活动为基本手段,以全面发展和完善身体素质为直接目的的教育活动。"另一种观点认为体育是促进人全面发展的教育。什么是人的全面发展？用教育学的语言来讲，即人在德、智、体诸方面或在身心两个方面的全面发展。大多数学者对这一观点持否定态度。任兵等人认为："全面发展的教育离不开体育，但体育断不可能是一种'包打天下'的全面发展的教育，体育是培养'完人'的教育的一种。"谢军认为："体育中有运动技术、技能教育、文化娱乐教育、军事教育、思想品德教育的内容，无疑是正确的，但它跟我们所讲的体育本质不是一码事。"屈杰也认为："根据体育的本质——体育不可缺少的性质，进行思想品德教育和丰富社会文化生活都不是体育的特有属性，尽管体育的过程中包括这些属性，但都不是体育特有的。因此，我们不能把所有素质教育的内容强加到体育的本质上，这不是体育所特有的，因为这些内容只是在体育的过程中有所反映和体现罢了，而且这只能说体育和其他教育在功能上有所交叉。所以我们应明确说'体育是促进身体素质的全面发展和完善'。"

2. 社会活动的观点

体育不局限于教育，是一种社会活动，是各种体育现象的总称。有学者表述为"体育的本质是任何一种通过身体活动谋求身心健全发展的竞技性、娱乐性、教育性的社会文化活动"。20世纪80年代体育学院通用教材《体育理论》对体育的定义是"体育是以身体联系为基本手段，以增强体质、提高运动技术水平，丰富文化生活为目的的一种社会活动"。卢锋认为："体育是人类社会的特殊产物，要弄清体育的本质首先得阐明其创造者——人的本质。人的本质就是人的社会性，正是人的社会性的驱使才使人在积极实现自己的本质的过程中创造、生产人的社会联系、社会本质。体育是人类社会特有的社会活动，它的产生与发展完全与人的社会基质密切联系。"他对体育的社会性本质作如下定义："体育是人类根据自身的需求建创的一种社会文化形式，它存在于每一个特定的时代或特定民族的文化模式之中，随着人类社会中需求的改变而调整着本身的内容和结构，改造自身的功能。"刘德佩认为："体育是人类为促进自己身心发展和满足自身高级需要，而主动采取的以各种身体运动形式为主要表现特征的社会文化现象。"陶于认为："体育的本质是以身体活动为基本手段，以增强国民体质为目的的社会行为与社会现象。说明体育的主要对象是社会现象中的国民群体，是一种普及化的社会行为与现象，它是衡量一个国家人民体质强弱及健康水平高低的重要标志。"一般来说体育文化学者和体育社会学家都支持这一表述。

3. 人化的观点

关于体育本质的人化的认识主要有两种观点：一种观点是单从人的自然属性出发，认为体育是改造人自身身体，健身、健心的一种实践。向家俊、袁旦从辩证唯物论的观点研究，认为"体育属于人为满足自身享受和发展需要的一类实践"，概括出"体育的这种客观存在，本质上乃是人们为满足娱乐享受和促进身心健全发展而创造的，以自觉意识支配的身体活动作为主要手段对自己的身心进行改造并趋于完善的实践"。吴光远认为："体育是人类通过身体练习来改造自身身体、挑战身体极限的实践活动。"李力研认为："在'自然的人化'过程中,只有'人的自然化'才能阻止人类物种倒退。体育的本质就是'人的自然化',有人类存在、有社会存在、有文明进步、有'自然的人化'就必然有体育运动。当然'人的自然化'的过程,并不意味着人类行为要倒退到低等动物的水平,体育运动是一种'感性中充满理性''兽性中不失理智'的心理积淀的结果。"另一观点从人的双重属性——自然属性和社会属性出发,认为体育集健身、休闲、社会共处等于一体。赵立军、韩孝栋认为:"体育的本质应回归到'以人为本',人的双重属性——自然属性和社会属性,是人身心发展的前提条件和体育发展的最终目的。应把体育的本质定位在培养人身心素质,以达到理想发展模式,即身心俱健的理想模式的活动。其实质是人类遵循适应与变化的自然规律,以自身动作为基本手段,通过活动中主体与客体之间能动而实现双向对象化过程以增强体质,促进和保持维护人身心全面健康发展,达到个体身体理想发展模式的活动。"许杰、付丽萍认为:"体育科学是关于人的科学,人的发展问题是当代世界科学和哲学关注的焦点,体育对人的发展具有积极的意义。有必要从哲学角度对体育的本质及其与人的关系做一探讨。"最后他们从哲学的角度得出结论:体育是人的本质的展现和成因,体育的本质与人的本质密切相关,简言之,体育的本质就是"人化"。

从国际体育组织和中西方学者的研究结果来看,体育本质的界定基本上落位于身体教育、竞技、社会实践活动、社会文化,体育的定义落实在相应本质界定的基础上。其特点是力求从宏观上概括人类体育总的特点,但从宏观概括的本质特点并不能反映每个时期人类体育的时代特点,因此研究的结论必然互为制肘。人类的发展是人认知世界和改造世界的辩证过程,是人逐步认知物质世界与人自身本质的过程,也是人逐步接近真理的过程。体育是人类认知世界和改造世界中逐步形成的实践和意识形态,说明体育的本质不是既定的,也不是一成不变的。在不同时期、不同文化背景下,人类体育本质体现存在着显著差异。随着人类社会的进程,当面对如火如荼的体育现象,我们会发现还是绕不过如何真正定义"体育本质"固有的樊篱。因此,中西方社会才有了对体育本质"社会性的身体活动"这一殊途同归的认知。

五、体育的多种属性与体育本质

体育由于其多源性及发展的复杂性,其本质具有多种属性,在把握体育的本质时这些属性是缺一不可的。它包括教育性、文化性、竞争性、技能性、娱乐性、社会性、健身性。正是这些属性才从总体上确定了体育区别于其他任何事物的本质内涵,而这些本质属性却不是始终不变的,它们在不同的时期、不同的场合下表现的深刻程度是不同的。这给确定体育本质带来很多困难。下面对体育的多种属性加以分析。

(一)教育性

到目前为止,仍然有很多学者把教育看作体育的一个基本属性。日本学者前川峰雄说:"体育是通过可视为手段或媒介的身体活动进行的教育。"日本也还有其他学者认为"教育"是体育的本质。其实,把体育理解为"以身体活动为媒介(手段)的教育"是20世纪30

年代的体育认识水准。不能把"属概念"当成事物的本质。如果把"教育"当成体育的本质，"教育"可以使体育区别于文化、艺术、娱乐等实践活动，但"教育"并不能使体育区别于德育、智育、美育。"以身体活动为媒介的教育"甚至不能使体育与德育、智育、美育区别开来，因为，德育、智育从某种角度上看也是"以身体活动为媒介的教育"。

（二）文化性

体育作为社会文化现象已被越来越多的人理解和接受。现在有不少学者把"文化性"作为体育的一个基本属性。我国早期把 Physical Culture 直译为"身体文化"，而这里文化（Culture）一词也有开发与教育之意。1974 年出版的《体育运动词汇》（罗马尼亚尼古·阿莱克塞等著，熊斗寅、卢先吾译）明确指出："体育文化是广义文化的一个组成部分，它综合各种利用身体锻炼来提高人的生物学和精神潜力的范畴、规律、制度和物质设施。"20 世纪 80 年代后，我国体育界掀起了体育文化研究热，这是关注体育文化属性探讨的结果。

（三）竞争性

竞争性无疑是体育的一个重要特征。体育若缺少竞赛、竞争，其魅力就难以得到充分体现，继而也就没有存在的价值。竞争是人类的天性，更是人类社会发展进步的动力源泉。正是"更快、更高、更强"的奥运口号激励着一代代体育人，不断挑战自我、超越自我，进而不断创造新的世界纪录。正是由于竞争性的存在，体育比赛才能够吸引数百万的球迷观赏、参与其中。正是由于竞争性的魅力所在，体育得以成为数以万计民众的所爱。

（四）技能性

在体育运动实践中，无论是提高运动能力，还是增强体质、增进健康，都需要学习并掌握一定的运动技术、技能。作为人类一种个体或集体的体验性身体活动，体育需要参与者具有一定相关的运动技能。这种习得性技能的存在和获得是体育参与者进行相关体育活动的基础或条件。在一些运动项目中，技能的获得、难度的呈现等甚至决定了参与者的成绩结果或名次显示。因而，技能性是体育具有的一种属性。

（五）娱乐性

过去，很少有学者在体育中谈"娱乐性或休闲性"，不太注意研究体育中娱乐性和休闲性的特点。其实，在体育运动实践中发挥娱乐性的特点，对于调动人们参与体育的积极性，从而促使人们形成良好的体育意识、养成体育运动习惯，是非常有好处的。游戏、娱乐不仅对儿童少年是不可少的教育手段，对成年人也未尝不是劳逸结合、增进健康、改善生活方式、提高生活质量的重要途径。

（六）社会性

体育与其他实践活动一样，除了有自然性的一面，还有社会性的一面。体育是提升人的健康意识和水平的实践活动。只要是人的活动，就必然打上"社会"的烙印，具有"社会性"。在体育改革和发展中，我们不仅注意人的发展，也要关注社会对体育的需求，促进体育的社会化发展。

（七）健身性

体育的根本目的在于增强人的体质、增进人的健康，进而使人的身心得到全面、协调发展，成为适应社会需要的合格的劳动者。身体和精神的相互联系和作用，贯穿体育过程的始终，表现为人通过有意识的身体运动对自己的身体所进行的培育、锻炼和养护等实践活动，体育通过健身进而健心，最终使人社会化。健身是体育过程中一个不可逾越的基础阶段，也是体育的一个基本属性。

以上，对体育的一些重要属性作了简单分析。其实，体育还有其他属性。现在问题的关键是，我们要从体育的众多属性中找出决定体育发展方向或体育与其他社会实践活动相区别的起决定性作用的属性，即体育的本质。

只有以人的身心发展为中心，以增进人的健康、提高生活质量、促进社会文明发展、提升社会的现代化水平为宗旨，体育才可能符合现实中人的发展与社会发展的需要。任何将体育单纯理解为娱乐、运动或者是脱离人身心发展的其他教育，都是违背体育的本质的。由此可见，树立以人为中心的体育观，对身心关系和体育本质进行全面反思和重新认识，既能肯定体育的多种属性，又能抓住体育"以身体运动为基本手段促进身心发展"的本质，是体育原理研究走出低谷、体育改革实现超越的必由之路，也是体育科学化和现代化的必备前提。

透过现象看本质，不论我们强加给体育多少属性，多少性质，这都无碍于体育作为一种促进身心协调发展、改善生活方式、提高生活质量的重要途径。体育过去是、今天是、将来也必定还是——以身体运动为基本手段促进人们身心健康发展，提高人们生活质量和生命质量的运动，这便是体育的本质。

第二节　体育的目的

人类社会的各种活动都是有意识、有目的的活动，这是人类社会活动和其他生物界的活动的根本区别。体育作为一种人类特有的社会文化现象，它和人类的其他社会活动一样，自古以来就具有明确的目的性。体育目的是规定体育要实现的结果或要达到的标准。体育目的是体育活动的出发点和依据，也是体育活动的归宿。体育目的决定体育的方向，规定体育的进程，以期获得最佳效果。体育目标明确后，体育才能有组织、有计划、有系统地向着预定目标进行。体育目的具有对体育活动的定向功能、调控功能、评价功能。不同社会,依据不同的标准,对体育目的的划分也不尽相同。

一、目的的概念及其特点

(一)目的的概念

所谓目的,是实践主体在活动之前有意识设计的活动结果,是人的主体需要和客观事情发展规律整合后产生并存在于人们观念之中的一种预期结果,是人们实践活动的一个必然的内在规律性。简言之,目的就是人们在实践过程中,活动主体对自身活动先期赋予的一种理想化期望及实现的结果。目的决定着行动方向和行为方式,行动方向和行为方式是能否达到目的的决定性因素。南辕北辙是达不到目的的。人们所确定的任何一个具体的目的都是人们从事具体实践活动的起点,又表现为实践活动的全部过程和归宿。在人的每一项具体的实践活动中,目的既是出发点,又是实践活动的归宿,它不仅使行为的动机在意识中具有明确的对象,而且实际规定着行为的方向,支配着整个行动过程,又体现于行为终了时所达到的结果。因此,在人的一切实践活动中,目的是原因和结果的统一。目的的意义在于,它是实践活动所要创造的未来事物在观念上预先建立起来的主观形象。它是作为内心意向,作为需要、动机和动力而在观念上预先提出和设定的预先结果。

(二)目的的特点

目的是人的自觉活动和行动的基本要素之一。在实践活动前,实践主体会先在头脑里形成目的,而后再根据目的确定措施,选择途径和方法,进而实现目的,由此改变外界物质和环境,主体的目的对象化到客体,使客观世界打上主体活动的烙印。在这个过程中,目的既是实践活动的起点和终点,又表现在实践活动的全过程。它具有以下特点:

①主观性。目的作为实践主体在行动前的一种设计和期望,反映了主体的需要,是主体的一种理想追求,所以目的是主观的。当然这种主观性必须以客观性为存在前提,否则目的很难成为现实。

②预见性。目的是实践活动的预期结果,一旦确定,就需要对活动过程中可能遇到的因素进行预先设想,并由此确定行动方案,以克服和减少实践的盲目性,力争实现目的。

③概括性。目的是对实践要取得的结果的构想,它不可能具体详细,而是提出一个概括性的方向或要求,需要在实践中进行具体化工作,一步一步达到目的。

二、体育目的的概念

体育目的是人们在从事体育活动和体育锻炼过程中,自身期望所要实现的结果或要达到的标准。体育目的强调的是未来,着重有预定的指示。它制约着体育内容、体育计划、体育过程及体育结果等各个方面。它决定着体育的方向,规定着体育的进程,以期获得最佳效果。没有体育目的就没有体育活动,有什么样的体育目的才有什么样的体育活动。对体育目的的确定,有助于体育活动有组织、有计划、系统地向着预定目标前进。体育目的贯穿体育实践的全过程。在体育实践之前要预定体育目的,在体育实践过程中要实施和检查体育目的,体育实践的最终结果是实现体育目的。

体育目的具有对体育活动的定向功能、调节功能、评价功能。人类社会发展到现在,具有丰富的体育文化内容,需要根据体育的目的进行选择。体育活动不是一种随意的活动,是在一定价值观指导下的一种选择性的活动。确定体育目的,就是在体育活动中,对人类的体育文化作价值性的取舍。

三、研究体育目的的意义

目的是人们实践活动的一个必然的内在规律性。人的一切活动总是自始至终自觉受其目的的驱使和支配,这也是人类的社会实践活动区别于自然界事物的自然变化和生物的本能活动的一个特点。体育是一种有目的、有意识的社会活动。这不仅表明了体育运动是人所独有的社会实践活动,而且也反映了人的这种活动是自觉的社会实践活动。体育目的会跟随社会的发展而变化。因此研究体育目的具有重要意义。

(一)研究体育目的是体育发展的需要

体育运动作为人类特有的一种社会实践活动,从它产生之日起,就有明确的目的性,而且在一定的历史时期内,体育目的又具有相对稳定性。然而,作为一个国家体育工作的方向和努力目标的目的,又不是一成不变的。随着社会的发展、生产力水平的提高,以及社会及其成员物质、精神需要的不断增长,体育目的也要发展变化。原始社会,体育主要是满足人们的生存需要。人类进入文明社会以后,随着社会和人们需要的提高,体育不仅满足生存需要,而且满足一部分人首先是剥削阶级的享受需要。在当代社会,体育作为满足广大人民群众发展需要的一个重要手段,其目的对我国体育事业的发展有着极大的指导和激励作用。

(二)体育目的有极大的动员作用

体育运动是全民的事业,它关系到亿万人的身体健康。因此,体育不仅仅是体育工作者的事情,也可以说与每一个社会成员都有着直接的联系。然而,体育又不像吃、穿、住那样是人们不可或缺的东西,体育容易被人视为可有可无的事情,这与人们对体育的认识不足有关。如果一个国家的体育具有明确的目的,并使其深入人心,这本身就可以动员和激励人们积极参加体育运动,并在共同认识的基础上,使每一个体育活动参加者和体育工作者时常意识到自己所追求的目标,动员人们朝着同一个目标努力,以提高人们参加体育活动的积极性、自觉性和工作的实效性。

(三)体育目的是制定体育方针、政策、制度、措施的重要依据

一个国家的体育目的是该国体育工作的出发点和落脚点,它表明努力的方向和最终要达到的结果。目标则是目的的具体化,人们是通过完成目标来实现目的的。体育的方针、政策、制度、措施等,归根结底是为了保证体育目的的实现。在体育方面所制定的方针、政

策都应紧紧地围绕着体育总目标的实现。因此,只有明确了体育的目的,才能使我们各项体育工作的方向明确,有所遵循。相反,如果总的目的不明确或不正确,就会使我们的体育实践迷失方向、出现偏差。

四、确定体育目的的依据

体育目的虽然是人们在观念上预先提出和设定的预期结果,但是,它并不是由人们随意提出来的,它既不是人们头脑里先天固有的,也不是人们主观自生、凭空想象出来的,而是在人们同外部客观现实的关系中产生的,即以外部客观现实的可能性和本身的需要为前提和依据的。正如列宁所指出的:"事实上,人的目的是客观世界所产生的,是以它为前提的,……认定它是现存的、实有的。"因此,一个正确的目的,必须反映客观社会发展和自然事物发展规律的必然性,要反映人的现实需要的必要性,还要从事物内部固有的特点考虑目的实现的可能性。具体来讲,体育目的的确定要以社会对体育的需要、体育的主体——人的需要以及体育自身所具有的特点和功能为依据。

(一)社会对体育的需要

体育目的是受社会的政治、经济制度制约的。在无阶级社会里,体育与政治无关。但在阶级社会里,统治阶级的利益和意图,必然要渗透到体育的目的中去,使之带有一定的阶级性和政治性。但是,这并非意味着体育目的范畴的全部内容都具有阶级性,也不意味着不同社会制度国家的体育的目的就毫无共同之处,不能互相借鉴。比如,在各国体育目的中,关于增强体质方面的内容就完全可以互相借鉴。当然,总的看来,在当今世界上,抽象的、不为本国政治和经济服务的体育是没有的。这一点,无论从体育的发展历史,还是从当代各国的体育实践中都可以得到证明。

从历史角度来看,在人类社会发展的各个不同阶段中,由于处于统治地位的阶级不同,体育便为不同的阶级服务。马克思曾指出:"统治阶级的思想在每一个时代都是占统治地位的思想。这就是说,一个阶级是社会上占统治地位的物质力量,同时也是社会上占统治地位的精神力量。支配着物质资料生产的阶级,同时也支配着精神资料的生产。"例如,在奴隶社会,奴隶主占有生产资料和奴隶,体育也就被用来为奴隶主服务。奴隶主利用体育训练甲士,用以镇压奴隶和平民,并对外进行征服和掠夺。在教育方面,体育也为培养效忠于奴隶主的武士和残酷镇压奴隶的统治者服务。同时,作为人类社会第一剥削阶级——奴隶主阶级,由于生活奢侈腐化,也把一些刚具雏形的体育活动用来作为他们享乐的工具。进入封建社会,奴隶变成了农民,有了人身自由,有了一些自发参加体育活动的可能性,出现了一些民间体育,但是就整体来说,封建社会的体育目的,仍然是为封建统治阶级服务。他们利用体育来训练士兵,选拔武士,对青年一代进行教育,培养符合他们需要的接班人。如我国周朝实行的"六艺"教育,欧洲的封建领主所推行的"骑士教育"都是为了将封建统治者子弟培养成他们理想的接班人。同时体育还被统治阶级用作养生、享乐和消遣的手段。

在现代社会,不同社会制度的国家,体育运动的目的也有所不同。不管在表面提法上有多少共同处,其实质总是体现着为本国的政治服务、为统治阶级的利益服务。没有哪一个国家的政治家不利用体育来为其政治服务,也没有哪一个国家的体育能够真正脱离本国的政治而独立存在。例如,在希特勒统治时期,德国体育的目的在于"使每一位公民具有民族自觉、种族优秀、胜任军役、拥护领袖的坚强意志"。这一目的很明显,就是要人们拥护希特勒,鼓吹种族优越论,以便为其征服人类,统治世界的法西斯政治服务。德国体育目的所体现出来的这种种族主义思想,在1936年第十一届柏林奥运会上,达到了狂热的顶峰。在这次奥运会上,希特勒冷落夺得四块金牌的美国黑人运动员杰西•欧文思的丑闻在全世界不胫而走。

我国是社会主义国家,同时正处于社会主义初级阶段。我国现阶段的根本任务是发展生产力,就是要最大限度地丰富社会物质财富,不断满足人们日益增长的物质和文化生活的需要。我国体育目的的确定必须要围绕社会主义建设根本任务,把提高全民族的体质水平,保证人民健康、长寿、幸福与促进物质文明和精神文明建设有机地结合起来,使体育更好地为社会主义建设服务。

(二)体育的主体——人的需要

目的这个范畴就它的前提来讲,不仅包含着某些必然性的规定,而且更重要的是包含着某些必要性的规定。科学技术的进步和社会生产的发展,不断地增加人们的余暇时间并改变着人们在余暇时间里的活动内容,人们对体育的诉求逐渐从技术层面上升到文化价值层面,从满足人的基本需要层面上升到满足人的享受和发展需要的层面,日益追求在各类体育活动中的文化心理的满足,这都是人们需要不断提高的具体表现。体育的目的必须与这些日益增长的需要相适应。在我们社会主义国家里,社会生产的目的决定了我们应尽可能地满足人民的需要,这其中包含了对身体健康的需要、提高工作能力的需要和对全面发展的需要。

需要反映人们对某种目标的渴求和欲望,它是人类一切活动的动因,与人相关的任何活动都不能脱离人的需要而存在。因此,确定体育的目的必须要分析人的需要。目前在西方最流行的需要理论是美国心理学家马斯洛的需要层次理论。马斯洛把人类的需要看作一个组织系统,将其区分为生理需要、安全需要、社交需要、尊重需要和自我实现需要五个层面,并且肯定了物质需要的首要性和决定作用。同时,他强调了对人的关心和尊重,看到了需要在调动人的积极性、激励和组织人的行为中的巨大作用,突出了满足人的需要在人的发展中的重要性。尽管马斯洛的需要层次理论并不十分完美,但对我们研究需要论仍然有很大的启发作用。人的需要主要通过工作、学习、生活来实现。而体育在满足人不同层次的需要中都能够起到积极作用,不仅能满足物质层面的需求,还能在精神上满足人的需要,体育是满足人们需要的一种重要手段。

人是身体因素和精神因素相统一的结合体,在这统一体中,身体的健康是人类生命活动和社会活动最根本的基础,因为有机体的所有活动都表现出对身体状态的依赖性。一个人的发展,无论是个性的形成,还是知识的增长,只有在其精神和身体的需要不断得到满足的条件下才能成为可能。对社会而言,也需要对其成员进行身体锻炼,培养出身心全面发展的建设者,为现代化建设服务。而对于个体而言,身体健康的需要,普遍反映在各种处于不同年龄段的人身上。青少年都希望生长发育良好,追求健美的体形;中年人都希望保持年富力强;老年人则都希望能够延年益寿。总之,每个人都有保持高水平生命活动的需要,这一需要将随着人民生活水平的提高而越来越迫切,越来越向高一级发展。因此,社会主义国家体育的目的更应充分体现出全体国民的这一需要。

人们的需要不仅注重物质需要,即承认物质需要的首要性,而且也注意精神需要。社会主义条件下的全面发展不仅仅限于知识、技能,而且还包括人的精神生活,人的精神生活包括政治生活、科学和艺术生活、体育生活以及在各种各样伦理关系中的精神生活。随着整个社会的发展和生产水平、生活水平的提高,体育运动将成为人们日常生活中不可缺少的组成部分。它是一种健康的、有积极意义的精神享受,它区别于那种单纯追求物质生活的享受。因此,确定体育的目的,必须注意到满足人们日益增长的文化需要,不断提高公民的享受能力和丰富整个社会的文化生活的需要。

(三)体育自身所具有的特点和功能

这是确定体育目的的重要依据——内在依据,体现了人本位的体育价值观。体育目的应该具有体育的特性。体育是以身体运动为基本手段,利用自然力和卫生措施等,达到增强体质、增进健康的目的。体育是通过身体活动的方式进行的,它要求人体直接参与活动,这是体育最本质的特点之一。

体育的功能不仅取决于体育自身的特点,还取决于人们对体育所能发挥作用的认识程度,这反映了人们对体育效能的一种主观认识。现代奥林匹克运动会创始人——皮埃尔·德·顾拜旦在其名篇《体育颂》中,将体育的功能进行了综合的分析和表述,其中不仅讨论了体育(奥林匹克运动)对作为个体的人的作用,也讨论了体育对社会整体的价值,高度评价了奥林匹克运动在现代社会文明中的作用和地位。毛泽东在其《体育之研究》一文中从"强筋骨""增知识""调情感"和"强意志"四个方面阐释了体育的功效。

体育的特有效能是指体育最本质和核心的功能,即增进健康、增强体质。正因为增进健康、增强体质是体育区别于其他任何事业效能的本质特征,因此,它理所当然地成为了确定我国体育目的的主要依据。

(四)体育法律法规的确定

体育法律法规的制定,本身就表现了一定社会和社会统治阶级对体育的认识及要求,因此,一个国家、一个社会有关体育的法律法规,在某种程度上反映了这个国家或社会的体育目的。而业已制定的体育法律法规反过来又约束了对体育目的和任务的确定。在条件相对稳定的情况下,已确定的体育法律法规具有如下作用。

1. 实现体育目的

体育法律法规的制定和实施有利于实现社会体育的目的,它规定了体育活动的方向和目标,明确了活动者的权益和义务,制约了与目的实现相悖的行为发生,有助于社会对体育发展的控制和调整。

2. 统一活动标准

体育活动是人类社会共有的产品,相互交流和交往是体育国际化和社会化的基本方式和具体体现。只有在活动方式统一、活动标准一致的前提下,不同社会条件下的相互沟通才有可能实现。体育法律法规是共同意志的具体表现,具有统一认识、统一思想、统一活动方式、统一活动规范和统一评价标准的作用。

3. 协调社会关系

体育是人类的社会活动,在这种社会活动中,个人与个人、群体与群体,乃至地区与地区、国家与国家之间相互交往,而这种交往又必须建立在一种彼此接受、公正平等的基础上才能持续。因此,确定交往原则,规范交往行为,明确权益、义务才能和谐相互关系,才能使体育运动健康协调地进行。体育的法律法规在协调这种相互关系上,起到了不可替代的作用。

4. 促进体育发展

体育事业持续、稳定地向前发展是全人类共同的需要。要使体育的发展始终保持协调有序,就必须给予适宜的调节和控制。就现代社会来讲,以法律法规的形式确定共同接受的体育发展方向和步伐,是唯一可以实施的途径。同时,随着社会条件的变化和体育的发展,人们也只能通过共同性规范去适应这种发展和变化。

体育的法律法规体系是一定社会条件下人们的思想、意识、观念的产物,当它一经形成并实施之后,又会对人在体育活动中的行为和思想产生制约作用。当某种法规制度不符合人们共同的观点、不适应发展的需要时,就会对它进行修改或废除,并重新制定符合人们共同愿望的、适应发展需要的法规制度。

五、我国的体育目的

我国的体育目的是根据我国的社会现实和发展的需要,遵照体育本身所具有的功能和特征提出的。我国政府以广大人民群众的利益为本,根据我国目前的社会发展水平,确定了我国体育的目的:增强体质,增进健康,改善人们生活方式,提高生活质量,促进社会经济健康、文明发展。其中,"增强体质、增进健康,提高生活质量"主要是针对个体而言的,是体育目的的核心部分,它是从社会发展的客观需要出发,对人身心发展的方向、内容和所要达到的水平所做的切实规定;"促进社会经济健康、文明发展"反映了社会需要,是社会发展对体育所提出的切实要求。作为文化、教育组成部分的体育,归根结底在于满足人们的健康和文化需要,从而促进社会健康、文明的发展。

"增强体质、增进健康"反映了体育的本质属性与特有效能,也反映了体育区别于其他一切社会活动的特点。"增强体质、增进健康"包含了一系列具体的指标体系,可以将他们作为衡量体育工作成效的具体标准,有利于目标管理,也有利于指导实践。同时,"增强体质、增进健康"是培养全面发展的人的重要内容。不仅如此,体育自身同样包含了德育、智育、美育的各种因素,这使体育在促进人的全面发展中起到了积极的作用。

体育要为整个社会的物质文明与精神文明建设服务,这是社会对体育事业的要求,是我国政治经济制度在体育目的方面的反映,它指明了我国体育的性质,为我国体育事业的发展确定了方向。

第三节 体育的目标任务

一般来说,体育目的只指出体育发展的大方向,所以,体育目的往往不具备明显的操作意义。因此,我们依据体育目的进行实际工作时,必须将抽象转化为具体,并按层次逐步分解,直到能操作为止。在将"目的"具体化的过程中,通常用"目标""任务"等有形的或者说看得见、摸得着的、近期可以实现的具体工作范畴和标准,来规范和约束体育行为,使体育目的可以实际操作。这一般要依靠确定具体的体育目标、任务。围绕体育目的确定体育目标任务,体育目标任务可以有多个,其前提是体育目标任务没有背离体育目的。

一、目标任务的概念及其特点

(一)目标任务的概念

目标是指在一定时间内要达到的具有一定规模的期望标准。它是人类实践活动所要达到的境地和标准,是目的和标准的统一,是个人、部门或整个组织所期望的成果,简单地说就是给梦想的实现加上一个日期和数字。

任务就是人们所做的一件事情或工作,它有特定的目标、恰当的内容、具体的执行路径和方法。它是目标的具体化。

(二)目标任务的特点

一般而言,目标任务都是包括了使命、对象、目的、指标和时限等在内的系统。它们表明人类活动的最终期望和期望结果的可考核性的有机统一,是人类活动目的的具体化。它们具有以下特点。

1. 具体性

从目标任务结果看,人们所力求达到的状态和境界必须具体、明确、可考核。目标任务的这种具体性在实践中一般表现为指标的确定性。指标既是目标任务的表现形式，又是目标任务的具体实际内容，其最大特点是具体明确。所以，没有具体化的多种特征，目标任务就会变得空洞和抽象，成为难以把握和不可捉摸的东西。而指标一经确定，它本身又成为目标任务，即某方面所要实现和达到的具体目标任务，实际地承担着确定手段和道路的功能，成为衡量某方面实际工作成效的标准。目标任务和指标的上述关系揭示：目标任务均是通过指标得以体现的，是一个由具体明确的指标所构成的系统。

2. 明晰性

从目标任务的实现过程看，不同时段所要达到的目标任务在目标体系中必须清清楚楚。目标任务的这一特征，在实践中表现为时限和指标的统一。目标任务的明晰性还指目标任务层次分明，总目标与分目标关系清楚明白。

3. 系统性

目标任务的系统性，一方面指目标任务结构的完整性，即它们是包括使命、对象、目的、指标和时限等元素的有机统一体，缺少了其中某项因素，目标任务结构就残缺不全。另一方面指构成目标任务的各项指标，如横向和纵向指标、整体和分项指标等相互制约，具有系统的关联性，它们共同作用，影响着目标任务的实现。

二、目的与目标任务的关系

目的是人类为实践活动规定的总方向，但目的由于具有概括性，比较笼统和抽象，不能在实践中直接分层操作。因此，目的都需要分解成具体目标，通过目标逐一地实现。我国著名学者方万邦先生曾对目的与目标的相互关系进行了精辟的论断："目的是指示取向的最高标准，目标却是在目的中分析出来，指出特殊要点；因为目的是较目标远大而高超，所以目的是不一定能实现，而目标却是易于到达，可是目标却是达到目的必经的阶段，指示我们接近目的进行途径。"时间、空间、事件和效果，是构成目的的基本要素。时间的长短、空间的大小、事件的性质、效果的好坏，是衡量目的的基本标准，故有明确标准的目的即为目标。

对于特定的行为而言，其最终的目的只能有一个，而针对这一目的的目标则可以有多个。有明确标准规定的事件，即目标的内容，通常以任务的形式来表述，即任务是目标的具体化，对同一目标而言，可以由多个任务构成，目标不同任务也不同。

目的是主观设想或意图，目的相对于目标具有隐蔽性、完整性、长期性、稳定单一性、根源性等特征。相反，目标是意识所针对的具体的行为对象，是客观状态。目标相对于目的具有外显性、可分解性、阶段性、多样性、主观差异性等特征。

目的和目标可以转化，目的可能分解为目标，但大的目标也可以分解，从而相对更小的目标而言，大的目标就成为目的。虽然目标主要用于导向和规范行为，目的主要为行为提供内存动力，但是某种目标成为一种可持续的正反馈的情况下，目标同样具有动力性质和意义。

三、我国的体育目标任务

我国的体育目标任务应是我国体育目的的体现,业已确定的体育目的,是我国体育工作的基本方向。要实现体育目的,就必须完成相应的目标任务,主要包括以下四个方面。

(一)增强体质,增进健康

增强体质、增进健康是我国体育的根本目标,也是我国体育目的的核心内容。

体质是一个重要概念,它指人体的质量,即在遗传性和获得性的基础上表现出来的人体形态结构、生理机能和心理素质的综合的、相对稳定的特征。在人的整个生命活动过程中,体质表现出明显的个体差异性。这种个体差异性与个体的遗传变异、生活环境、营养条件、运动状况和个人生命发展、生命活动特点等密切相关。从这个意义上讲,体质是在先天的基础上因后天诸多因素的影响而形成的。而后天影响的诸多因素中,经常地、科学地进行体育运动对体质的改变最为积极有效。体质是由体格、体能、机能、适应能力和精神状态等构成。

健康是一个更为广泛的概念,包括身体、心理和社会三个维度的完美状态,是一种三维健康观。

增进健康主要表现在延年益寿、预防疾病两个方面。但是人在与大自然斗争的过程中,不能仅仅满足于身体健康,还要在健康的基础上,进一步使体格健壮,使体能得到充分发展,只用这样才能使学习、工作、生活有坚实的身体保障。从这个意义上说,健康是进一步增强体质的基础,增强体质则是在健康的前提下,人体形态和机能的进一步发展。而体质在很大程度上反映了人的健康水平,体质增强为获得健康的体魄奠定了物质基础。

体育锻炼是实现增强体质、增进健康的积极有效的方法。体育锻炼能使人由弱变强,提高工作效率,延缓衰老过程。利用体育手段增强体质、增进健康,必须因人而异,根据自身的实际情况和需要,选择相应的内容、方法和手段,采用适宜的负荷,循序渐进,持之以恒,才能达到预期的效果。

(二)提高运动技术水平,攀登世界体育高峰

提高运动技术水平,攀登世界体育高峰,是我国体育的重要目标任务之一。一个国家运动技术水平的高低,反映出国家体育事业的发展水平,同时也反映出一个国家的综合国力。运动技术水平是国家经济、文化、科技、教育发展水平的综合体现,也是一个国家或民族精神面貌的反映。所以,世界各国重视人们身体健康的同时,也非常重视运动技术水平的提高。

中华人民共和国成立以来,我国体育运动事业发展迅速,特别是改革开放以后,随着我国经济发展水平的不断提高,体育事业得到长足发展,我国运动技术水平迅速提高,一些竞技项目在国际上也具有领先水平。在奥林匹克运动会以及一些其他国际比赛中,我国运动员取得了十分喜人的优异成绩,不仅为我国争了光,提高了我国的国际威望,而且也促进了

我国与世界各国的交往和友谊,极大地振奋了民族精神,鼓舞了人民的斗志,成为振兴中华的强大的精神力量。

(三)丰富文化生活,促进精神文明

在现代社会中,体育已经成为人们生活方式的一个组成部分。随着我国人民物质生活水平的提高,人们在紧张的工作、学习之余要求有丰富的文化生活,以满足日趋发展的精神需要。体育运动作为人们用以消磨闲暇时间、维持健康和容易被接受的休闲方式,已经成为现代人的生活理念,一些传统的、缺乏活力的、不健康的休闲娱乐方式被取代。现代研究发现,适宜地参加体育运动不仅使我们的机体更加健康,而且参加体育活动还可以满足人们的多种社会需要,如社会交往、净化情感、发散精力等。同时,欣赏高水平的体育比赛、表演,也是丰富人民精神生活的一项重要内容,不仅可以激励人们积极参加体育锻炼,推动群众性体育活动的开展,还可以让人们在欣赏高水平的体育比赛中调节精神、愉悦身心、陶冶情操。

(四)提高国民素质,进行思想品德教育

从思想上、精神上和文化知识上提高国民素质也是体育的基本目标任务。体育自产生之日起就是教育的重要组成部分。在社会领域,体育是一种具有特殊教育意义的社会活动,提高国民素质是其主要目标之一。素质包括身体层面的素质、心理个性层面的素质和社会文化层面的素质,而社会文化层面的素质又可分为思想道德素质、文化科学素质和审美艺术素质、劳动准备素质,它反映了一个人的思想觉悟和文化修养的程度。体育运动中的思想品德教育,主要包括培养共产主义道德、良好的意志品质以及优良的体育道德作风等。

在学校教育中,体育是一个有目的、有组织的教育过程,是教育的一个方面。体育教育的任务,首先在于运用体育手段,对人们进行思想品德教育。

体育道德是社会道德在体育领域的具体化,用以调整体育运动中人们之间的行为准则和规范。在体育运动中进行思想品德教育具有很大的潜力。人们在体育运动中,性情开放、情绪活跃,能反映出平时不易暴露出来的一些问题。在各种游戏和比赛活动中,由于环境条件频繁变化,又受到各种规则的限制和约束,人们为争取游戏或比赛的胜利,往往要付出极大的努力。同时,在整个过程中,还往往表现出个人与个人、个人与集体、集体与集体之间错综复杂的情境变化和利益冲突,这就使人平时难以表现出来的思想品德得以充分地展示出来,从而为各种针对性教育活动提供了目标和内容。特别是当今世界,一场重大的国际比赛,全世界数以亿计的观众目睹比赛实况,它对人的教育、陶冶作用是难以估量的。

四、影响体育目标任务实施的主要因素

体育的目标任务的实施和达成需要一定的条件,当一个社会确定了体育目标任务之后,必将采取相应的措施和政策,以确保体育目标任务的达成。但在某些情况下,一些社会

因素对体育目标任务的达成会产生影响,促进或者抑制体育目的任务的达成。作为与社会其他方面有着广泛联系的体育系统来说,其影响目标任务达成的因素很多,但具有重要影响作用的因素主要是如下四个方面。

(一)社会政治因素

在阶级社会里,各种社会活动都会受到政治因素的影响,体育也不例外。从根本上说,体育的目标任务属于上层建筑的范畴,带有阶级性或者统治阶层的意志,因此会由于社会政治制度的改变而发生变化。政治因素的影响表现在根据统治集团设定的目的确定社会的体育目标与任务,以及对社会环境和社会条件进行调控,以便体育的目标任务得以实施,体育的目标得以实现。

但社会政治因素在一定的历史时期或一定的历史条件下,会对体育的目标任务的实施进行制约或破坏性重组,重新确立体育的目标和任务,以满足新的政治的需要。从一般意义上讲,社会的政治安定可确保体育目标任务的顺利实现;而社会政治局面不稳定或长期的政治动乱,必然会导致体育目标不明确,体育任务不确定且无所适从的状况。如在 20 世纪 60 年代中期至 70 年代中期,我国的体育事业就因受到了冲击而陷于瘫痪。另一方面,由于政治的需要,可能牺牲体育目标任务实施的路径,改变体育目标任务的达成方式,使体育事业受到损害,如在 1980 年和 1984 年,美国与苏联因为政治原因而相互抵制参加在莫斯科和洛杉矶举办的奥林匹克运动会,结果使体育事业受到了伤害。

(二)社会经济因素

经济是社会的基础,是各种社会活动开展和发展的基本条件,体育运动的开展和发展同样需要一定的物质基础和经济条件。对于体育的目标任务的确立,离不开对社会经济状况的判定,体育任务的实施离不开社会经济基础的支持。从现代运动技术水平状况来看,"提高运动技术水平,攀登世界体育高峰"这一目标任务的实施,离不开一定的物质条件的支持,离不开科学技术的支持。从另一个角度来讲,这项任务的实施和完成必须有一定的经济实力为支撑。达到世界竞技水平的高峰,意味着从选材、训练到竞赛都需要得到科学技术的支持。身体状态、训练水平的诊断,运动员的选材,训练器械和运动器材的改进、创新,训练过程的监控、调整等,都依赖于科学的技术、方法、手段、仪器,而这些东西越是高新,作用越大,价值则越高。

另一方面,体育目标任务的达成,有利于促进社会经济的增长。而提高劳动生产率,形成新的经济增长点,拉动消费市场的发展,本身就是体育的任务之一。

(三)社会文化教育因素

人类社会是以自身特有的文化形态构成的。体育是人类文化形态的构成部分,它的发生与发展始终受到整体的影响和制约。教育既是人类文化形态的构成部分,又是人类文化的延续和传递方式,因此,教育对于一个社会来讲,具有特殊的功能。通常,一个社会或者一个国家所制定的体育的目标任务应与这个社会或国家的主流文化相适应,并符合社会教育水平。

但传统文化中仍存在着对体育目标任务制约和限制的因素,如中国体统文化中的"男尊女卑"思想,无疑是影响体育目标任务达成的消极因素,而且这种落后思想在我国一些封闭落后的地区仍有一定的市场。相反,在文化教育较为先进、发达的地区,体育的目标任务的达成水平明显地走到了前面,因为在先进的文化教育的影响下,人们具有男女平等的思想,对生活、对健康,乃至对人生的认识和态度都有了根本性的改变,对体育的理解也更加深入和全面。因此,人们自觉地参加体育活动,并将其纳入了自己的生活中。

(四)社会生活方式因素

社会的生产方式决定着社会的生活方式,这是因为生活方式赖以存在和发展的物质基础是物质的生活资料,而一定的物质生活资料则是一定的生产力发展的结果。另一方面,社会生产方式的发展,使生产率大幅度提高,生产时间缩短,社会闲暇时间增多。从某种意义上讲,生活方式就是对闲暇时间的利用形式。但社会生活方式仍具有相对独立性,反映的是人与生活资料的结合方式,在同样的生产方式的条件下,不同社会的生活方式不一定相同。社会生活方式的差异主要表现在消费观念、消费水平和消费方式等方面。

对体育的现代消费走向的形成,与我国传统的消费观念有矛盾的冲突,因为从传统意义上讲,对体育的消费有"玩物丧志""不务正业"之嫌。况且,对体育的消费,既有物质生活资料的消费,又有精神生活资料的消费,而且这种消费通常是建立在物质生活与精神生活已经相对满足的基础上的,因此,在生产方式落后、生活方式简单的时代,体育消费无疑是一种奢侈行为。

在现代社会,生产方式已经发生了重大改变,随之变化的社会生活方式把体育的消费看作必不可少的一部分,体育消费在现代人的生活中占有重要地位。体育消费的日趋发展,不仅有利于体育运动的发展,促进体育的目标任务得以实现,而且由于消费需要的演变,社会对体育目标任务的确定也会发生相应的改变。

五、我国体育目标任务的基本实施途径和要求

(一)我国体育目标任务的基本实施途径

体育目标任务的基本实施途径有体育教学、身体锻炼、运动训练、运动竞赛。这些基本途径互相交叉,互相作用,共同完成体育的目标任务。

1.体育教学

(1)体育教学的定义。体育教学是体育教师按照国家统一规定的教学大纲和学校教育计划与要求,锻炼学生的身体,增强学生的体质,传授体育的知识、技能、技术,培养学生的思想品德和意志品质的教育过程。它是学校体育工作的基本形式,是体育目标的实施途径

之一。

体育教学的特点是在教学过程中学生主要从事各种身体活动,但各种身体活动又是与思维活动紧密结合的。这种特点,使体育教学既要遵循各门学科认识事物的共同规律,又要遵循人体结构、人体生理机能活动能力变化和动作技能形成的规律。

(2)体育教学的基本任务。体育教学的基本任务有三项:

第一项是锻炼学生的身体,增强学生的体质。通过组织教学和身体练习,促进学生身体的正常生长发育,培养学生正确的身体姿态;促进学生身体机能、身体素质和基本活动能力的全面发展;增强学生对外界环境的适应能力。

第二项是向学生教授体育基础知识、基本技能和基本技术。在教学中,要求学生了解体育的目标与任务;向学生传授锻炼身体的基本技能和运动技术;使学生掌握科学锻炼身体的方法和体育的娱乐方法。

第三项是培养学生的思想品德和意志品质。通过组织教学对学生进行思想教育,培养学生共产主义道德品质;培养学生对体育的兴趣,养成锻炼身体的习惯和主动性,提高学生关心自身健康的社会责任感;促进学生个性发展,培养学生组织纪律性和生动活泼、勇敢顽强、富于创造的精神;陶冶美的情操,培养文明行为。

体育教学的"三项"基本任务是紧密结合的,它是通过身体锻炼和课堂教授完成的。锻炼身体,增强体质是反映本学科的特点和体育教学的基本要求。教授体育基础知识、基本技能和基本技术,不仅是增强体质,发展智力和向学生进行思想品德教育的手段,也是学生应具有的文化素养,教师要认真教好,学生要努力学好。在确定一堂体育课的具体任务时,体育教学的"三项"基本任务可以有所侧重,但是,从整体和长远的培养目标出发,应全面贯彻,不可偏废。

(3)体育教学的基本组织形式——体育课。体育课是教师在学校课程表规定的时间内,根据体育教学大纲规定的内容,对一定班级的学生进行系统教育的形式。它是体育教学的基本组织形式。

在体育课教学实践中,按教材的性质、对象的特点及一节课的具体任务等方面,可把体育课划分为多种类型。又根据人体机能活动变化的规律,划分出体育课的基本结构,即准备部分、基本部分、结束部分。这三个部分是相对稳定的、任何体育课都应遵守的共性结构。各个部分的任务、内容、组织教法的安排顺序、密度、负荷及时间的分配被称为课的细微结构。它是灵活多样的,具有可变性。在体育课教学实践中,首先要解决编班分组问题。体育课的编班有男女混合编班、男女分班上课两种形式,并在此基础上按学生的性别、健康状况和体育基础、兴趣爱好、特长与技能水平等条件进行分组,或根据教学需要实行临时分组。其次,要掌握分组教学的形式。分组教学的形式有分组不轮换和分组轮换两种基本形式,可根据学生的人数、教材内容的多少及场地器材情况灵活选用。再次,要认真执行课前、课堂和课后的教学常规,保证正常的教学秩序。上述组织工作对顺利地上好体育课是必不可少的。

体育课的密度和负荷是提高体育课教学质量的关键问题之一。体育课的密度包括一般密度和专项密度,负荷包括运动负荷和心理负荷。我国统编的体育教学大纲和教材不仅指明了体育课的密度、运动负荷和心理负荷各自的内在意义,而且介绍了测定、分析与评价的方法。这对学校体育工作者来说,是必须掌握的基本知识和技能。它对工作实践具有重要的指导意义。

体育课中培养学生自我体育锻炼的能力,是当前学校体育改革中提出的新课题,它可以使学生终身受益。自我体育锻炼能力主要由认识能力(包括学习、锻炼的动机,以及对体育知识、技术的理解和分析能力),运用、调控能力(包括运动负荷、心理负荷和动作姿势的自我调控)和自治能力(即进行体育锻炼的自我管理能力)等几个方面综合构成。其中,"认识"是基础,"运用"是核心,"调控"是手段,"自治"是保证。体育课中培养学生自我体育锻炼能力的方法是:结合知识、技术教学培养认识能力,结合练习的组织和方法培养运用、调控能力,结合常规教学培养自治能力,加强课中学生自我体育锻炼能力的培养,使学生掌握锻炼身体的科学方法,促进课外体育锻炼,养成锻炼身体的习惯,使学校体育为学生终身体育打下坚实的基础。

(4)体育教学与其他课程教学的异同点。**共同点**:都是一门课程,是教育的一部分;都是教师与学生的双边活动,在这个过程中教师都要起主导作用,教师都要有目的、有计划地指导学生学习,向学生传授一定的知识、技能,发展学生的认识能力,培养学生的个性和思想品德。

不同点:其他课程的教学主要通过教师的讲授和演示,通过学生自己的思维活动过程理解和掌握教师所传授的文化科学知识,将来用于生产实践和社会实践;而体育教学不仅需要教师的讲解、示范,还需要学生直接参与练习活动来掌握技能、技术,主要是用于身体实践。

体育教学是细致而又复杂的教育过程。教学质量的高低,取决于教师的理论水平、技术水平以及组织能力。因此,体育教师必须具有教育学、心理学、运动解剖学和运动生理学等有关学科的基本知识,要学好体育教学原理,掌握好体育技术,提高文化素质,并深入理解培养目标和教学大纲的内容,才能在教学过程中以身作则,全面照顾,因材施教,发挥主导作用,引导学生自觉地刻苦学习和锻炼。

2. 身体锻炼

(1)身体锻炼的定义。身体锻炼是指人们根据需要自我选择,运用各种体育手段,通过身体运动并结合或利用自然力空气、水、阳光和卫生措施,以发展身体,增进身心健康,增强体质,调节精神和丰富文化生活,娱乐身心的过程。它是提高全民族素质的重要手段和实现大众体育任务的主要形式,体现了全民追求自我身心健康的欲望。一个民族、国家和地区对体育的重视程度与普及广度,可通过体育人口的多少反映出来,它直接关系到全民族体质的增强、运动技术水平的提高以及社会文明建设。

（2）身体锻炼的基本特点。身体锻炼同体育教学、运动训练、运动竞赛相比较，有以下特点：①具有广泛的群众性，不论是男女老少，不论是何种职业，甚至患有某些疾病的人，都可进行身体锻炼。现在某些国家经常进行身体锻炼的人，已超过总人口的一半。一个国家参加身体锻炼的广泛程度，也是衡量该国物质文化生活水平的标志之一。②身体锻炼的内容十分广泛，具有很大的选择性。人们可以根据各自的实际情况，选择锻炼的内容和方法，以提高锻炼的效果。许多运动项目诸如田径、体操、球类、武术、游泳、健美、爬山及旅游等均可作为身体锻炼的内容，锻炼者可根据自己的兴趣、爱好及具体情况任意选择，可选用其中一项、两项或多项进行锻炼，并可结合生产劳动，工作学习进行安排。③身体锻炼的组织形式灵活多样，可以组织集体锻炼，也可以分散进行锻炼；可以在统一规定的时间锻炼，也可以在各自安排的时间锻炼，具有很大的自由度和业余性。④身体锻炼还要结合生活进行安排。这里指的是改善营养、卫生条件，遵守生活作息制度，注意学习、工作、劳动生产的特点以及季节气候情况等。

（3）身体锻炼与一般身体活动的区别。身体锻炼是在生产劳动和人类思维发展的一定水平上才逐渐形成的。人类社会生产力的发展引起了对发展身体的各种社会需要，这就为身体锻炼的形成创造了客观条件。同时，随着科学技术的进步和发展，人类的思维水平也在不断发展，人们逐渐意识到身体锻炼的价值和自身的需要，这就为身体锻炼的不断发展创造了主观条件。身体锻炼就是在主、客观条件相互作用中逐渐形成的。

身体锻炼不同于一般的身体活动，主要区别在于：身体锻炼是一种以运动为基本手段，以增强体质和促进身心健康为主要目的的身体活动，在形式、负荷和效果等方面是按身体锻炼的科学原理付诸实践、求得实效的。在身体锻炼中，为取得好的锻炼效果，要求锻炼者采用适量性运动负荷，既能满足增强体质的需要，又符合身体的实际接受能力，一般要求是每周锻炼三次以上，行动强度应在一定范围内。适量性运动负荷是身体锻炼必须遵守的基本原则，运动量过大或过小都不能取得好的锻炼效果。

3. 运动训练

（1）运动训练的定义。运动训练是指在教练员的指导下或实施运动员自我计划的前提下，为全面提高运动员竞技能力和专项运动成绩而专门组织、进行的教育活动或过程。它是竞技体育的重要组成部分。运动训练的主要参与者是运动员和教练员而不是一般的体育参与者，是一个有组织、有计划的活动过程，其目的是提高训练水平，为取得运动成绩奠定基础。

运动训练的主要目的表现为，在发展竞技能力的基础上，不断提高运动成绩。竞技能力是运动员体能、技能、智能和心理能力的综合表现。它由七个基本要素组成，即身体形态、身体机能、身体素质、技术、战术、心理能力和智能。这些要素对不同的运动项目和不同的运动员又以不同的形式组合在一起，决定着竞技能力水平的高低。七个要素之间有着密切的联系,它们相互渗透和影响,同时又具有各自特定的内容和鲜明的独立性。运动成绩是运动员在比赛中竞技情况的集中体现,是运动员比赛的主要结果。通常表现为测量的结果、胜负、得分和名次。竞技能力与运动成绩是紧密相连的,因此,在运动训练的过程中,必须将竞技能力和比赛、运动成绩紧密地结合起来。

(2)运动训练的基本特点。

①适应过程。

适应是有机体内外环境不断取得平衡的过程。在正常情况下,人体各器官系统的活动相互制约和相互协调,处于一种相对平衡的状态。这种相对平衡是人体生命存在和有机体能正常活动的必要条件。当外界环境发生变化时,有机体内环境的相对平衡受到破坏,体内各种功能不得不重新进行调整,以维持机体内外环境的相对平衡,这就是适应过程。

适应是生物活动的基本规律之一,也是通过运动训练提高人体竞技能力和取得优异运动成绩的生物学基础。

在运动训练中,引起适应过程的外界环境变化包括施加运动负荷、改变训练内容和变换训练环境与条件等。

在运动训练中,主要是采用施加运动负荷等方法,有意识地打破机体内环境的相对平衡,使之向较高机能水平转化,从而在施加的运动负荷相适应的水平上重新获得相对平衡。这种由于运动训练而产生的有机体与施加负荷的外环境不断取得平衡的过程,就称为训练适应。

训练适应的作用体现在以下三个方面。

首先,训练适应是人体机能不断提高的生物学基础。不断提高人体机能是运动训练的重要任务之一。现代的运动训练要求运动员最大限度地挖掘其机能潜力。而人体机能的不断提高依赖于训练适应过程。只有对机体不断施加运动负荷的刺激,使其产生训练适应过程,才能使人体机能不断提高。

其次,训练适应是发展竞技状态的生物学前提。运动竞技状态的形成,正是训练适应过程高度发展的结果。竞技状态的形成,要求运动员在各器官系统的形态、机能,运动素质、运动技术、运动战术及心理状态等方面的训练适应,都达到相当完善的程度,并和谐地结合成一个整体。而竞技状态的暂时消失,则又是训练反适应性衰退的结果。这种反适应性衰退又使运动员的机体得以恢复,并进一步发展新的训练适应,在高一级水平上重新形成竞技状态,取得更好的运动成绩。

最后,训练适应是运动训练理论的生物学依据。运动训练理论是运动实践经验的总结和概括,它建立在运动训练客观规律之上,对运动训练实践起着指导作用。运动训练理论只有建立在训练适应以及其他一些运动训练的客观规律的基础上,才能经受得住运动训练实践的检验,形成科学的理论体系,指导运动训练沿着正确的方向发展。

训练适应过程的产生和发展受很多因素的影响,如运动负荷、恢复过程、身体情况和心理状态等,其中负荷和恢复起着决定性的作用。因此,在训练适应过程中尤其重视恢复过程,这是形成训练适应的必要前提。另外,如果运动员心理和日常生活的总负荷与运动员机体所能承受的负荷能力相吻合,训练适应过程就能正常发展,机能水平和运动成绩则可相应提高;如果运动训练与日常生活的总负荷超过了运动员机体的承受能力,则可能导致过度训练现象。对过度训练的预防,首先要根据运动员机体的可接受性和个人特点合理安排运动训练,其次要遵守生活制度,注意劳逸结合。过度训练的消除,可以采取通过观察及时发现早期症状,找出过度训练的具体原因,并调整训练计划加以排除。

②运动负荷。

在运动训练过程中,只有对运动员机体通过练习施加强烈的刺激,才能引起机体的深刻的反应,充分地挖掘出机体机能潜力。运动员如果不能承受大负荷直至极限负荷的训练,是难以适应现代训练和比赛的要求的。极限负荷是相对的,是就运动员个体而言的,当某一训练阶段的负荷达到运动员个体的极限,并产生训练适应时,就要进一步提高负荷水平。由于在训练过程中运动员具有承担负荷的极限性特点,教练员要将科学、合理地安排负荷作为实施训练的重要环节。合理安排运动负荷的基本要求是:

第一,训练过程中加大负荷必须循序渐进。加大运动负荷切记不能认为越大越好、为大而大,超过了运动员所能承受的"最大负荷"能力。对高水平的优秀运动员而言,应在整个运动训练过程中经常性地采用与比赛接近的负荷,力求使大运动量和大强度同时出现,以使运动员全年保持竞技状态,随时出现最佳成绩。对一般运动员来说,负荷必须循序渐进地逐步增加,既有运动员所能承受的"最大负荷",又有中小负荷的搭配,保证能持续地进行大负荷训练。这对青少年儿童运动员尤为重要。

第二,掌握好负荷和恢复的关系。没有负荷就没有训练水平的提高,但没有恢复就不能安排新的负荷。只有在机体承担一定的负荷后,得到适当的恢复,以消除疲劳,才能使机体能力逐步得到提高。所以训练中每次课程的恢复安排,应在运动员机体能力得到恢复和提高的基础上进行,训练课之间的间歇过长或过短都不利于机体能力的提高。

第三,适当地搭配负荷量和负荷强度。训练过程中负荷的安排一般呈现一种波浪起伏的状态,负荷的量和强度的变化,通常有三种搭配的形式:一是既加量又加强度,二是加强度减量,三是加量减强度。在现代高水平运动员的训练中,提出要遵竞技状态的基础,必须负荷量和负荷强度同时达到最大值,要定期地模拟比赛所特有的负荷和紧张状况。对此,无论以哪种形式搭配负荷量和负荷强度,都要从运动员的实际出发,以有利于尽快提高运动成绩为前提。而突出强度,是当今高水平运动员负荷安排的一个重要特征。

第四,根据训练的不同任务和运动项目的特点安排负荷。就一次训练课而言,如果主要任务是学习掌握技术,则强度不宜过大,而以加大练习量为主;如果主要任务是发展某一运动素质,则负荷的量和强度都应加大。运动项目的特点和比赛对负荷的要求不同,在日常训练中负荷的安排也应有所区别。但无论哪种项目负荷的安排,都应以提高单位训练时间里最大的效益为准则。

第五，加强医务监督和恢复手段的运用。负荷安排不当是造成运动损伤和过度疲劳的主要原因之一。因此，加强医务监督，尤其是监测负荷所产生的效应很重要。同时要向运动员传授一些有关负荷及自我监督、控制和调整负荷的必要知识，使其与教练员更好地配合，以使负荷的安排符合运动员所能承担的水平。另外，积极采用有效的恢复手段，有助于更快地消除负荷后的疲劳，加强能量物质的再生，迅速地产生适应。

③表现性。

通过运动训练，运动员的竞技能力会有所提高，但必须经过比赛，并在比赛中取得优异的运动成绩，才能体现个人的运动价值，也才能被正式承认。因此，在日常训练中要加强对运动员比赛能力的培养。比赛能力的培养与竞技状态的形成发展密切相关。

竞技状态是指运动员达到优异运动成绩所处的最适宜的准备状态。这里所指的"优异运动成绩"是就本人的最佳成绩而言；"最适宜的准备状态"也是相对的，是就运动员本人在参赛前训练的准备程度而言的，准备的程度越高，在比赛中创造本人最佳成绩的可能性越大。

只有经过必要的准备性训练才会出现竞技状态。竞技状态的出现有其具体特征，它们是衡量和判定竞技状态的客观标志。这些特征是：

第一，运动员机体各器官系统的机能达到最高水平，在运动中出现"节省化"现象，机体能最大限度地适应大负荷以致极限负荷的训练和比赛，并且恢复过程也比较快。

第二，运动员的运动素质和专项技术、战术的发展达到了本人的最佳水准，并且运动素质与专项技术、战术结合紧密，能通过专项技术、战术把提高了的运动素质最大限度地发挥出来，完成的动作准确、熟练、协调，具有最佳效果。

第三，运动员在训练中情绪高涨、精力旺盛、自我感觉良好、渴望参加比赛，在比赛中具有特殊的专项感受力、意志顽强、心理稳定，以及具有完成任务和夺取胜利的充分信心。

竞技状态的上述特征，集中表现为运动员能在重大比赛中达到甚至超过本人的历史最好运动成绩。

（3）运动训练的基本任务和要求。运动训练的直接目的，是不断提高运动员的运动技术水平，创造优异成绩。其任务是：①提高运动员各器官系统的机能，发展运动素质；②掌握和提高专项运动的技术和战术，以及学习有关的理论知识；③培养运动员独立进行训练的能力；④进行道德和意志、品质教育。四个方面的任务紧密联系，互相促进，又都是以创造优异成绩为目的的。因此，训练的内容及采取的方法、手段等都具有专门的性质，并要求运动员承担很大的运动负荷，训练中的成绩要能在正式比赛中表现出来。这与体育教学和身体锻炼都有明显的不同。

能否严格而又科学地进行运动训练和评定运动技术水平的高低，在一定程度上反映了一个国家的现代科学水平。世界上许多国家为在竞技比赛中夺取胜利，都大力地开展运动训练。一些国家,在重点运动项目的发展上都有长远的战略安排,如俄罗斯、美国、古巴等还建立了奥运会训练中心和训练基地,对高水平的运动员进行短期和长年集训。为加强训练的科学性,在训练中心和基地里建有用现代科学仪器设施装备的运动生理、运动医学、运动心理等研究室,由著名的专家、教授、医生和教练员相互配合,结合训练进行科学研究,探索人体和运动训练的规律。

要科学地指导运动员训练,教练员就应具备较高的科学文化水平和组织教学、训练的能力,精通本运动项目的科学技术,扎实地掌握有关学科的基础理论。

4. 运动竞赛

(1)运动竞赛的定义。运动竞赛是以争取优胜为直接目的,以运动项目(或某些身体活动)为内容,根据规则要求而进行的个人或集体在体力、技艺、心理上的相互比较。它是竞技体育与社会发生关联,并作用于社会的媒介。

运动竞赛是体育运动的主要特点。早在原始社会就出现了竞技、球赛等竞赛活动,随着人类文化的发展,运动竞赛也得到更加广泛的开展。通过运动竞赛,可以宣传体育运动,吸引和鼓舞人们参加体育锻炼,推动群众性体育运动的开展;检查教学和训练工作质量,总结交流经验,促进运动水平的提高;使观众受到高尚体育道德作风的熏陶与激励,振奋精神,增添乐趣,丰富和活跃业余文化生活。通过运动竞赛还可加强国内各族人民之间的紧密团结,促进与世界各国人民之间的了解和友谊。

(2)运动竞赛的基本特征。

①影响的范围广泛。

运动竞赛影响的范围巨大,随着社会的发展,运动竞赛影响日益增大,四年一届的奥林匹克运动会成为世界注目的焦点,有人甚至把"奥林匹克现象(文化现象)"与"联合国现象(政治现象)""跨国财团现象(经济现象)"称为现代最具国际性影响的三大现象。

②竞赛环境及运动员表现的复杂性。

运动竞赛中运动员们努力创造优异运动成绩,由于竞赛环境在很多情况下是一种非常态环境,运动员是在高度(有时甚至是极度)应激的条件下进行活动,其生理、心理反应往往异于常人。

③竞赛结果的不确定性。

竞赛过程不但存在必然性和确定性,而且还存在偶然性和不确定性,运动竞赛因其固有的随机—模糊—偶然事件发生概率较大的特点,往往变得扑朔迷离。因此,在现代竞赛中,只能用"可能性大小"来预测竞赛结果。这种不确定性,既增加了竞赛的魅力,又为检验教练员和运动员成效增加了困难。

(3)运动竞赛的价值。运动竞赛的价值体现着运动竞赛的功能。我们可以从内外两个方面来认识运动竞赛的价值,即运动竞赛在体育中的地位和作用与运动竞赛的社会效益。

①运动竞赛在体育中的地位和作用。

第一,运动竞赛是体育的核心和杠杆。体育最鲜明的特点就是运动竞赛,竞赛是体育的重要组成部分。通过竞赛优胜劣汰,可以检验运动员的运动技术水平,选拔人才,吸引更多的人参加体育活动,实现以竞赛为核心,推动体育事业的迅速发展。在发展中国家,人们常常有意识地利用竞赛手段,围绕竞赛来带动体育活动的全面开展,以发挥竞赛对体育的"杠杆作用",即将有限的人力、物力和财力运用于局部以带动整体。

第二,运动竞赛是实现体育价值的主要途径。在体育实践中,当体育的某种属性或功能同人的某种需要结合在一起,就凝结成体育的某种价值。随着体育科学的发展,人们对体育价值的认识也日渐丰富,例如人们已经认识到体育具有政治、军事、经济、教育和艺术等方面的价值。然而,体育的上述价值往往是通过竞赛这条途径来体现的。人们通过参加或观看竞赛,来认识和领略体育的价值,满足各自的不同需求。在这一过程中,人们通过竞赛筑成了千差万别的体育价值坐标系,这些体育价值坐标系的客观存在,也正是一场竞赛能使举国沸腾的原因之一。

第三,运动竞赛是体育方法的重要组成部分。由于运动项目丰富而饶有兴趣,具有游戏特点和娱乐价值,它便成为体育活动中广泛采用的特殊而有效的手段和方法。为了在竞赛中获取优异成绩而逐步发展起来的科学训练理论和方法,也大量渗入到大众性体育锻炼活动中。而运动竞赛得以实施的具体方法,如淘汰赛法和循环赛法等,是保证体育目的得以顺利实现的一条重要途径。对这些方法的研究和运用情况,将直接影响竞赛活动的进行,并将进而影响竞赛价值的实现。

第四,运动竞赛是衔接运动训练的唯一通道。运动训练和运动竞赛是竞技体育的重要组成部分,运动员的竞技能力、运动技术水平和运动成绩必须通过运动竞赛这个唯一通道才能公平、公正地展现出来。

②运动竞赛的社会效益。

第一,促进社会稳定与发展。运动竞赛要求无论是组织者还是参与者,无论是运动员还是观赏者,都在特定的时间和空间里接受和遵守规则,服从规则,潜移默化地形成了共同的价值观。依据特定规则进行的运动竞赛,能对全社会遵守共同制定的各种规则起到教化与示范作用。运动竞赛对减少社会暴力还具有减压阀的作用,参与者在比赛规则的控制下,通过对抗来排解压抑、焦虑、不满等情绪,以消除可能对社会造成的负面和消极的影响。而国际间的运动竞赛,在提供了同场竞技、试比高下的舞台和途径的同时,也为双方带来了增进了解、消除隔膜的机会。随着政治主题性文化从生活中逐步淡出,亲朋好友会聚在一起,欣赏高水平比赛的闲暇方式对社会稳定起着积极的作用。

第二,为社会提供规范的竞争范式,帮助人们形成良好的竞争意识。运动竞赛是人类最具理想意义的竞争范式。竞争是竞技体育的灵魂,运动竞赛所体现出的公平竞争和规范竞争的理念将更具典范意义。竞技文化孕育的"公平竞赛"原则突出地体现了公开、公正精神,这正是现代社会所需要、所倡导的。竞赛的公开性即透明性又是民主社会的重要标志和元素,能为政治文明建设提供有益的启示。而竞技文化所倡导的自信、自律、勇敢、勤奋、进取、坚韧不拔、永不言败的优良品质,更是现代社会人们形成良好竞争意识所需要的内在品质。

第三,丰富社会文化生活。体育运动作为一种高尚、文明的文化生活方式已为越来越多的人所接受。规模不同、形式各异的运动竞赛活动正在成为城乡、企业、社区、学校和军队等社会文化生活中的重要内容。欣赏高水平竞技比赛是人们文化娱乐生活的重要内容,运动竞赛在提高审美情趣、培养社会情感、陶冶社会精神、增强社会凝聚力等方面具有其他手段和方法难以替代的作用。

第四,推动体育文化的传播与发展。运动竞赛作为体育文化的传播形式,不仅促进了竞技体育的国际交往,而且在现代媒体的推波助澜下,把体育的理念和价值带向了千家万户,并与社会共生共存。运动竞赛是主要的体育文化传播渠道,运动竞赛活动的涵容量大,不仅涵盖了运动竞赛活动的全部过程,而且还包含了举办竞赛的文化理念,体育场馆的设计构思、建筑风格、科技水平,观众的文化修养等。无论是显性的运动竞赛活动,还是物化的体育场馆,均发挥着文化传播的媒介作用。在运动竞赛推动体育运动全球化的过程中,体育文化终将在民族的、多元的轨道上,以人为本,以健康公民、健康社区、健康社会为终极目标,发展成为颐养人的精神、陶冶人的情操、促进人的全面发展的一种生活哲学。

体育教学、身体锻炼、运动训练、运动竞赛的相互关系:它们既相互联系,又交叉渗透。体育教学是身体锻炼、运动训练和运动竞赛的基础。体育教学中所获得的体育知识、技术与技能,可广泛地运用到身体锻炼、运动训练和运动竞赛中去。身体锻炼、运动训练和运动竞赛的许多专门知识、技术与战术,在学习的开始阶段往往都要通过体育教学的形式来获得。体育教学是前提,身体锻炼是基础,运动训练是提高,运动竞赛是反馈,从而构成完整的体育运动应用技术系统。

(二)实现体育目标任务的基本要求

1. 坚持社会主义方向

中国体育事业的发展必须坚持社会主义方向,坚持四项基本原则,坚持党的领导,执行党的路线、方针、政策,处理好体育和政治的关系,不能使体育脱离政治,又不能以政治代替体育搞空头政治。坚持以人为本,体育为人的发展服务,为和谐社会的建设服务。

2. 正确处理体育与经济的关系

体育要以社会主义经济建设为中心,为促进社会生产力服务。一方面,体育可以增强劳动者的体质,提高生产效率;另一方面,要坚持体育的社会化、市场化、科学化、产业化、法制化,实现自身的良性发展,提高体育的社会效益和经济效益,为经济建设服务。

3. 为社会主义物质文明和精神文明服务

要充分发挥体育的功能,提高身心健康水平,促进生产力的发展和物质文明建设;提升道德水平,促进人际交流,缓解社会矛盾,为社会主义精神文明建设服务。

4. 普及与提高相结合

坚持普及与提高,就是要坚持群众体育与竞技体育的协调发展,要做到两者相互促进,共同发展,不能厚此薄彼。

5. 坚持优先发展学校体育

青少年是未来的希望,提高全民族的素质,就要优先发展学校体育,从青少年抓起。

6. 体育管理的政府渠道与社会渠道相结合

在国家体育总局的宏观调控下,充分发挥体育行政机关和社会组织、协会的作用,促进我国体育事业的发展。

7. 发挥竞赛的"杠杆作用"

体育竞赛能够激发人们参与体育活动的热情,吸引更多的人参与体育活动,促进体育的普及与提高。

8. 奥运项目与非奥项目相结合

奥运项目与非奥项目相结合,全方位地发挥体育的功能,完整地实现我国体育的目标任务,使体育的内容更加丰富多彩,互相促进。

9. 学习外国先进经验与大胆创新相结合

体育是人类共同的财富,它既有一定的国际性,又有一定的民族性,既要学习国外的先进经验,同时还要注意结合我国的实际,不断创新。

10. 重视体育科研,实现科技兴体

体育的科技化,是体育的发展趋势之一,我们要重视体育的科学研究,实现科技兴体。

本章小结 —— 本章主要介绍了体育的本质,即体育是人创造的,体育是为人创造的,体育的手段是人的运动。并从体育多种属性角度对体育的本质进行了分析。在确定体育目的的依据的基础上,明确了我国体育的目的和目标任务,并探讨了实现我国体育目标任务的基本途径与要求。

回顾与思考 —— 1. 什么是体育本质?

2. 体育的多种属性与体育本质是什么关系?

3. 确定体育目的的依据是什么?

4. 实现我国体育目标任务的途径有哪些?

身体锻炼，是永不褪色的人生项目

正如人们耳熟能详的一句话——"生命在于运动"，对正处于青春年华的大学生来说，身体锻炼，是永不褪色的人生项目，也是饱受争论的话题。在热议不断的新闻"华科大运动会取消长跑"中，华科体育部副主任沈跃进接受采访时表示："一方面是天气太冷，跑起来太辛苦；另一方面，这两项对学生的身体素质要求较高，大部分学生达不到要求，上场有一定危险性。"但是该校部分同学认为："这样的项目最能凝聚班级、宿舍关系。一个人跑，十几个人在场内陪跑、喊加油，不管成绩怎么样，大家的关系会因此更亲密。"议论之余，我们不免会对大学生的身体锻炼情况产生一些疑惑和反思。对于运动一事，武汉大学自考新闻部记者专门在一个阳光明媚的清晨，在武大校园里现场采访几位正在晨跑的学子们。大学生锻炼形式中，最常见的就是跑步。在武大校园中，进行晨跑的学院不在少数。就晨跑一事，大多数学生都表示支持。有的同学认为晨跑可以促使自己早起，还能锻炼身体，"但不喜欢被强制，这样晨跑容易流于形式。"关于时间安排，有的同学说："有些同学可能会不适应晨跑，或许可以改到晚上。"除此之外，据有关资料指出，清晨空气中释放出的二氧化碳等污染物的含量较高，汽车排放尾气中的氮氧化物、碳氢化物、铅等有害污染物质也聚于地面，人们若早起锻炼，就会吸入很多的烟尘和有毒气体。这一点，着实值得学院（系）负责人多方面考虑。此外，记者还采访了其他学院（系）的也组织了锻炼活动的同学。化学与分子科学学院的同学早前自发组织了早操活动，但是最近由于学生出勤率低，不便于管理而取消。不过，这并不代表他们就不锻炼了，"平常我会打羽毛球、篮球，上体育课时也可以多运动，这样既有利于增强体质，又可以调节心情，挺好的。"2011级王杨说道。一学期接近尾声，国际软件学院的长跑进行得如火如荼，不少学生反映体力不支，有些应付不过来。化学与分子科学学院一直坚持锻炼的2012级的同学建议："长跑要慢跑，尽量用鼻子呼吸，更有利于坚持下去。而且，锻炼要量力而行，根据自己的切实情况制订适合自己的计划。"据武汉大学自考新闻部记者的调查，许多学生都对自己的体质不满意，但也仅停留在"体质测试时对结果很吃惊"而已。一份名为《中国大学生健康与生活行为调查报告研究》的专题报告，曾引起了国内外体育教育专家的关注。这份调查报告显示，65.68%的中国大学生"感到运动不足"，7.57%的大学生不吃早餐，15.44%的大学生不懂得饮食要荤素搭配。体育教育专家指出，当今大学生存在种种不健康行为的部分原因，就是他们缺乏必要的健康知识，这反映出我国早期健康教育的缺失。掌握健康知识是学生主动进行体育锻炼的第一步，只有掌握了这方面的知识，不愿运动的人才会知道运动的好处，才能促使他们去运动；喜欢运动的人才能更有针对性地选择适合自己的体育锻炼项目。

第四章
体育构成

【学习任务】

    本章从体育分类的基本原则入手,对体育相关的分类进行介绍和说明,使学生了解体育分类的特点,掌握最基本的分类方法。在此基础上进一步阐述体育构成划分的意义和作用,使学生对学校体育、竞技体育和社会体育的内涵、任务、组成和特点有清楚的认识。

【学习目标】

    1.能够掌握体育分类的原则和特点。

    2.能够了解体育构成的基本要素及要素间的关系。

    3.能够准确阐述学校体育、竞技体育和社会体育的概念、任务和特点。

【学习地图】

    体育的分类及特点→体育的基本构成

第一节 体育的分类及特点

现代科学研究首先立足于学科知识及科学分类的基础上。分类是人们在长期社会实践过程中对事物认识逐步科学化后进行的事物划分与归合,其目的是使自然界和社会各个领域的事物归于系统化。现实生活中,体育实践及其表现形式十分复杂。为便于从整体上对体育进行认知,并加深我们对体育现象的认识程度,有必要对体育进行科学的分类。体育的分类可以揭示体育内在要素间的互动关系和运行规律,它是体育科学学科体系构建和体育科学研究顺利开展的必备前提。

一、体育分类的原则

分类,是指按照种类、等级或性质分别归类。体育分类就是将体育领域中的各种表现形式,按照一定的标准进行区别并确定归属的过程。虽然按照不同的标准会有不同的分类结果,但总体而言,分类必须遵循科学的原则,体育分类也不例外。

(一)遵循体育本质原则

从体育的本质出发,是保证体育分类准确性的首要前提。体育是以增强体质、增进健康为直接目的,以身体活动为基本手段,促进人身心全面和谐发展的一种实践活动。只有把握了体育的本质特征,才能把体育活动与人的生产活动、生活活动以及艺术活动等区分开来,才能从宏观到微观,深入探讨体育系统内部的基本问题。

(二)遵循逻辑学原则

根据形式逻辑有关于概念的划分规则,要确保体育分类的正确性,必须遵循以下原则:

①分类的同一标准原则。每一次的分类只能按照一个标准进行,子项间不得互相包容,不能出现重叠或分类过宽的逻辑错误。

②分类的层次逐级进行原则。任何分类系统都有层次结构,各子层次的划分要保持在同一层次,子层次与母层次间则要处于不同的层次,以保证层次的逐级完整。

③分类的穷尽性原则。划分的各子项,其外延应互相排斥;各子项的外延之和,应等于母项的外延。

④分类的排他性原则。分类时,在母项划分后,各子项的外延或内涵应互不相容,不能相互重叠或交叉,不得造成概念和应用上的混乱。

二、体育的常见分类方式

长期以来,体育学界关于体育分类的标准并不统一,但多数分类会采用"三分法"或"二分法"。所谓"三分法"是指按照某种标准把体育从整体上分为三大类的分类方法。按照分类标准不同又可将"三分法"划分为传统"三分法"、目的"三分法"、区域"三分法"和文化层次"三分法"等分类方式。"二分法"就是基于体育的本质特征和概念分类的逻辑学原则,采用目的、职业、场所把体育分为两大类。(见表4.1)

表4.1　常见体育分类

分　类	分类依据	分类层次和内容
三分法	传统划分	学校体育、大众体育、竞技体育
	主要目的	竞技体育、健身体育、医疗体育
	实践区域	家庭体育、学校体育、社区体育
	文化层次	精英体育、大众体育、民间体育
	体育形态	体育教育、竞技运动、健身休闲
	活动区域与群体	学校体育、社区体育、职业体育
二分法	目的	健身体育、竞技体育
	职业	职业体育、业余体育
	场所	室内体育、室外体育

除此以外,还有其他许多种类的分类方式,例如:按地域划分,可分为亚洲体育、欧洲体育、美洲体育等;按人群划分,可分妇女体育、幼儿体育、青少年体育、老年体育等;按时限划分,可分为古代体育、近代体育、现代体育等;按阶层划分,可划分为宫廷体育、骑士体育、市民体育等。

三、体育分类的特点

(一)分类方式的多元化

由于体育的发展历史、本质特点、表现形式、价值功能以及研究者对体育的认知差别等原因,世界范围内体育的分类呈现多元化趋向,并没有统一的定论。

(二)分类标准的相对性

一方面,体育是一种极为复杂的社会现象,在规定的外延内,很难按统一的标准对各子项进行确切地划分,大多分类只是按不同的角度进行相对地划分。另一方面,由于时代局限性造成科学分类难以做到完美无缺,面对体育分类复杂的标准,完全做到科学划分还需要一定的时间。

(三)分类结果的特殊性

虽然有些分类结果并不科学,但在对体育的分类研究中,从体育的本质属性出发,结合历史沿袭和使用习惯,根据体育的目的、任务和作用,多采用整体综合的方法,这是由体育活动的多样化、体育作用的多重性和体育发展的交融性所决定的。

第二节　体育的基本构成

体育是人类创造的文化，它同人类其他形形色色的文化类型一样有其内部的结构、秩序、层次、功能和形态，并非杂乱无章的存在。对体育进行必要的分类，便是要从体育的纷繁复杂中厘清其内在的本质和规律。在我国体育研究中常常认定体育现象由学校体育、竞技体育和社会体育三部分构成。这种划分从体育分类上看属于"标准不一"，存在不合理性。但基于体育发展的现实，这种划分较全面地考虑到了体育领域的整体状况，以此来界定体育的构成又有其现实性和必要性。

一、学校体育

(一)学校体育的概念

学校体育是在以学校教育为主体的环境中，运用身体运动、卫生保健等手段，有目的、有组织、有计划地对受教育者施加系统影响，以促进其身心健康发展的教育活动。

学校体育的目的：开发学生的身心潜能，增强学生体质，增进学生健康，促进学生身心和谐发展；培养学生进行体育运动的态度、兴趣、习惯和能力，为终身体育奠定良好的基础；促进学生个体社会化，培养学生良好的意志品质。

我国当前的学校体育应坚持"以学生为本"的育人理念，坚持"健康第一"的指导思想，培养适应新时代要求的身心健康的高素质人才。

(二)学校体育的任务

1.增强学生体质，增进学生健康

各年龄阶段的学生正处于迅速生长发育的时期，应该有目的、有计划地通过各种体育活动促进他们身体的正常发育，使学生在身体形态、生理机能、身体素质和身体基本活动能力等方面都得到全面发展，增强学生对自然环境的适应能力和对疾病的抵抗能力。这不仅对青少年学生个体的成长具有重要作用，而且对改善和提高全民族的体质健康也具有深远的意义。

值得注意的是，研究发现，近30年来我国青少年学生的体质在某些方面出现了不同程度的下降，其中的原因固然是多方面的，但与我们学校体育工作也有一定的关系。因此，在今后相当一段时期内，增强学生体质、增进学生健康仍然是我们学校体育工作的一个重要

目标。

2.传授体育运动和卫生保健知识、运动技能和健身方法

学校体育本质上是系统地向学生传授体育文化的教育过程。一定的体育知识、原理和方法,不仅可以提高学生的体育认识和参加体育活动的积极性和自觉性,而且还可以为他们参与体育活动提供科学的指导,这些原理和方法将使他们受益终身。

3.培养对体育的兴趣、习惯和能力,为终身体育奠定基础

"终身体育"的指导思想是当前我国学校体育的主导潮流。终身体育实际上强调了人的一生包括婴儿期、幼儿期、少年期、青年期、壮年期、中年期和老年期各个发展阶段与体育的关联,这种关联又是通过家庭体育、学校体育、社会体育和个人自主体育这四者之间的紧密衔接来实现的,其无论是对个体的成长还是对社会的发展都具有非常重要的意义。终身体育既是现代社会发展的要求,也是体育的最终目标。

对体育的兴趣、爱好及养成体育锻炼的习惯,是形成终身体育的重要因素,也是实施终身体育的重点。学校体育和终身体育的联系,是通过"兴趣"和"能力"的桥梁来实现的。学校体育的重点更多地应该放在培养学生对体育的兴趣和能力上。在培养兴趣和能力的基础上,通过长期技术技能的学习,学生就会形成稳定的体育价值观和积极的态度。有了良好的体育价值观和态度,学生才能积极参与体育锻炼,并且终身受益于体育。学生可以因人、因时、因地创造性地选择适合自己的健身方法和手段,以满足他们终身体育的需求。

4.促进学生个性全面发展,培养健全人格

促进学生个性全面发展也是学校体育的重要目标之一。要结合体育的特点,在各种形式的体育活动中对学生进行品德教育,使学生的个性和人格得到全面发展。要通过体育提高学生的社会责任感和群体意识,培养他们热爱集体、遵纪守法、团结合作、勇敢顽强、创造开拓等优良品德,为将来适应社会生活奠定良好的基础。

5.发展学生的运动才能,提高学生的运动技术水平

学校是各种运动人才的摇篮,学校要善于发现有运动天赋和运动才能的学生,并在课余时间对他们进行运动训练,以提高他们的运动技术水平。有条件的学校,还应该组建具有本校特色和传统的高水平运动队,一方面可以丰富校园文化生活,另一方面也可以为高一级的运动队或俱乐部输送后备人才。

(三)学校体育的构成

1.体育课

体育课是学校体育的重要组织形式,是学生学习和掌握体育知识、运动技能的最基本的途径。按照我国《学校体育工作条例》规定,普通中小学校、农业中学、职业中学、中等专业学校各年级和普通高等学校的一、二年级必须开设体育课。普通高等学校对三年级以上的学生开设体育选修课。体育课是学生毕业和升学的考试科目。

随着我国新一轮课程改革的不断深化,体育课程的改革步伐明显加快,在"健康第一"

思想的指导下,体育课改名为体育与健康课,强化了目标体系和考核体系,淡化了课程内容的选择和具体安排。按照新课程标准,体育与健康课的内容主要包括七个方面:田径类、球类、体操类、水上或冰雪类、民族民间体育类、新兴运动类、体育保健知识类。像滑板、街舞等时尚运动也将进入体育课,学生可以自主选择自己喜欢和适合的项目。

2. 课外体育活动

课外体育活动是指在体育课以外的时间里运用各种身体练习和多种组织形式,结合自然能力和卫生保健措施,以增强学生体质,提高运动技术水平,丰富课余文化生活,养成良好生活习惯为目的的一种有组织、有计划的体育活动。它对巩固体育课所传授的体育知识和技能,提高学生的运动能力和对体育知识的运用能力,提高学生学习和生活的质量,培养学生自觉锻炼身体的意识等都有着重要的意义。

课外活动的内容丰富,活动空间较广,活动形式多样,活动方法灵活;课外活动组织以学生自愿为主,突出学生的主体性,体育教师参与引导和辅助,使其成为体育课堂重要的延伸和补充,并形成了独立的体系。在我国,目前课外体育活动主要有三类:①作息制度中规定的体育活动,包括早操、课间操、大课间体育活动、班级体育锻炼等;②全校性课外体育活动,主要有体育节、体育周、各种形式的体育竞赛活动;③校外体育活动,如本校组织的校外体育活动、校外有关部门组织的体育活动等。

3. 课余训练与竞赛

课余体育训练与学生体育竞赛,是学校体育工作的基本任务和重要工作,它是学校利用课余时间对部分有一定体育运动特长的学生进行体育训练,培养竞技能力,使他们的运动才能得以发展和提高的一个专门组织的教育过程。开展课余体育训练与竞赛,可增强学生体质,提高学校体育运动水平,丰富校园文化生活,培养体育人才,推动学校体育的发展。通过科学的课余体育训练,从中发现优秀运动员的苗子,通过多年的课余训练,打好思想、身体、技术、战术、心理的基础,为国家培养和输送优秀运动员,提高我国竞技运动水平,同时造就大批具有良好的思想品德和文化科学素质的体育人才,有效推动教育方针的贯彻执行。

课余体育训练不同于专业运动员培育系统,其具有业余性的特征。但是课余体育训练在保证训练时间持续性和项目相对系统性的基础上,能较为灵活地根据学生的实际情况进行合理安排,能够保证训练的基础性,是培养竞技运动后备人才的重要途径之一。

(四)学校体育的特点

1. 义务性和强制性

学校体育课程设置于义务教育中或其他各级各类学校教育中,学生在学校接受体育教学是一种义务,体育课程标准由国家规定,具有义务性。同时,学校体育是国家为了增强学生的体质,不断提高民族素质所采取的重要教育措施,每个学生都必须参与体育课、早操、课外体育活动等课程学习和教育措施,因此是强制性的体育。

2. 基础性和普及性

学校体育既是国民基础教育的重要组成部分,又是竞技体育和社会体育发展的基础,带有明显的基础性特征。又因学校体育的对象是重要的体育人口,规模大,因此,它与竞技体育和社会体育相比普及性更高。

3. 导向性和超前性

学校体育在发展过程中能够有意识地根据社会需要,充分发挥学校教育的优势影响体育受众,成为整个社会大体育系统的核心和导向。学校体育能及时地反映和总结当代体育的最新研究成果,并直接或间接地影响竞技体育、社会体育,具有一定的超前性。

4. 开放性和发展性

教学科学发展的前瞻性使学校体育具有开放特性,更易吸收其他体育系统的优点和长处。学校体育在不断汲取外界养分的情况下,总是充满活力,保持着持续的进步和发展。

【前沿话题】

美国 SPARK 课程

1989 年 6 月,一个研究小组从"美国国家健康研究所"获得了一笔研究经费,开始改革、实施和评价小学的体育教学。该研究小组从当时美国已经比较普遍的学生肥胖问题入手,提出通过运动、玩耍和休闲娱乐活动的方式进行体育教学改革,以促进学生终身健康,由此便诞生了"The Sports,Play and Active Recreation for Kids Programs",其中文名是运动、游戏和休闲娱乐活动课程。从名字中我们不难看出,SPARK 不仅是一门体育课程,而且还是将游戏、休闲娱乐与体育运动结合在一起的综合课程。也正因为这个特点,该课程才会让众多孩子在短短几十分钟的体育课上爱上运动。SPARK 主要由三大板块构成:第一板块是学校体育活动,第二板块是把教师变成更有效的体育活动的引导者,第三板块是设计校外体育与健康活动计划。

SPARK 课程通过为小学生和体育教师提供课程、专业培训、跟踪支持和仪器设备等服务,帮助学生形成健康的生活习惯、良好的运动技能以及提高个人社会交往能力。1993 年 SPARK 被授予彼得·维尔森和阿诺德·施瓦辛格的"官员荣誉奖"(Governor's Commendation Award),并成为美国联邦教育部建议推广的示范项目,到目前为止,全美已有 22 个州的 3 500 多所学校参与了该项目,并得到教育界和社会各界的普遍认可。在短短 20 年时间里,SPARK 这颗新星的兴起,无疑给美国的中小学体育课程改革带来了新的生命力。

面对 30 年青少年体质持续下降的现实状况,SPARK 课程给我们的学校体育教学带来了怎样的启发和思考呢?

(资料来源:范晓萍,汪晓赞,王健.美国 SPARK 课程对我国小学体育课程改革的启示 [J].体育成人教育学刊,2014,30(1):80-83.)

二、竞技体育

（一）竞技体育的概念

竞技体育是指在全面发展身体，最大限度地挖掘和发挥人（个人或群体）在体力、心理、智力等方面的潜力的基础上，以攀登运动技术高峰和创造优异运动成绩为主要目的的一种运动活动过程。竞技体育是一种制度化、体系化的竞争性体育活动，具有正式的历史记载和传说，以通过打败竞争对手来获取有形或无形的价值利益为目标，在正式组织起来的体育群体的成员或代表之间进行，强调通过竞赛来显示体力和智力，在对参加者的职责和位置作出明确界定的正式规则所设立的限度之内进行。

（二）竞技体育的任务

首先，挖掘人的潜能，提高运动水平。竞技体育通过长期、系统的科学训练，挖掘人的潜能，提高运动技术，以"更高、更快、更强"为追求，不断地超越人类自身。其次，满足社会文化需求。竞技体育由以娱乐为主的竞争性游戏发展而来，它可以为人们提供娱乐性和观赏性的比赛内容，满足社会大众的文化需要。再次，推动体育产业的发展。竞技体育是体育产业的重要构成，其任务之一是促进人类消费结构的改变，为推动体育事业发展和社会经济的繁荣作贡献。

（三）竞技体育的构成

1. 运动选材

运动选材是根据不同项目的特点和要求，用现代科学的手段和方法，通过客观指标的测试，全面综合评价和预测，把先天条件优越、适合从事某项运动的人从小选拔出来，以便进行系统的培养，并且不断地监测其发展趋势的过程。选材工作要分层次与阶段跟踪进行，根据不同时期选材工作任务的不同，可将选材分为三个阶段，即初选、复选和优选阶段。选材成败受被选对象的个人条件、选材的环境和管理因素制约。由于选材与竞赛成绩密切相关，所以，当前竞技体育领域对选材问题的重视达到了前所未有的程度。

2. 运动训练

运动训练是为了提高运动员的竞技能力和运动成绩，在教练员的指导下，专门组织的有计划的体育活动。提高运动员的竞技能力和运动成绩是运动训练的目的。其中，运动训练的直接目的是提高运动员的竞技能力。为达到运动训练的目的，运动员要接受身体形态、身体机能、身体素质、技术、战术、心理能力和智力等全方位的训练。现代条件下的运动训练除教练员和运动员外，还有科研工作者、医生、服务人员等参与者。只有遵循训练规律，科学地制订并认真执行运动训练计划，才能取得良好的运动训练成果。

3. 运动竞赛

运动竞赛是在裁判员的主持下，按统一的规则要求，组织与实施的运动员个体或运动队之间的竞技较量，是竞技体育与社会发生关联，并作用于社会的媒介。其中创造优异的运动成绩是运动竞赛的基本特性。运动员通过运动训练所获得的不断提高的竞技能力,只有通过运动竞赛的形式表现出来,才能得到社会的承认,满足社会成员的需要。完整的运动竞赛由运动员、教练员、观众、裁判员、竞赛组织管理者、竞赛规程与规划、场地与器材等要素构成。现代运动竞赛形式多种多样,为体育事业的蓬勃发展增添了夺目的光彩。

(四)竞技体育的特点

1.竞争性

竞技体育中的"竞"是指比赛和竞争,"技"是指运动技艺。运动员参加比赛的能力,称为竞技能力。竞技体育是运动员较量竞技能力的体育活动,激烈的竞争性就成为竞技体育区别于其他体育活动的最本质的特点之一。竞技体育的参加者总是力求最大限度地发挥自己的潜能去战胜对手,争取比赛的优胜。竞争性是竞技体育不断发展的推动力,它增加了比赛胜负的不确定性,使得竞技体育更具魅力。

2.公平性

竞技体育的竞争应是在公平的条件下进行。也就是说,竞技体育比赛应该合情合理,不偏袒任何一方的参赛者。没有公平竞争,竞技体育就失去了存在的价值。为保证运动员公平公正地进行竞争,首先要制定出体现公平并为公众所认可的竞赛规则。同时,竞赛的组织者要对比赛项目、时间、地点、场地器材、运动员的参赛资格、运动员的参赛行为以及比赛组织裁判工作作出公平而明确的规定。

3.规范性

现代竞技体育的发展,要求运动员必须具有高度完美的技艺,否则就难以取得比赛的胜利。高度的技艺性是竞技体育赖以存在的基础,但高度的技艺又是以对技术、战术和各种训练的规范性要求为前提建立起来的。竞技体育的规范性还表现在各个竞技体育项目的竞赛规则、竞赛规程等制约机制的规范性和竞技体育全方位管理的规范性等方面。竞技体育的规范性是其不断壮大并愈益国际化的基本条件。

4.协同性

竞技体育是一种高度组织化、协同化的群体行为。竞技体育每一个目标的实现,都是以运动员、教练员为主体的有关人员通力协作的结果,是科研人员、管理者、队医等全力配合的结果。在集体运动项目中,这种协同性表现得更加突出。竞赛活动的进行,不仅需要运动员、教练员与裁判员彼此之间的默契配合,还需要参赛单位、竞赛主办者、观众等各方面的相互理解与合作。

5.公开性

现代信息技术与传媒的发展,使重大比赛活动能同时吸引全球数以亿计观众的关注。竞技体育具有比一般社会活动更为公开的特点。新的运动技术和训练方法都无一例外地必须在比赛中公开展示,这些技术与方法将成为人类共享的财富。正是由于竞技体育的这种公开性,才促进着竞技体育的不断创新和发展。正因为如此,竞技体育才受到社会舆论的监督而保持良性运行的机制。

6. 娱乐性

竞技体育项目大多是从以娱乐为主要目的的游戏发展而来的。现代竞技体育日益增强的竞争性,加上对竞技体育的商业化操作,大大增强了竞技体育的观赏娱乐性。不仅参加者可以通过表现自我并战胜对手而获得胜利的喜悦,而且观众也可以通过观看体育比赛,从日常紧张的工作和生活中解脱出来,获得一种轻松的感觉和美的享受。竞技比赛呈现的人体的美感、力量和拼搏精神都给人极大的振奋和鼓舞,观看体育比赛已经成为广大群众业余时间最好的休闲方式之一。

7. 功利性

由于锦标的存在以及锦标背后承载的其他内涵,对于参与竞技运动的运动员来说,竞技体育不再像游戏和娱乐那样,仅仅是为了个人消遣和娱乐。竞技体育的功利性能引导他们获得相应的社会地位和经济地位,也成为他们生活中艰苦和压力的源头,给身心带来高度的紧张。正由于这一特征,带来了世界范围内职业体育的空前繁荣。

三、社会体育

(一)社会体育的概念

社会体育是指在闲暇时间里,居民自愿参加的以增强体质、增进健康、增添生活情趣为主要目的的自主性体育活动。社会体育作为人生活方式的一部分,是社会文化的重要组成部分,它的本质是丰富整个社会的文化生活,促进人的全面发展。社会体育与竞技体育和学校体育最大的区别就在于,社会体育以居民自愿参加体育活动为其基本特征。社会体育是一种普遍的社会现象,它的对象是全体社会成员,其范围遍及整个社会。

(二)社会体育的任务

社会体育以全体社会成员身心健康的提高为目的,主要承担以下任务:增进社会成员的身心健康,增强体质,提高全民族身体素质;实行社会体育管理体制改革,完善社会体育法规体系和体育公共服务体系;将社会体育纳入社会主义市场经济体系,扩大社会体育资源;扩大社会体育交流,丰富社会文化生活,推动整个社会的精神文明建设发展。

(三)社会体育的构成

社会体育是个宏大的系统,按照不同的标准可以有不同的分类方式,我们通常按社会成员从事体育活动的场所大致将之分为以下三类。

1. 社区体育

社区体育主要指在人们共同生活的一定区域内(相当于街道、居委会辖区范围),以辖区的自然环境和体育设施为物质基础,以全体社区成员为主体,以满足社区成员的体育需求、增进社区成员的身心健康、融合社区感情为主要目的,就地就便开展的区域性体育活动。由社区居民自主进行的简便易行、广大群众喜闻乐见的多种多样的身体锻炼活动。具有自主性、公益性、多样性、有趣性和服务性等特点。对丰富居民文化生活,提高生活质量,交流邻里感情,改善人际关系,促进社区繁荣发展等都有重要意义。

2. 企业体育

企业体育是指在企业中开展的,以企业职工为运动主体的,以健康、休闲、娱乐为主要目的的身体锻炼活动。形式有工前操、工间操、小型多样的竞赛和简易运动会等。企业体育是建设现代文明企业的重要手段,其目的是增强企业的凝聚力,振奋企业精神,增强企业活力和劳动者身体素质,提高劳动生产率。

3. 农村体育

农村体育是指在县以下的广大农村开展的,以农民为主要参加对象,以增强体质、丰富社会文化生活为主要目的的群众性体育活动。按照我国习惯,县以下的体育工作,统称为农村体育工作。农村体育是我国体育事业的一个重要组成部分,是农村文化建设的重要方面。大力发展农村体育,关注农村民众的身心健康是今后我国社会体育工作的重心之一,有着十分重要的现实意义。

(四)社会体育的特点

1. 健身性与娱乐性

社会体育是亿万群众参与的体育活动。人们在自愿、自主的基础上,通过直接的身体运动过程,达到强身健体、愉悦身心、陶冶情操、交友合群的效果。健身性与娱乐性是社会体育最本质的特点,也是社会体育区别于其他体育和文化活动的显著特征。

2. 全民性与普遍性

社会体育可以满足人们不同层次的需要,因此,不同年龄、性别、职业、爱好,不同体质与健康状况的人,在一定条件下都能在社会体育中找到适合自己的运动项目。社会体育对象的全民性,决定了社会体育的普遍性。因为无论何处,只要有人群,就会有人的生存、发展、享受的需要,就需要社会体育去满足这些需要。

3. 余暇性与主动性

社会体育是人们在除工作学习、生产劳动、饮食睡眠、家务劳作以外的余暇时间里从事的一种活动。这种活动不带有任何强制性,人们可以根据自身的兴趣爱好和活动条件,自主选择活动时间、地点、形式和内容。

4. 多样性与灵活性

我国幅员辽阔、民族众多、经济文化发展不平衡的现状,决定了人们体育需求的差异性,决定了社会体育活动内容和形式的多样性和灵活性。只有因地、因时、因人制宜,采取丰富多彩的体育活动形式和内容,才能满足人们的不同体育需求,推动社会体育持续发展。正因为如此,我国人民才在长期的体育实践中创造了丰富多彩的民族体育形式。

5. 公益性与社会性

社会体育事业作为一项关系全国人民体质与健康的事业,带有很强的公益性。因此,必须加强发展和管理社会体育事业的政府职能,为广大人民群众提供社会体育公共物品,满足公民的基本体育需求。同时,也必须依靠市场和社会中介组织、民间非营利组织等所谓"第三部门"来提供社会体育资源,满足人民群众日益增长的多层次、多样化的体育需求。

四、体育构成要素间的关系

学校体育、竞技体育和社会体育之间存在着相互作用、相互影响的关系(见图4.1)。学校体育是社会体育和竞技体育发展的必要基础,学校体育又和社会体育一同承担着"普及"的重任。社会体育和竞技体育同为学校体育的延伸,但竞技体育却是一种在学校体育和社会体育基础上的"提高",反过来影响着学校体育和社会体育的发展。总之,三者缺一不可,互相依存。

图4.1　体育构成要素间的关系

(王莉,2005)

(一)学校体育与社会体育

学校体育是社会体育的基础。学校教育的对象——学生,是社会的当然体育人口,他们在学校掌握的体育技能与知识,特别是良好体育习惯的养成,对社会大众"终身体育"观念的促成有着重要的作用。同样,社会体育是学校体育的延续。学校体育需要社会体育来强化和推动。良好的社会体育发展氛围对于学校体育的促进作用不言而喻,两者只有衔接互补才能真正实现体育对社会成员身心健康的影响。

(二)学校体育与竞技体育

学校体育是竞技体育的摇篮。竞技体育人才的发掘和体育运动技术的培训往往从学校体育起步,数以亿万计的学生群体成为竞技体育人才选拔的重要基础。"体教结合"必然是将来竞技体育人才培养模式的不二选择。学校体育需要竞技体育的参与。竞技体育是一种提高社会道德水平的规范文化,竞技体育倡导的公平、公开、民主、协作、团结、友爱、拼搏、奋进等道德规范和精神价值为学校体育文化的构建以及学校体育参与者的成长有着重要意义。竞技体育对人的教育、对人的社会化、对个性的发展和培养都有着积极作用,并且竞技体育具有丰富的文化内涵,应该成为学校体育的重要内容。

(三)社会体育与竞技体育

社会体育是竞技体育成功的基石。体育运动项目的社会开放度,体育人口的绝对数量,社会范围内体育爱好者和支持者对竞技体育的关注和热情对竞技体育的发展至关重要。可以说,良好的社会体育基础是一个国家或地区竞技体育登上高峰的必要基础。竞技体育是社会体育的推动力。竞技体育赛事、竞技体育明星所具备的巨大影响力会给社会成员的体育参与形成重要的推动力。

本章小结 — 　　本章在遵循体育本质和逻辑学的要求的基础上对体育进行了相对的分类，并总结了体育分类的三个特点；在科学分类的基础上，根据体育发展的现实状况，将体育构成划分为学校体育、竞技体育和社会体育三个基本组成部分，分别阐释了三个部分的概念、构成、任务和特征，并对体育构成要素之间的关系进行了论证。

回顾与思考 — 1.体育分类有哪些特点？

2.学校体育的主要任务是什么？

3.如何理解学校体育、竞技体育和社会体育的关系？

知识拓展 — 　　在我国，为推动学校体育、竞技体育和社会体育的协调发展，国务院及相关部门分别制定了相应的法律和法规加以保障，其中《学校体育工作条例》《奥运争光计划纲要》和《全民健身计划纲要》的制定与颁布具有重大意义。

　　《学校体育工作条例》是我国制定的学校体育工作的法律性文件。1990年2月20日经国务院批准，原国家教委、原国家体委于5月14日联合发出《关于实施〈学校体育工作条例〉的通知》，旨在保证学校体育工作的正常开展，促进学生身心的健康成长。

　　《奥运争光计划纲要》由原国家体委制订，最早于1995年7月6日颁布实施。目的是为了适应社会主义市场经济的发展，顺应国际竞技体育发展趋势和规律，对我国竞技体育的发展目标、规模、重点、质量及措施实施全方位、多层次、全过程的系统管理与控制，使竞技体育高效、快速、健康发展，有利于运动员夺取更大成绩，赢得更大荣誉。《奥运争光计划纲要》是滚动式计划，不是一次完成的，而是与国家整体发展规划相匹配的。

　　《全民健身计划纲要》由国务院于1995年颁布实施，是国家发展社会体育事业的一项重大决策，是20世纪末和21世纪初我国发展全民健身事业的纲领性文件。目的在于更广泛地开展群众性体育活动，增强人民体质，推动我国社会主义现代化建设事业发展。

第五章
体育手段

【学习任务】

本章系统阐释了体育手段的概念和特征;让学生理解身体运动的要素基本构成及身体运动各要素的生物力学特征;引导学生在掌握体育运动技术科学知识的基础上促进体育运动技术水平的提高;介绍了几种常见身体运动项目的特点、功用和发展历史。

【学习目标】

1. 能够掌握体育手段的概念和特征。

2. 能够对身体运动的要素作清楚地阐释,并能对身体运动的效果作出正确评价。

3. 能够准确地理解体育运动技术的定义、构成和影响因素。

4. 能够把握几种常见体育运动项目的特点和功用。

【学习地图】

体育手段概述→身体运动→运动技术→常见体育运动项目

体育与其他身体运动的根本区别在于它是有目的地通过身体的系统练习等手段来实现人的身心健康。这些有目的的体育手段有其内在的特征、功能和构成要素,对它们的准确把握是提高人的身体运动水平和体育运动技术的关键,也是我们更好地使用体育改造自身的必要前提。

一、体育手段的概念和特征

(一)体育手段的概念

《现代汉语词典》关于"手段"的定义是"为达到某种目的而采取的具体方法"。因而,广义上来说,体育手段是指以增进人的身心健康为目的而采取的各种体育运动项目和锻炼身体的方法。狭义的体育手段则是指有目的性的某一种具体的运动动作、身体活动或身体练习。

(二)体育手段的特征

1. 历史性和时代性

体育手段是在社会发展过程中,不断创造和丰富起来的,是人类为满足自身需要而创造的具有文化价值的精神财富。在不同时代,体育手段总是反映出当时人们的需求和社会的一般发展水平,它与人类的生产和生活有着密切联系。随着生产力的逐步发展和社会条件的逐步变化,体育手段也必然与时俱进。同时,不同社会的体育手段均具有该社会所特有的时代特征。自从人类进入科学技术高度发展的现代社会,由于生产力的高度发展,人们的物质生活与精神生活发生了深刻的变化,各种具有时代特色的体育手段也应运而生。

2. 民族性和国际性

世界上不同民族,在政治、经济、文化、习俗等方面都有各自的特点,体现出鲜明的民族特色。西方民族崇尚自然,鼓励竞争,宣扬个人价值,彰显民主精神,其体育手段以冒险、竞技和攻击为主要特征却又体现规范、规则和公平竞技,为奥林匹克文化的诞生积淀了肥沃的土壤。中华民族世代生活在以农耕为主的农业社会里,受到相对封闭的生存环境和传统的儒家文化的深刻影响,其体育手段显示出养生、休闲和娱乐等基本特征。各民族间的文化差异体现在体育手段上也千差万别。然而,民族是一个历史范畴。随着现代社会经济全球化发展,在世界范围内,国家和民族之间的交流会日益频繁。体育手段也由"民族"走向"世界",成为全人类共同的文化财富。

3.生物性和社会性

人体作为一个规律性极强的生命系统,任何体育手段都具有使人产生生物适应性变化的功能,从而达到促进人体生长发育,增强体质和提高健康水平,提高身体运动能力等生物学目的。体育手段的生物性是其不断发展和完善的基础,是其实现体育目标的主要依据。同时,体育手段与社会的政治、经济、文化和科技发展水平密切相关,不同时代的体育手段总是反映该时代人们的需求水平,是社会文明程度的标志之一。随着社会经济的发展和人们生活水平的提高,体育正在成为人们日常生活的一部分,各种形态与功能的体育手段将会越来越丰富,以满足人们对体育日益增长的社会需求。

4.地域性和开放性

体育手段的产生、普及和发展,总是与其所处的地理环境、自然条件、区域经济和民族传统等特点密切相关。比如,寒冷地区的国家和地区,冰雪项目开展得较为普遍,而气候炎热、水域较多的国家和地区,水上运动就较普及。同时,由于人的社会需求是一个不断增长的过程,体育手段也必须具有开放性,适应人的社会需求,不断地创新和发展。

二、体育手段的分类

按不同的项目计算人类历史中创造出的体育手段有数百种之多,按照不同的分类规则可以将之进行不同的分类。如苏联将体育手段分为游戏、体操、竞技和旅行四类;美国将体育手段划分为自然运动和非自然运动两大类。在我国则多根据体育手段的目的将体育手段分为健身类体育手段、健美类体育手段、竞技类体育手段、休闲娱乐类体育手段和极限冒险类体育手段五类。

(一)健身类体育手段

健身类体育手段的目的是为了运动健身、体育保健或者预防疾病。这类体育手段的身体动作较为轻缓、简单,不追求运动强度,如健身走、健身跑、简单徒手或器械体操以及太极拳、养生气功等类型。健身类体育手段练习简便,入门容易,对保持体能、延缓衰老、预防和治疗疾病有极大帮助,在现代社会条件下已越来越受到人们的重视。

(二)健美类体育手段

健美类体育手段主要通过体育锻炼达到强健肌体、健美体型,从而展示人体美感。它具有动作协调、灵活、美观的特点,多以力量训练和形体梳理为方式,如艺术体操、健美操、体育舞蹈、花样滑冰等。随着社会生活水平的提高,人们对于自我形体外观的重视程度超越以往,近年来健美类体育手段发展非常迅速,已经成为当前体育产业最为注目的领域之一。

(三)竞技类体育手段

竞技运动项目是一些具有竞赛性的、按照严格的规则要求进行的运动项目,它是竞技体育的基本内容。现今世界上所开展的竞技运动项目是社会历史发展的产物。早在公元前700多年的古希腊,就出现了赛跑、投掷、角力等,竞技运动项目发展至今已有数百项之多。这些人类所创造的具有文化价值的精神财富,是实现体育目标的重要手段。

竞技运动项目有田径、体操、球类运动、水上运动、冰雪运动、重竞技运动等。依据项群理论,可将众多的竞技运动项目分为不同的运动项群,包括体能类速度力量性项群、体能类耐力性项群、技能类表现唯美性项群、技能类表现准确性项群、技能类隔网对抗性项群、技能类同场对抗性项群和技能类格斗对抗性项群等。由于具备了完备的规则,便于组织化的开展,竞技类体育手段在当今社会应用得十分广泛。

(四)休闲娱乐类体育手段

休闲娱乐类体育手段具有趣味性、游戏性、轻松娱乐性的特征,符合普通大众的体育参与需求,对于放松心情、调节精神、丰富闲暇生活具有重要意义。面对现实生活的高强度和快节奏,这类体育手段已经成为人们回归自然、体验运动快感和调节心理压力的重要途径。在社会经济稳步前行的今天,休闲娱乐类体育手段有了极大的发展空间。

(五)极限冒险类体育手段

极限冒险类体育手段的目的在于展示人类某些特殊的运动技术或技能,通过具有一定冒险性质的身体运动来挑战自然界或人造外部环境,满足战胜自我、挑战自然的精神需求和身心体验,培养人在极端环境下的生存本领。如热气球、滑翔伞等空中运动,极速漂流、帆船航海等水上运动,户外探险、徒步穿越等陆上运动。此类体育手段具有一定的风险性,因此又被称作"勇敢者的运动",近年来发展极快。

跑酷(Parkour)运动是时下风靡全球的时尚极限运动,参与者以日常生活的环境(多为城市)为运动场所,依靠自身的体能,快速、有效、可靠地驾驭任何已知与未知环境的运动艺术。跑酷爱好者称这项激烈、惊险、刺激的运动是一种"探索人类潜能,激发身体与心灵极限的哲学"。

身体运动

一切体育活动都是以人的身体运动为基本前提。身体运动有其分类方式,有着特定的构成要素,表现出一定的运动生物力学特征,从特定的角度可以对身体运动进行质量和效果的评价。

一、身体运动的概念

身体运动是运动者为达到体育目的,按照人体运动的客观规律和体育法则、要求而进行的有意识的、主动的各种运动动作的总称。身体运动是体育手段的最基本内容,是针对人体运动系统而言的一种有意识、有组织的运动,是实现体育目的并体现体育本质功能的最基本的手段。

二、身体运动的分类

分类是人类认识世界最基本也是最常用的方法之一,以不同的标准可以对身体运动作以下分类:

按照人体基本活动形式分类,可以将身体运动分为走、跑、跳、投、悬垂、支撑、攀登、爬越、平衡等。

按照人体解剖结构分类,可以把身体运动分成上肢运动、下肢运动、头颈运动、腹背运动、全身运动等。

按照生物力学运动形式分类,可以把身体运动分为平动、转动、鞭打等。

按照人体生理学的代谢形式分类,可以把身体运动分为有氧运动和无氧运动。

三、身体运动的要素

身体运动通过分解可确定为身体姿势、身体运动轨迹、身体运动时间、身体运动速率、身体运动速度、身体运动力量和身体运动节奏七个要素。身体运动水平的展现正是来自于七种要素的组合形态。

(一) 身体姿势

身体姿势是指身体和身体的各个部分在整个动作过程中所处的状态和位置。它属于动作的空间特征,一个完整的动作一般有开始姿势、动作过程中的姿势和结束姿势。

1. 开始姿势

开始姿势是指动作开始时,身体和身体的各个部分所处的准备状态。如短跑的起跑姿势、射击的举枪动作、体操的开场造型都属于开始姿势。开始姿势具有不同的作用和意义,如有的开始姿势是规则本身所要求的,有的开始姿势可以使注意力高度集中,有的可以使身体处于最有利的位置,有的则有利于加长工作距离,有的有利于取得最快的速度,有的则能加强动作的美感。因此,为了使动作的开始姿势更加有利于提高动作的质量,开始姿势必须要符合运动生物力学、运动解剖学、技术、规则或美学的要求。

2. 动作过程中的姿势

动作过程中的姿势是指在完成动作的过程中,身体所处的相对静止状态。如游泳运动员在游泳过程中身体的水平姿势、跳高运动员过杆的姿势、篮球运动员的投篮动作等,这些姿势一定要注意减少外界的阻力,要在有利的方向上为身体的加速度创造条件。而那些不仅仅以高度、远度、时间表示动作的效果的身体练习,如跳水、蹦床、艺术体操等,则更需要通过对动作的协调性、难度、准确性、稳定性、优美性等外部表现(即姿势)的评定来评价动作的质量,对于这样的动作,其动作过程中的姿势自然就更具有重要意义了。

3.结束姿势

结束姿势是指在动作结束时,身体及身体各个部分所处的状态和位置。结束姿势对于防止犯规和受伤具有重要意义,如体操运动员的落地动作。某些动作的结束姿势具有美学价值,如艺术体操和花样游泳结束的造型。

(二)身体运动轨迹

身体运动轨迹是指身体或身体某一部分在做动作时移动的路线。它属于动作的空间特征。运动轨迹可以指整个身体重心的轨迹,也可以是身体某一点的轨迹。动作的轨迹包括形式、方向和幅度。

1.身体运动轨迹的形式

身体运动轨迹的形式可分为直线运动和曲线运动。直线运动是指身体或身体某一部分沿一定的方向移动,但由于人体是一个由许多关节和轴构成的复杂整体,它的动作轨迹,实际上很少有绝对的直线运动,往往伴随着一些旋转运动和弧形动作,如武术的冲拳。曲线运动的方向是不断变化的。曲线运动有转动,即人体各部分沿某一中心点或转轴旋转,像单杠的大回环动作、花样滑冰的原地旋转动作都是整个人体的旋转。也还有身体某一部分——臂或腿围绕一定的中心和轴的转动,如臂绕环、踢腿等动作。曲线运动的另一种形式是抛物线,凡身体有腾空的动作,其轨迹都是抛物线。如跳远、跳高、跨栏等。不同的动作,抛物线的方向、长度和形状各不相同,如跳远、跳高和三级跳的抛物线形式就很不相同,分析这些抛物线的特点是进行技术分析的一个重要方面。

2.身体运动轨迹的方向

人体的运动是在一个三维立体空间里进行的,动作的方向以矢状面、额状面和水平面三个面把动作的方向分成上下、前后、左右六个基本方向。

3.身体运动轨迹的幅度

运动的幅度是指活动范围的大小,一般用角度和长度(弧)来表示,如步幅的大小。动作的幅度取决于关节的灵活性和韧带、肌肉的弹性。动作的幅度并非越大越好,而要根据各种不同动作的要求来掌握,如鞍马全旋的幅度越大越好,而排球的快球和乒乓球的快速推挡,动作幅度则都要求小而快,短跑的步幅要适当,步幅过大会影响频率,步幅过小会影响速度。

(三)身体运动时间

身体运动时间是指完成动作所需的时间,或者说是动作所持续的时间。动作的时间往往是完成动作的质量和运动成绩的标志。动作的时间又是调节运动负荷的一个因素,通过延长或缩短动作的时间可以加大或减少运动负荷。对某些动作来讲,持续时间的长短,直接关系到该动作完成与否,如举重时杠铃举起后所持续的时间,吊环十字悬垂动作持续的时间,健美操中的手臂支撑,等等。

(四)身体运动速率

身体运动速率又称动作频率,指周期性动作在单位时间内重复的次数,它属于时间特征。在一定时间里,动作重复的次数越多,速率越大。动作速率是决定移动速度的重要因素,在步幅相对不变的条件下,速率越大,速度越快。因而速率又是调节运动负荷的一个因素。在时间相对不变的条件下,速率越大,练习的强度也就越大。在运动训练中,人们往往通过调整动作的频率来调节运动负荷。

(五)身体运动速度

身体运动速度是指在单位时间里,人体在空间的位移。它是由身体或身体某一部分移动的距离和在该距离内所花费的时间来确定的,通常以米/秒为单位。它属于空间—时间特征。运动的速度又分为匀速和变速。

运动速度有整个身体移动的速度和身体某一部分移动的速度。整个身体移动的速度,不仅有赖于身体个别部分动作的速度,而且有赖于其他一系列因素,如肢体的长度、肌肉的力量、神经反应的灵活性以及外界的阻力和助力,比如球类运动员在比赛中的反应速度在很大程度上取决于运动员神经反应的灵活性。

运动速度对运动成绩有特别重要的作用。不同的动作有不同的速度要求,多数动作是要求快速,如跑的速度、投掷出手的速度、足球射门的速度等。但也有一些动作则要求中速甚至慢速,如花样滑冰中的慢节奏动作,体育舞蹈中的慢三、慢四,都不要求动作快速。所以,研究动作必须明确动作的速度要求,用最适宜的速度去完成各种不同的动作,才能提高动作的质量和效果。

(六)身体运动力量

身体运动力量是指身体通过肌肉运动完成动作克服阻力的能力。力量是人体运动的基础,它属于动力学特征。动作的力量受人体自身内部力量的影响,也受各种外部力量的影响。任何一个动作的力量都是内力和外力相互作用而产生的,而人体的内力起决定性的作用。

1.内力

内力是指人体各部分之间相互作用下产生于身体内部的力,主要包括:由运动器官的肌肉收缩所产生的拉力;由于关节囊、韧带和肌肉的弹力所产生的阻力;在完成加速度动作的过程中所产生的身体各环节相互作用的反应力。其中肌肉的拉力在人体运动的所有内力中是最主要的力。肌肉做功就是通过它收缩所产生的拉力来完成的。

2.外力

外力是指在动作过程中,外界作用于人体的力,主要包括:人体或器材所受的重力(地心引力),这种力量的方向总是朝向地心的;器械对人体的支撑反作用力;来自客观环境的阻力,如空气和水的阻力,对手的对抗力,人体移动和静止时惯性的作用力。

(七)身体运动节奏

身体运动节奏是动作的快慢,用力的大小,肌肉收缩、舒张与时间间隔的长短合理交替的一种综合特征。它既具有时间特征、空间特征,也具有动力学特征,是一种综合性特征。

动作的节奏在整体上联系着动作的各个环节,节奏的合理标志着动作的力量、时间间隔比较得当,能保证动作协调、省力、效果好,符合技术的要求。因为任何动作都不可能一直使肌肉紧张,必须要有紧张(收缩)与舒张(放松)的交替,工作与休息的合理交替。正确的节奏就应使最大的肌肉用力集中在最需要用力的环节上,如游泳的收、翻、蹬、夹,要把最大力量用在夹和蹬上,这样动作加重阶段的强度较大,动作的效果就较好。相反,动作节奏的破坏会招致整个动作变形,以致失去它应有的效果。

四、身体运动的运动生物力学特征

身体运动的各个要素是相互影响、相互交织的,它普遍存在于各种动作之中。对身体动作的要素进行具体分析,可以得出这样的结论:人的所有动作都是在一定的时间和空间里进行的。动作要素中的身体姿势和运动轨迹,较明显地表现出动作的形式,反映了练习的空间特征。动作的时间和速率表现了动作的时间过程,反映了动作的时间特征。动作的速度表明动作是在一定的空间与时间里进行的,反映了练习的时间、空间特征。这些可统称动作的运动学特征。

从运动生物力学的角度来看,各个动作要素都反映了不同的动作特征(图5.1)。力量是人体运动的基础,人体的一切运动都是人体内力和外力相互作用的结果,力量要素称为动力学特征。节奏是动作的时间、空间和力量互相配合的集中表现,反映了动作的综合性特征。所以,动作的七个要素可分为运动学(时间、空间、时间与空间)特征、动力学特征和综合性特征三个方面。

图5.1　身体运动要素的运动生物力学特征(引自叶加宝等,2005)

五、身体运动质量与效果评定

身体运动的质量和效果从不同的角度有不同的评定方式。总体而言,结合身体运动要素、运动生物力学特征、人类审美情趣等因素,我们对身体运动作评定时可以遵循以下五个原则。

(一)动作的准确性

对动作准确性的评定可以从三个方面进行把握:

①从技术上看动作是否符合既定的技术规格要求,如动作规定的幅度、时间等;

②从动作所要达到的目的上看,如投篮命中率、射门的进球数、射击的靶数等;

③从动作的形式上看是否准确地完成了规定的动作要求,如体操、跳水等的规定动作都必须严格准确地按规定去做。

(二)动作的经济性

所谓动作的经济性就是要把动作做得好而省力,在做动作的过程中,尽量减少时间和能量的消耗,这就必须要动作熟练、准确、协调,没有多余动作,而且力量的分配要恰到好处。动作的经济性是动作准确性和协调性的综合体现。

(三)动作的有效性

动作的有效性是指动作的完成要符合完成动作的目的,而不是华而不实。如摔跤,动作正确,但无法将对手摔倒或得分。完成的动作是否有利于增进健康、增强体质,是否有利于提高运动技术水平都是动作有效性评价的重要指标。

(四)动作的缓冲性

动作的缓冲性是指动作完成时对冲击力的缓冲、控制能力。在很多的动作完成过程中,要减缓来自对手和器材(如摔跤、接球等)的打击力量,以保证动作的完成和避免受伤;减弱人体向前的推动力和落地时的冲力,以防止犯规和受伤;动作的缓冲性还可以加强动作的美感,如健美操中的弹簧步,可使运动更加轻盈优美。

(五)动作的美感

动作的美感是指动作的完成要符合美学的要求,在体育实践中,动作的美感常常通过动作的造型、弹性、力度、协调、节律等形式表现出来。运动的美感通常是以动作的准确性为基础,但准确的动作并不能代表动作的美感。

第三节 运动技术

运动技术是一门特殊的技术,有其稳定的基本结构,并受到内部和外部环境的多重影响,在长期的实践活动中,我们可以清楚地掌握运动技术学习过程中存在的客观规律。

一、体育运动技术的概念

体育运动并非简单的身体动作姿态,它有自己的规范和模式,并带有极强的目的性。人们在进行体育运动时能明显感受到体育动作的个体差异,这实际正是体育运动中蕴含着的某种技术成分。我们把为了达到某种具体的体育目的而完成身体运动的合理有效的方法叫作体育运动技术。

二、体育运动技术的基本结构

(一)技术基础

技术基础是根据动力学、运动学和节奏的要求,按照一定的顺序排列起来的各种技术环节的总称,是技术动作的系统结构。技术基础在技术动作中相对稳定和规范。

(二)技术环节

技术环节是指构成技术基础各个具体独立功能的部分,它是构成整体动作系统的要素。技术基础往往由若干个技术环节按照特定的结构构成。例如,跳远的技术基础由助跑、踏跳、腾空、落地四个环节构成。

(三)技术细节

技术细节是指构成运动各技术环节的具体内容和形式,是动作的次要特征。技术细节会因运动员身体形态、身体素质和技术水平表现出差异性。正是由于技术细节的灵活存在,才造成了相同技术基础的体育运动却在运动员的具体表现过程中形态各异。

三、影响体育运动技术的因素

(一)人体结构与功能

运动技术必须以运动动作为表现形式,而运动动作的表现则以人体解剖结构与生理功能作为基础。例如,动作的幅度主要取决于人体关节结构,动作的速度取决于肌肉结构中的肌纤维构成比例和肌纤维的收缩功能等。

(二)器材设备与场地

从某种意义上讲,运动技术的发展离不开器材设备与场地的进步,甚至某些技术离开了这些因素就无法存在。例如撑竿跳高中的"弹射"过竿技术,离不开撑竿的作用;乒乓球中的"倒拍"发球和削球技术,离不开两面不同性质的球拍胶皮。当代高科技不断渗入体育运动实践的过程,促进了器材设备与场地等物质条件的飞速发展,从而为运动技术向更高水平发展提供了可能。

(三)运动项目的发展

运动项目的发展与演变是一个非常复杂的问题,一个项目之所以区别于其他项目,究其根本之处在于每个项目都有自己一整套的竞赛规则。然而随着人们对体育需求的变化、科学技术的发展、场地器材的改进,这些规范和程序也在不断地变化,这些变化直接影响了运动技术的发展方向和发展速度。比如,乒乓球直径的加大将会使乒乓球技术更富于变化。

四、体育运动技术的学习过程

(一)泛化相

泛化相是运动技能学习的初始阶段。一些新异的刺激通过传入系统作用于人脑时,引起有关中枢神经元的强烈兴奋。但此时大脑皮质抑制尚未建立起来,兴奋和抑制过程都依照大脑皮质本身的运动规律扩散,只是条件反射而没能形成稳定的联系。因而,在身体技术练习初始阶段会出现动作的不协调、僵硬、动作迟缓、能量消耗较多等身体现象。

(二)分化相

分化相是在不断地练习的过程中,随着正确动作概念的建立和本体感觉的不断准确,大脑皮质的兴奋和抑制在时间、空间上日趋完善和精确,能比较顺利地完成完整的技术动作,初步形成运动技能。但由于容易受干扰而出现动作完成效果的波动性。

(三)巩固相

巩固相是通过反复练习,大脑皮质的兴奋和抑制较分化相时更为集中和精确,形成运动动力定型。此时技术动作比较准确、协调,当外界环境改变和其他干扰出现时,动作不易受到破坏。但如果此时停止练习,已经掌握的动作仍会出现消退,特别是复杂的技术动作消退会更快。

(四)自动化相

自动化相是随着动作的巩固和发展,动作会更加熟练自如,可在低意识控制下完成动作技能。此时,依然应当坚持练习,不断检查动作的质量,保证动作的精益求精。

身体运动技术形成过程的四个时相是一个连续完整的过程,各阶段间并没有明显的界限,也没有固定的时间长度,但正确把握其规律有助于运动技术的完善。

第四节 常见体育运动项目

体育运动项目是人类创造的重要文明财富,是全世界人民共有的文化遗产,其种类花样繁多,不胜枚举。在此列举体育游戏、竞技运动项目、体操、户外运动和武术作为常见运动项目并进行简要介绍。

一、体育游戏

(一)体育游戏概述

体育游戏是以身体练习为基本手段,以增强人们身心健康、发展智力及社会适应性、培养良好的道德品质等为目的而进行的活动。

体育游戏是在游戏发展进程中派生出来的一个分支,它融体力发展、智力发展、身心娱乐为一体,既是游戏的组成部分,又与体育运动有着密切的关系。因此,所有的练习者按特定的内容、情节、形式和规则进行活动,可促进体力、智力和能力的良好发展。它是对游戏者进行思想教育和愉悦身心、增进健康、促进身体发育的一种教育手段。

人类社会早期就出现了身体相关的游戏,这从现今的考古资料可以找到实例。现代竞技体育运动与人类早期的游戏行为有着很密切的关系,绝大部分竞技体育项目都源于民间游戏,经过长期总结综合,完善发展,逐渐形成了现代竞技运动。随着人们对体育游戏功能的认识不断深入,体育游戏被应用于体育教学、运动训练和群众健身娱乐活动,成为了体育运动中的一个重要组成部分。

(二)体育游戏的特点

1.趣味性

体育游戏内容丰富,形式活泼,多样有趣,能极大地满足游戏者好动、好奇和追求新异刺激的心理特点,深受游戏者喜爱。游戏中,游戏者不受任何压抑,完全沉浸在欢乐中,在情趣盎然中得到锻炼,个性发展可以得到充分体现。人们在游戏中竞争,在竞争中体验着愉悦,游戏的趣味成分非常符合游戏者的生理和心理要求。

2.普及性

体育游戏内容丰富,形式多样,综合多种活动技能,便于普及。任何一种体育运动项目都可以有它自己的游戏内容。如田径中的跑、跳、投,球类运动中的篮球、足球、排球,体操中的技巧等动作都可以成为游戏内容,它不受年龄、性别、文化程度、工作职业等因素的影响,男女老少皆宜,便于开展,并且游戏规则易于掌握,方法灵活多变,具有广泛的普及性。

3.目的性

体育游戏是一种有意识的行为,有着明确的目的,即增强体质,通过体育游戏可以改善身体状况,增强身体素质,提高身体活动能力和适应外界环境的能力。另外,体育游戏还可以针对不同的对象,进行集体主义、爱国主义、团结友爱精神等教育。所以说,体育游戏有着极为丰富的教育内涵,参与者可以通过游戏在思想、行为、心理素质等诸方面受益。体育游戏能针对体育课的不同结构合理安排运动负荷,在体育课教学中承担一定的目的。

4.竞争性

体育游戏不同于竞技体育,但它同样具有竞争性。不过体育游戏的竞争内容更为广泛,可以比体力、技巧、智力、运气、协作能力、应变能力等,具有极大的变通性,既可以培养参与者的竞争意识,又能培育他们的规则意识。

5. 教育性

有人说:"体育游戏是寓教于动的最佳方式。"这也就说明,大部分体育游戏都含有教育因素,它要求参与者既要克服自然环境的障碍,又要求参与者克服身心障碍。同时,对培养参与者的集体观念,顽强意志,团结协作等品格有积极的作用。

(三)体育游戏的作用

1. 体育游戏是较为理想的健身方式

体育游戏以身体练习为基本手段,具有丰富的身体活动内容,可以改善参与者的身体状况,提高其身体素质,增加人体的运动能力及对自然环境的适应能力,对各个年龄段的参与者来说都是理想的健身方式。

2. 体育游戏能够满足个体的心理需求

游戏是人的天性使然,体育游戏轻松愉悦的气氛、紧张激烈的过程,不但能够让参与者感受到精力的释放和情绪的调节,还能在具有情节的游戏中完成意志磨砺、精神宣泄和心理满足。

3. 体育游戏具有极强的娱乐功能

体育游戏简单易行、趣味无穷,能使参与者轻松、娱悦,在游戏中感受因体力、智力等因素的竞争所迸发出的趣味。游戏过程可以让人产生自信、自尊,并能满足人的社会交往与合作,发泄人的过剩精力,消除工作和生活带来的紧张与压抑,它是一种积极健康的娱乐手段。

4. 体育游戏可以促进人的社会化

人的社会化是一个漫长而复杂的过程。体育游戏是具有一定规则约束的社会活动,非常适合人的参与。在体育游戏过程中,参与者既感受到公正、安全的体育活动,又在规则和约束中养成了自我规范和群体交往法则,对于提高他们的社会适应性和遵守社会规范意识具有重要作用。

二、竞技运动项目

(一)竞技运动概述

竞技运动项目是指具有规范竞赛规则,具有一定对抗性的体育运动项目。参与者通过这类手段获得相应的运动成绩,以竞技对抗来培养参与者的竞争精神,满足人们对超越自我的精神追求。竞技运动项目以公平竞争为基本原则,可以划分为体力与智力两大块,以奥林匹克运动项目为主要代表。从公元前 7 世纪古代奥林匹克运动会中出现的赛跑、投掷、角力等项目,到如今夏季奥运会200 多个单项和冬季奥运会近百个单项的项目,竞技运动已经在人类社会发展历史中体现其存在的政治价值、经济价值、教育价值和文化价值,已经成为当今世界不可或缺的巨大文明成果。

（二）竞技运动项目的特点

1.竞赛性和趣味性

竞技运动项目具有悠久的历史，在世界范围内广受欢迎。特别是近百年来，它正在迅速渗入人类社会生活的各个领域，日益成为人们最感兴趣的社会活动之一。竞技运动项目的比赛引起了社会各方面的普遍关注，是现代传媒不可缺少的新闻内容。竞技运动项目对于参与者而言能够在竞争与对抗中获得成就感与满足感；对于观赏者来说，让他们感受运动员表现出的健美体魄、精湛的技艺和顽强的拼搏精神，是一种难得的精神享受和健康、高尚的精神陶冶。

2.广泛性和普及性

目前，竞技运动项目作为体育手段，得到了广泛的运用和发展。它不仅是构成竞技运动的主要内容，也是体育教育、身体锻炼、休闲娱乐的重要手段，在学校、企业、部队以及社会其他各领域，都受到了广大群众的喜爱。随着社会物质文明和精神文明的发展，以及人们生活水平的提高，人们对于精彩运动赛事的需求也越来越高。人们期望看到更丰富、更激烈和更高水平的竞赛，以消除工作所带来的脑力和体力的紧张与疲劳，调剂精神生活，并从中获得心理的享受。社会也需要竞技运动推动体育产业的进步，为社会经济发展作更多的贡献。

‖ 三、体操

（一）体操概述

体操一词源于古希腊语"Gymnastike"，原意为裸体，得名于古希腊人赤身锻炼的方式。现在，体操是指通过徒手、持轻器械或在器械上，完成不同类型与难度的单个动作、组合动作或成套动作，充分挖掘人的潜能，表现人的控制能力，并具有一定艺术要求的体育项目。现代体操项目要求在规定的器械上，完成复杂、协调的动作，并根据动作的分值或动作的难度、编排与完成情况等给予评分的运动。按练习形式，体操可分为徒手练习、持轻器械练习和在器械上练习三大种类。根据体操运动的任务，体操又分为基本体操、竞技性体操和表演性体操三类。

（二）体操的特点

1.多样性和全面性

体操运动的内容非常丰富，练习形式、动作和技术多种多样。这是其他任何运动项目不可比拟的。多样性具体表现在内容多样、项目多样、动作多样、技术多样和变化多样等方面。体操可以满足人们全面锻炼身体或有重点地锻炼身体的需要，经历长久历史依然在世界范围内受到重视。

2. 规定性

规定性是指对完成任一体操动作的形式、方法和规格等都有明确的要求。这是根据人体的解剖、生理和各种练习的特点而作出的规定。具体表现在对完成动作的规格,诸如人体运动的角度、幅度、速度、高度、远度、节奏和姿态等都有严格的质量标准。同时还要采用正确的形式和方法,才能合理地完成动作,收到满意的练习效果或得到较高的评价。

3. 艺术性

艺术性是指在完成体操动作时,应充分表现出人体的外在美和内在美,给人以美好的艺术感受。艺术美是综合性的:体型和姿态美是基础,动作和技术美是核心,音乐和服饰美是条件,精神和情操美是灵魂。要把这四个方面统一起来,才能充分体现出体操的艺术性特点。

4. 创造性

体操的动作和难度、完成动作的技术和质量、动作的组织和编排等,都在不断推陈出新,有所发明,有所前进。创造性是体操发展的一个重要标志,不论是基本体操和辅助性体操还是团体操和竞技性体操,都在原有基础上迅速发展,不断创新。可以说,创造性是体操的生命。

四、户外运动

(一)户外运动概述

户外运动,英文称为"Outdoor Sport"或者"Outdoor Game",从字面意义上看,指室外进行的体育活动。关于户外运动的概念不少,较为常见的概念是人们以人力或利用自然力,在基于自然的环境中开展的体育活动的统称。户外运动起源地之一在英国,工业革命之后的英国以它独特的自然环境和社会条件,开展了丰富多彩的体育运动如保龄球、橄榄球、足球、游泳、高尔夫球、滑冰、滑雪等户外运动,以满足精神生活和运动锻炼的需要。随着英国殖民主义的扩张,英国的户外运动、娱乐和竞技运动也逐渐传播到美国和欧亚等许多国家。英国户外运动与瑞典体操和德国体操并称为近代体育的三大基石。18世纪末欧洲阿尔卑斯地区是近代户外运动的另一源头,发源于此的登山运动和攀岩运动风靡至今。

(二)户外运动的特点

1. 多样性

户外运动的多样性使这项运动与其他一些单项目的体育运动有所不同,户外运动的多样性表现在两个方面:一是户外运动内容上的多样性,即户外运动不是单一的运动项目,而是由许多运动项目组成的。二是户外运动形式和目的上的多样性,同样的户外运动项目可以是休闲性的、健身性的、教育性的、竞技性的和探险性的,基于个体的自愿选择。

2. 开放性

户外运动不同于传统性竞技项目的内容与形式,不受场地、器材的制约和限制,有着开放的环境和可供自由发挥的空间,可以满足参与者的个性追求。

3. 探险性

户外运动中包含一些富有冒险性和探索性的极限或亚极限运动项目,可以激发人们的上进心和求知欲,在兴奋和刺激中激发运动者的潜能,磨炼他们的意志品质和勇于挑战的精神。

4. 功能的延伸性

户外运动在与自然环境的相互作用中产生超出运动本身的一些延伸功能。因此,户外运动可以作为教育与心理治疗的手段。户外教育既包含在户外运动内涵中,又作为其功能的延伸应用于个人成长与开发、管理培训等领域。如国际领导学大师阿戴尔的领导力培训就经常运用户外运动的方式来进行。

五、武术

(一)武术概述

武术又称中国武术或中国功夫,是以攻防技击动作为主要内容,以功法、套路和搏斗为运动形式,注重内外兼修的中国传统体育项目。它经历了漫长的历史发展过程而形成,内容博大精深、社会价值广泛、文化色彩深厚,与我国传统文化的诸多方面密切相关,是中国传统文化的重要组成部分,是我国特有的体育文化形态。中国武术因历史文化原因,传承至今呈现出门派众多、形式各异、特色纷呈的特征。以运动形式划分,武术可分为功法、套路、搏斗三类。现阶段,武术已经发展成为我国民族传统体育类别中最具代表性的体育项目之一。竞技武术中的长拳、南拳等拳术和刀、棍、剑等器械套路传播广泛,传统武术以太极、少林、形意和八卦等拳械影响深远。

(二)武术的特点

1. 攻防动作的技击性

武术动作具有攻防技击的特点,这是由武术战阵杀敌、搏击私斗的本质属性决定的。虽然当前武术已经成为一种体育运动项目,其动作受到竞赛规则的约束和限制,但无论是套路还是搏斗,武术都以踢、打、摔、拿等技击动作为主要内容,攻防之中蕴含技击特点。

2. 内容广泛的适应性

武术内容和练习形式丰富多样,不同类别的武术项目在练功方式、动作结构、技术要求、运动风格和运动负荷上的要求不尽相同,可以适应不同年龄、性格、体质特征的习练者的需求,具有广泛的适应性,是一种极易推广的体育运动项目。

3. 动作内外合一、形神兼备

武术既讲究动作的形体规范,又要求精气神传意、内外合一的整体运动观。所谓内,指人的精神、意识和气息的运行;所谓外,指人体手眼身法步的形体活动,内外要协调一致。武术"起于易,成于医,伏于兵,扬于艺",受到中国古代哲学、医学、兵法和美学的多重影响,形成独具民族风格的运动形式和练功方法。

本章小结 ——   本章探讨了体育手段的概念、特征和分类，对身体运动和体育运动技术作了详细的解析，并就体育游戏、竞技运动项目、体操、户外运动和武术五种常见体育项目的定义、分类、特点作了论述。

回顾与思考 —— 1.体育手段的概念是什么？有哪些特点？

2.身体运动要素包括哪些内容？

3.体育运动技术的基本结构和影响因素有哪些？

知识拓展 ——   截拳道是武术明星李小龙生前创立的一类现代武术体系。截拳道与多数武术不同，它融合世界各国拳术以咏春拳、拳击与击剑作为技术骨干的全方位自由搏击术。截拳道是以中国道家思想为主创立的实战格斗体系构想，也是一种全新的思想体系，它将东西方哲学理念运用于武术，是一种关于搏击的哲学思想和方法论。"截拳道"的意思就是阻击对手来拳之法，或截击对手来拳之道，截拳道倡导"搏击的高度自由"。李小龙截拳道的本性是"抛弃传统形式，忠诚地表达自我"。"以无法为有法，以无限为有限"是截拳道的纲领和要义，其最大特点是注重于"实用"，抛弃了传统武术复杂的形式套路。在对手攻击的时候，格挡与反击同时进行，甚至于不加格挡而直接凭借快速有力的进攻压制对手，先发制人。近代流行的搏击比赛运动（如综合格斗MMA)更是尊崇李小龙为第一先驱者。

第六章
体育文化

【学习目标】

通过本章的学习,了解文化与体育文化的概念及构成,体育文化的特性,中国体育文化的传统特质与当代发展,以及体育文化产业的内涵、构成与发展思路。

【学习任务】

1.了解文化与体育文化的概念、构成以及体育文化的特性。

2.了解中国体育文化的传统特质与当代发展方向。

3.了解体育文化产业的内涵、构成与发展思路。

【学习地图】

体育文化的概念、构成及特性→中国体育文化的传统特质与当代发展→体育文化产业的内涵、构成与发展

体育文化的一般概述

体育文化是文化的下位概念,在介绍体育文化之前必须先了解文化的概念及构成。

一、文化的概念与构成

文化对于我们而言是一个耳熟能详的概念,在日常生活中出现的频率非常高。例如我们从小就被教育要努力学习科学文化知识,长大后做一个有文化的人;当我们看到一个大学生时,就觉得他(她)有文化;而当我们听到有人说脏话时则会觉得这人没文化……。而当有人问我们什么是文化时,可能很多人都会有一种"只可意会不可言传"的感觉。可以说,文化对我们而言既熟悉又陌生。

不同的学者基于各自的学科视角和研究背景提出了许多种关于文化的定义。在学术界,关于文化有几百种定义。如考古学认为文化是考古记载中那些可辨识的物质内容;人类学强调文化是一种特定的生活方式和个人认同感;社会学认为文化实际上是一个共同拥有某个地域和语言的群体生活的"蓝图";等等。尽管如此,在这几百种定义中还是存在一些共识。归纳起来,文化的定义大致有两大类,即广义的文化和狭义的文化。广义的文化指人类创造的一切物质产品和精神产品的总和;狭义的文化专指语言、文学、艺术及包含一切意识形态在内的精神产品。

根据文化所包含的内容,文化可分为三层结构。

①外层(即物质层):是指经过人类作用的第二自然物,反映的是人类认识和改造自然的能力和水平,如房子、公路、汽车等。

②中间层(即心物结合层):是指人类的精神产品,也称"制度文化",如法律、制度、规则等。

③里层(即心理层):包括人的价值观、心理状态、思维方式、审美情趣、道德情操等,也称"深层文化"。

二、体育文化的概念与构成

概念的产生,是人们认识过程中的质变。从这种意义上讲,体育文化现象的产生在先,而体育文化概念的出现在后。体育文化的现象和历史源远流长,可以追溯到人类原始社会时期,而"体育文化"的概念是在近代出现的。与"文化"的定义一样,学术界关于体育文化的界定也有不少观点,比较有代表性的主要有以下四种。

国际体育名称术语委员会出版的《体育运动词汇》对体育文化的定义是:体育文化是广

义文化的一个组成部分,它综合各种利用身体文化锻炼来提高人的生物学和精神潜力的范畴、规律、制度和物质设施。

有学者认为,体育文化是在增进健康、提高人们生活质量的过程中创造和形成的一切物质和精神的财富,包括与之相适应的社会组织及规范体育活动的各种思想、制度、伦理道德、审美观念,还包括为达成目标而制定的各种改革举措以及相应的成果。

有学者认为,体育文化是关于人类体育运动的物质、制度、精神文化的总和,大体包括体育认知、体育情感、体育价值、体育理想、体育道德和体育的物质条件等。

有学者认为,体育文化是人们在社会实践活动中所形成的体育活动方式、所创造的体育物质产品和体育精神产品上体现出来的人的创造能力和智慧的总和,其核心是体育意识、体育思维方式和体育价值观念体系。

综合分析学者们的主要观点,结合文化的定义,我们认为,体育文化是指人类所创造的体育物质财富、体育制度财富及体育精神财富的总和。换言之,只要是人类所创造的体育现象即是体育文化。

和文化一样,体育文化也可以分为三个层次,即外层、中间层和里层。

①外层(即物质层):是人类创造的各种物质形态的体育财富,如体育场馆、体育器材等。

②中间层(即心物结合层):是指人类所创造的各种体育制度财富,如体育组织、体育法律、体育制度、体育规则等。

③里层(即心理层):是指人类所创造的各种体育精神财富,包括体育价值观、体育心理状态、体育道德等。

三、体育文化的特性

在参照文化特性的共性基础上,结合体育的个性特征,可以得出,体育文化的特性主要包括以下六个方面:

1. 人化性

凡是人化了的东西就是文化,文化是人为的,是人创造的、人工实现的,是人的实践建构起来的,是满足需求的方式。体育文化同样不是自然界与生俱来的,无论是体育物质文化、体育制度文化还是体育精神文化都是人所创造的,深深地刻上了人类的烙印。

2. 社会性

文化具有超个体性、群体性特征,也反映在社会结构之中,且不同的社会有不同的文化。如东西方社会的体育文化具有本质的差异。体育文化是通过群体创造、继承与发展的,而非个人行为。体育文化受到社会结构变迁的影响,尤其是社会阶层结构在体育文化中体现得尤为明显,不同的社会阶层在体育参与方面体现出较为显著的阶层差异。

3. 象征性

体育文化具有典型的象征性。如奥林匹克文化的象征性非常鲜明,奥林匹克五环标志是世界和平、五大洲团结互助的象征；"更快、更高、更强"已成为人们努力奋斗、永不自满、不断战胜自我的精神写照；奥林匹克圣火象征着发祥于古希腊的文明之光仍然照耀着人类前进的道路。

4. 发展性

体育文化并非一成不变，而是随着时代的变迁而不断发展变化。体育文化在不同的历史时期具有不同的表现形式，具有明显的时代特征。如体育项目的数量不断增加、体育项目的规则时有改变、体育参与的形式不断升级、体育发展的方式不断演变，等等。

5. 民族性

文化的民族性是指一定民族在历史上所形成的区别于其他民族的文化特殊性，其体现于生活方式、习俗、语言、思维方式及制度等各个方面。体育文化也具有非常明显的民族性特征。如中华民族和其他不同民族的体育文化各不相同，中华民族内部不同民族之间的体育文化又存在着各自的特色。

6. 包容性

体育文化的包容性同样非常强，诞生于古希腊的奥林匹克文化，诞生于美国的 NBA 文化，诞生于中国的太极文化……都能在世界体育舞台上绽放自己的光彩。

第二节 中国体育文化的传统特质与当代发展

体育文化具有民族性特征，不同国家、不同民族之间的体育文化具有各自的特色，深深刻下了民族文化的烙印。中华文化源远流长，博大精深，体育文化也别有特色。

一、中国体育文化的传统特质

由于孕育于几千年来以农业为主要生产方式的社会之中，中国文化体现出中庸守常、以和为贵、天人合一的精神特质。中国体育文化作为中国文化的一部分，呈现出不同于西方体育文化的特质。

1. 以静为主

西方的休闲方式侧重"动"，而中国人的悠闲观则主"静"，强调自我的反思、反省。道家主张"静以养生"，提倡养生要听任自然，孔子也认为静者寿。在中国几千年的传统文化作用下，形成了体育文化思想的主静倾向。不同于西方体育中的篮球、橄榄球、冰球等剧烈运动项目，中国的典型体育项目如太极便显现出动静结合、以静为主的特征。

2. 身心合一

受"宇宙、自然界、人都是由'气'构成的一体"之哲学观和"乐长生、重节制、讲中庸"的人生观的影响,中国传统体育坚持"天人合一"的生命观,强调和谐的运动观。在这两种观念的影响下,形成了我国体育文化的身心合一特征。典型的如太极拳、易筋经、八段锦、五禽戏等传统体育项目不仅注重身体的锻炼,而且注重心理的修炼,强调身心的和谐统一。

3.弱竞技性

中华民族长期以农耕为主,形成了人与自然和谐发展的观念及温顺、内向含蓄、中庸守常的民族性格。这种观念和性格在体育文化中体现出喜好登高、踏青、野游、垂钓、放风筝、荡秋千等具有浓郁悠闲娱乐特征的身体活动,并且产生了极具民族特色的太极拳、八段锦、易筋经、五禽戏等传统体育养生项目,缺乏现代体育中的竞技性特征。

4.弱个体性

中国传统文化强调社会的人格,强调伦理道德,不太重视人的独立性。在强调集体主义精神的传统文化里,个体性往往容易被忽视,这种文化特点也在一定程度上体现在体育领域。如中国的体育教育强化"集体"教育而缺乏"个性"教育。

5.仿生性

东方体育文化特别是中国体育文化具有较强的仿生性,其体育动作较为繁复,宜采用简练准确、生动鲜明、便于理解和流传的仿生性命名。五禽戏便是中国体育文化仿生性特征的典型体现。

二、中国体育文化的当代发展

在全球化背景下,社会的各个系统无不受到深刻影响,体育文化也不例外。当前,以奥林匹克、职业体育为代表的竞技体育文化和以健身健美、户外运动为代表的休闲体育文化影响了许多人的体育价值观念和体育生活方式。而这些都可以统称为西方体育文化。在西方体育文化的冲击下,我国传统体育文化面临着发展困境,如何促进中国体育文化的传承与发展是广大中国体育人不得不思考的问题。

1.促进中国体育文化的创新发展

何以驱动发展的问题不仅在理论上已成定论,在实践中也已成定论。中国政府选择的是实施创新驱动发展战略,这也是中央既定的发展战略。在体育全球化的背景下,能够驱动我国体育文化可持续发展的关键动力也在于创新。只有不断创新发展思路、创新发展模式,才能促进新形势下中国体育文化的健康发展。首先,在体育文化的发展思路上要有所创新。当前,我国体育文化的传承与发展主要存在两种路径,一是依靠行政力量进行传承发展,二是依赖民间力量得以代代相传。应该说这两种方式在保护我国体育文化方面取得了一定的成效,但并未获得理想的效果。如何创新我国体育文化发展思路是当代体育专业学生应该思考的问题。我们认为应该着重从学校和民间体育组织两个方面去传承与发展。一方面,应选择性地将一些优秀民族传统体育文化整理编制成教材,让一些优秀民族传统体育文化进入课堂,既可以达到育人的效果,又可以促进我国体育文化的有效传承。另一方面,应大力培育以发展民族传统体育文化为宗旨的民间体育社会组织,有效整合民间社会力量,通过民间正式组织的形式促进我国体育文化的传承发展。

2. 加强中国体育文化的对外交流

加强对外交流既是促进我国体育文化健康发展的有效途径之一,也是体育全球化背景下的必然趋势。任何国家都不能封闭式地发展体育文化,必须主动加强对外交流,在交流中取长补短,互通有无。在西方体育文化强势冲击的形势下,如何加强中国体育文化的对外交流同样是当代体育专业学生应该思考的问题。我们认为以下两点非常关键。一方面,应该提升中国体育文化的软实力。文化软实力是指构成特定人类共同体生活方式的价值系统及其符号形式所释放的柔性吸引力,包括两重内涵,一是向内形塑自身,二是向外部他者形塑自我。近年来,"软实力"的概念已频繁出现在各种政治文件和社会管理文件中,特别是在党的十八大后提出以"中国梦"为话语的全民思想文化建设之后,文化软实力的概念和内涵的传播更加深入,已渗透政府与民间的共同表述中,为社会各界所熟知。建设体育文化软实力既是国家文化软实力建设的内容之一,又是加强对外体育交流的必然要求。有必要从提升我国体育文化综合实力及扩大体育文化国际影响力等层面加强我国体育文化软实力建设。另一方面,应积极推动建立"体育交流新秩序",包括将"尊重他国主权"明确规定为国际体育文化交流中的基本原则,坚决反对不均衡的"单向交流"局面;加强各国体育文化交流中的合作与协商;发展中国家应在国际体育文化交流中进行适度的斗争。

第三节 体育文化产业概述

体育文化建设不仅有利于促进社会的和谐发展,而且对经济发展也有直接的贡献,体育文化产业逐渐成为了国民经济中的一个重要产业部门。

一、文化产业与体育文化产业

1. 文化产业的内涵

文化产业这一概念起源于德国的阿多诺和霍克海默在 1947 年出版的《启蒙的辩证法》中的"文化工业"(Cultural Industry)。关于文化产业的定义有多种观点,虽然学者们对文化产业的定义并不完全相同,但他们关注的核心都是文化的经济属性,并从产业角度对文化进行界定,总体而言关于文化产业内涵的分歧并不大。文化产业不同于文化事业,文化事业是国家代表公民投入的文化工作,满足人民群众最基本的精神文化生活的需求是它的基本功能;文化产业是在国家政策指导和市场管理的前提下,动员社会的资源、人力,按照资本与市场运行规律,不断开发、开拓文化项目,从而充分满足人民群众日益高涨的精神文化生活需求。文化产业涉及多种门类,如报纸、期刊和书籍的出版部门、影像公司、音乐出版部门、商业性体育机构等,体育文化产业便是其中一个门类。

2.体育文化产业的内涵

在对体育文化产业进行界定之前,有必要介绍与之紧密相关的一个概念——体育产业。从三次产业划分的理论出发,体育产业就是以体育劳务(或服务)生产和经营,来满足人们体育娱乐、健身需要的体育部门和机构的活动,或者说体育产业就是提供体育劳务(或服务)这种非实物形式的特殊消费品的产业部门。

参照国家统计局对文化产业的定义,即"从事文化产品的生成、流通和提供各种文化服务的经营性活动的行业总称",我们认为体育文化产业是指从事体育文化产品的生产、流通和提供各种体育文化服务的经营性活动的行业总称。广义的体育文化产业既包括体育物质文化产业,也包括体育精神文化产业;狭义的体育文化产业仅指体育精神文化产业。结合体育产业的概念,狭义的体育文化产业即是指体育产业。我们提倡大体育文化产业观,即体育文化产业应包括体育物质文化产业与体育精神文化产业,充分挖掘各种体育文化元素,积极整合各种体育文化资源,才能将我国体育文化产业做大做强。

二、体育文化产业的构成

体育文化产业主要由以下七部分构成。

①竞技运动观赏服务业:指以运动员、教练员、裁判员、竞技科技人员和赛事管理者等为生产者,以运动场地、各类运动设备、测量仪器等为投入品,生产可供人们观赏的各类人体运动的动作组合产品的生产部门集合。

②体育健身娱乐业:指以强身健体或休闲娱乐功效的项目为内容,向人们提供指导性的完善体能服务或运动娱乐服务的经济活动总和。

③体育传媒业:指以体育新闻、体育影视、体育信息等为主要内容,以互联网、报刊、电视、电影、手机等为主要媒介,向人们提供体育信息或娱乐服务的经济活动总和。

④体育用品业:指从事体育器材、体育服装等研发、设计、制造、销售等经济活动的总和。

⑤体育场馆业:指从事体育场馆规划、设计、建设及运营等经济活动的总和。

⑥体育旅游业:指从事体育旅游产品开发、设计及运营等经济活动的总和。

⑦体育彩票业:指从事体育彩票设计、销售等经济活动的总和。

三、体育文化产业的发展

由于我国体育市场化改革起步相对较晚,国民体育消费意识还不强,当前我国体育文化产业规模还不大、质量还不高,在 GDP 中所占的比重还较低。如何促进我国体育文化产业健康发展是理论与实务界的一个重要课题。体育文化产业发展思路包含多个层面,我们认为以下两点至关重要。

1. 开发体育文化产业中的创意元素

创新研究的先驱、著名德国经济思想家熊彼得早在 1912 年就明确指出,现代经济发展的根本动力不是资本和劳动力,而是创新,而创新的关键就是知识和信息的生产、传播和使用。最早认识到文化创意产业对经济发展有重要推动作用的是英国。文化创意产业强调没有创意的生产是没有需求的生产,也是不会产生市场效益的生产,创意是文化产品生产的第一动力,是文化生产能够产生市场效益的关键因素。因此,不断开发体育文化产业中的创意元素是促进我国体育文化产业发展的根本动力。我国体育文化产业中的每一个生产者、销售者乃至消费者都是创新的主体,都可以在生产、销售及消费过程中发现、挖掘创意元素,为体育文化产业的发展提供创意思想。

2. 推动体育文化产业供给侧结构性改革

2015 年 11 月习近平总书记提出了要着力加强供给侧结构性改革,这是我国经济发展新常态下的重大举措,必将具有划时代意义。供给侧结构性改革就是从提高供给质量出发,用改革的办法推进结构调整,矫正要素配置扭曲,扩大有效供给,提高供给结构对需求变化的适应性和灵活性,提高全要素生产率,更好地满足广大人民群众的需要,促进经济社会持续健康地发展。其中产业结构供给侧改革是重中之重,而产业供给侧结构改革的方向是加快服务业发展。国家《体育产业发展“十三五”规划》也提出,推进体育供给侧结构性改革。无疑,加强供给侧结构性改革是促进我国体育文化产业健康发展的必然选择。竞技运动观赏服务业供给侧结构性改革的重点是提高赛事质量、净化赛事环境;体育健身娱乐业供给侧结构性改革的重点是提高服务质量、优化健身环境;体育传媒业供给侧结构性改革的重点是优化传播内容、创新传播方式;体育用品业供给侧结构性改革的重点是提高产品科技含量、打造知名品牌;体育场馆业供给侧结构性改革的重点是优化场馆结构、提高利用效率;体育旅游业供给侧结构性改革的重点是开发优质产品、提高服务品质;体育彩票业供给侧结构性改革的重点是开发多元产品、提升文化品位。

本章小结 — 　　本章从文化的下位概念出发，阐述了体育文化的概念、构成和特性，论述了我国体育文化的传统特质及当代的发展，分析了体育文化产业的内涵、构成和发展思路。

回顾与思考 — 1.请对"体育文化"与"体育"这两个概念之间的关系进行辨析。

2.请对中西方体育文化之间的差异进行比较。

3.你认为应该如何提升中国体育文化的软实力？

4.你认为制约我国体育文化产业发展的因素包括哪些？

5.你认为应该如何开发体育健身娱乐业的创意元素？

知识拓展 — **美国发达的校园体育文化一瞥**

　　美国大学生体育协会(NCAA)是美国各大体育联盟的人才摇篮，也代表了美国校园体育的最高水平。NCAA是一个非营利性体育组织，拥有1281个下属协会，范围涵盖篮球、棒球、高尔夫球、网球等大量运动项目。由于贴近学生的日常生活，NCAA比赛在全美国都有着非常强大的影响力。NCAA每年会产生89个全国冠军，其中88项决赛有全国电视直播，在NCAA男篮的决赛日，几乎天天都打的NBA联盟不会安排任何比赛，很多球员也都选择去现场看球，在ESPN等美国主流体育媒体上，大学体育比赛的播出量也几乎与职业体育比赛的播出量分庭抗礼，大学体育在某些场合甚至超越了职业体育，成为全美国关注的焦点。无论男生女生，在学校期间拥有一项专门从事的运动项目已经成为一种生活习惯。

第七章
体育科学

【学习任务】

在正确理解体育科学概念、内容的基础上,区分体育与体育科学的概念,了解体育科学形成和发展的历史进程,认识体育科学的学科体系及其特征。让学生了解体育科学研究的一般过程,对几种常用的体育科研方法的特点和使用要求有确切的认知。学生能通过对体育科研现状趋势的了解和学习,增强他们对体育科学研究工作的进一步认知。

【学习目标】

1. 能够正确理解体育科学的概念、内容,并能正确地将体育与体育科学区分开来。

2. 能够清楚阐述体育科学形成和发展的历史进程。

3. 能够了解当前我国体育科学学科体系的分类,认识体育科学体系的特征。

4. 能够掌握几种常用体育科研方法的特点和作用。

5. 能够理解当前体育科学研究的现状和发展趋势。

【学习地图】

体育科学的形成与发展→体育科学的学科体系→体育科学研究简介→体育科研的现状与发展趋势

体育科学的形成与发展

从体育活动的出现到体育科学的概念被认可，人类社会经历了相当漫长的发展。体育科学的种子孕育于西方人文科学的胚胎上，早年与教育、军事、医学研究相伴生，后来在科学急速发展过程中被不断审视并加深认知，又在社会前进的过程中脱离母体独立，逐渐成长为具有自己独特个性特征的科学门类。

一、体育科学的概念表述

（一）科学的概念

谈论体育科学的概念定然要从其属概念科学谈起。中国古代也有"科学"一词，然而此科学多为"科举之学"的略称，与现代意义的科学相去甚远。现代汉语中的"科学"源自近代日本学界初次对英文中的"Science"及其他欧洲语言中相应词语的翻译，欧洲语言中该词来源于拉丁文"Scientia"，意为"知识""学问"。在学科划分较为混沌的古典时代，科学作为与知识紧密联系的理念包容于哲学之中，被认为是与"自然哲学"相类似的一个哲学分支，侧重于关于自然的学问。直到19世纪，以达尔文为代表的博物学家开始区分自然知识与知识创造的区别，提出科学就是整理事实，从中发现普遍的规律，得出结论。即把大量的事实有序化，经过实践检验和严密逻辑认证后找到规律。科学逐渐从哲学中分化并独立，其内涵也不再局限于自然科学，还包含有人文科学、社会科学等知识体系。

近代众多转译而来的词汇借道日本传入，现代汉语的"科学"并非直接由中国人翻译而来，它来自于日本学者从西方的引入和译介。明治元年，有"日本近代教育之父"之称的启蒙思想家福泽谕吉出版了日本最初的科学入门书《穷理图解》。另一日本学者西周将"Science"译为"科学"并得到广泛认可和传播。甲午战争后，日本取代西方诸强，一跃成为吸引中国留学生最多的国家。中国将已经先行一步的日本看作学习西方先进科学技术进而励志图强的典范。"科学"这一词语与科学的精神跨海舶来。近代中国维新派思想家康有为出版的《日本书目志》中列举了《科学入门》《科学之原理》等书目，被认为是近代中国"科学"的最早源头。而与此同时，中国学术界曾用"格致"一词来对应翻译西方语系中的"Science"，但最终"科学"获得了更多的支持和认可。接受了科学理念的人们开始理性地去考量自然界、人类社会和思维领域，也对科学做过许多种不同的诠释，以致我们很难判定哪一种才是科学最确切的定义。但是，总之我们能够认定科学是严密的、系统化的反映客观事实本质和规律的知识体系。比如《现代汉语词典》（2016年版）对科学的定义："反映自然、社会、思维等的客观规律的分科的知识体系。"

(二)体育与体育科学

虽然到目前为止,学术界关于体育的定义莫衷一是、众说纷纭,但无论如何体育是一项以实践为主的社会活动。按照科学的定义,体育本身只能作为研究的客体,即体育所包含的内容是科学研究的对象,科学应当是对研究对象本质与规律进行探究而形成的有序的知识体系。严格意义上来说,体育与教育活动同生共长,但体育作为社会实践活动成长为相对应的知识体系,这其中有着很长的发展历程。

学术界关于体育科学的概念也不一而足。1970年日本出版的《大日本百科事典》认为:体育科学是"把指导体育实践的各种课题系统化,或者把关于体育的特点、历史、目的、内容和方法等方面的研究成果系统化。"1974年联邦德国出版的《体育百科辞典》认为:体育科学"是从单项学科的各个角度,针对体育运动及其分支的科学研究、理论和实践的体系";"是一门联系实践的、由多种系统知识组成的综合科学。"1974年国际体育情报协会名词术语委员会出版的《体育运动词汇》将体育科学定义为:"有关身体练习的全部知识,这些知识是同整个概念体系相联系并作为一种理论——它确定那些可以预见、评价与证实社会生活实践中生物学的、精神的、效果的原则。"

参照科学的概念和学者关于体育科学的观点,我们可以为体育科学下一个简要的定义:体育科学是以各种体育现象为研究对象,揭示体育现象本质和规律的知识体系。体育科学所探究的体育现象包括体育教育、竞技运动、休闲健身等一切具有明确目的性的体育活动过程;不仅要描述体育现象的外部形态,更要揭示体育现象内部的本质和规律;不仅要研究体育运动本身的过程、特点和手段,还要研究体育运动对人的生理、心理与社会适应的影响与效果。总之,体育科学就是要通过科学的方法,多层次、多维度地揭示体育这种社会实践活动的本质、规律以及体育与人类其他社会实践活动间的互动关系,构建出一门与体育现象相适应的理论和实践并重的学科知识体系。

二、体育科学的形成与发展

(一)体育科学的早期发展态势

体育在人类社会中有着十分久远的历史,然而,受人类认知的局限,在近代体育概念形成之前,人们并未对体育的独特性质作出全面深刻的认识,而只认识到体育现象的只鳞片爪,多将之与生产劳动、军事训练、教育活动、医疗保健等相关现象混为一谈。

古希腊的柏拉图提出"以体操锻炼身体,以音乐陶冶心灵";亚里士多德谈道"善分为三类,即外在的诸善,身体中的诸善和灵魂中的诸善,而至福之人拥有全部这些善"。但这些论断都是先圣们在阐释自己的教育理念或美学观点,而非谈论体育本身。在古老的东方,虽在战国时期便已有《庄子》所述的"吹呴呼吸,吐故纳新"的身体认知和荀子对保神、练气等的观念意识,以及《黄帝内经》《吕氏春秋》等典籍中关于人体运动与气血运行之间关系的推导和论述,但这些认知也停留于表面或局部,并没有形成体育的概念。

有"西方医圣"之称的阿拉伯医学家伊本·西拿(阿维森纳)(980—1037)在其所著的《医典》中较为系统地论述身体锻炼的作用和方法,这可以视作西方体育发展史上的一次创举,为后世体育科学的确立起到了重要的启蒙作用。欧洲文艺复兴运动在撼动漫长中世纪神权控制力的同时,让科学的曙光照亮了西方的土地。教育学、历史学、医学、生物学等学科的复活,为人体的科学研究开辟了航向。1569 年意大利的美尔库里亚利斯(Hieronymus Mercurialis)(1530—1606)从医学研究的角度编著了《体操术》一书,搜集了古代希腊和罗马的体育运动史料,详细阐述了古代体育的目的、任务、内容、原则、分类、方法以及各项运动的效果,从一定程度上推进了体育科学发展的进程。然而,当时的科学发展水平尚未达到支撑科学体系细化的程度,体育未能呈现全面性和系统化的知识体系,尚不足以称之为体育科学。

(二)近代体育科学的形成

近代体育科学的最终形成得益于近代科学和近代体育的飞速发展。教育学、医学、解剖学、生理学、生物学等学术研究和学科发展在近代的突飞猛进,使研究者得以从各自学科知识出发来深入探讨体育,使体育学科在其他学科体系中逐步充实。

在 17—18 世纪,教育学得到了前所未有的发展和完善,已将眼光由"神"转向"人"的近代教育家们在他们的教育研究中都已向体育投来注视的目光,体育成为他们教育理论的重要组织部分。例如,夸美纽斯要求教学内容是"百科全书式的",在他看来"教育的目的,就是要从知识、道德、身体和艺术等方面去全面发展人,从而实现个体与社会的和谐。"洛克的教育名著《教育漫话》开篇词就是:"健康之精神寓于健康之身体,这是对于人世幸福的一种简短而充分的描绘。"他的教育理论与实践给予了体育足够的重视。其他如卢梭、裴斯泰洛齐、赫尔巴特、第斯多惠等著名教育家无不对近代教育和体育发展形成作出过积极的贡献。在此影响下,18 世纪末西方学界开始出现有关学校体育的专门论著。如德国学者古茨穆茨(Guts Muths J. C. F.)编写了《青年体操》,提出了人体运动的四种分类方法,即按运动目的、性质、解剖学特点和动作的类型分类,主张遵循自然原则,实施按动作类型分类的方法。瑞典体操的代表人物林(Ling H.)在《体操的一般原理》一书中,开始应用解剖学、生理学知识来编制教育性体操,使体操呈现出科学性。俄国学者列斯加夫特(Lesgaft, Piotr Frantsevich)在 1888 年和 1901 年先后出版《学龄儿童体育入门》第一和第二部,该书被认为是俄国体育科学体系的基石。他建立的人体协调发展理论,证明了体育、智育、德育和美育之间存在着不可分割的联系,并据此建立体育教养制度,对身体教育的手段和方法进行了细致的科学分析;阐述了体育教学的循序渐进和连续性原则;指出运动要以儿童年龄、性别、个性不同有所区别。他还组织青年学生体力振兴团体,开设过"身体运动指导者培训班",并在 1896 年改成"游戏、身体运动女子指导者临时培训班"。他培养的教师遍布各城市,并在各地创办儿童游戏园地。1905 年开办私立体育专科学校。他在体育科学方面的创造性理论与实践成果对俄国和后来的苏联体育科学的形成和发展产生了极大的影响。正是在这一时期,学校体育论著确立了体育在学校教育中的地位,构建了体育的组织、手段、教材体系的基本内容,逐步形成较为完善的体育理论体系。

19世纪初期,运动医学、运动生理学和运动生物力学等新兴学科迎头而上,不断有相关研究成果问世,给体育科学发展注入了新的动力。德国学者韦贝尔兄弟(Weber, E. H. 和Weber, H.)在1836年出版《人走步器官的运动力学》,开创了运动生物力学的研究领域。1889年法国学者拉格郎热(Lagrenge, F.)出版的《不同年龄身体练习的生理学》,将生理学应用于运动研究,奠定了运动生理学的学科基础。而美国学者特里比特于1897年发表的《步速和竞赛中的动力因素》一文则被认为是运动心理学研究的首要成果。借助新兴学科知识体系,体育科学发展进入了新的局面。

第一次世界大战前后,在顾拜旦倡导下奥林匹克运动勃然兴起,体育比赛的热潮刺激了运动训练科学研究的发展。与此同时,由于大战的影响,世界各国学校体育的地位普遍得到重视,并促进了体育师范教育的迅速发展。在多重因素的合力推动下,体育科学研究的步伐加快。

各类与体育相关的研究机构陆续出现。1918年,约翰尼斯·林哈德博士在丹麦的哥本哈根建立了世界上第一个体育运动研究实验室。1927年,美国出现了世界上第一个专门从事运动物理学研究的实验室——哈佛疲劳实验室。体育学术组织也争相构建。北欧国家在1911年成立了国际性的体育学会;德国在1912年成立了运动医学学会;法国在1921年成立了运动医学协会;日本在1924年成立了国立体育研究所;1928年,国际运动医学联合会成立,在第二届冬季奥运会期间举行了第一次国际运动医学讨论会;1933年,苏联先后成立莫斯科中央体育科学研究所和列宁格勒体育科学研究所。如此发展态势标志着体育科学已经开始自觉脱离依附于其他学科生存发展的状况,积极谋求独立发展的道路。

除了在逐渐成熟的体育教育和体育生物领域不断取得突破之外,人们也在不断尝试从新的角度去研究体育。法国学者里塞(Risse, H.)于1921年出版了《运动社会学》,美国学者罗德(Loyd, F. 15.)于1937年出版了《体育社会学》,他们被认为是体育社会学学科的开拓者。20世纪20年代后,许多国家开始进行运动心理学、运动生物化学的研究,40年代,运动解剖学从人体解剖学中独立出来。

20世纪人类科学的大步前行给体育科学发展带来了前所未有的契机。到第二次世界大战前,体育科学中的大部分学科已相继建立起来。相比之下,依据医学、生物学和教育学的基本原理去解释青少年儿童身体发育和体育锻炼之间的关系,依然是体育科学发展的基本方向。同时,虽然体育某些领域的研究使人类对体育的认知在许多方面达到了前无古人的深度,但是仍有许多樊篱影响着体育科学体系的构建。比如,由于认识方法的局限,难以从总体上对体育的产生、作用、本质和规律等问题作出全面的解释,因而难以从整体上把握体育科学。同时,在横向范围内已形成的学科间因语言上、方法上互不相通,研究者往往把自己束缚在专业学科的壁垒之中,缺乏统观全局的意识和能力。然而,这些缺憾都是科学发展之路上的必然现象,随着第二次世界大战的结束,各国经济迅速发展,科学技术进步也一日千里。时代的进步和科学的发展为人们提供新的条件和新的认识工具,人们对于体育的认知也随之日新月异。在科学统领一切的新局面下,现代体育科学也甩开臂膀走入了新的天地。

(三)现代体育科学的发展

人类自第二次世界大战之后进入了科学技术发展高峰期。在科学技术研究领域,无论是宏观上还是微观上都取得了超乎想象的成果。政治、经济的稳步发展,科学技术的不断创新,人比以往任何时候都更加关注自身的健康,体育的本质被更深刻地思考,体育的功能在不断拓展,现代体育加快了科学化的步伐。

1. 现代科技加速体育科学自身更新与完善

科学技术变革性的发展,为体育科学研究提供了先进的思想和方法;更高科技含量的仪器设备的投入让体育科研的手段更加精细。一方面,在已经具备前提基础的领域中增添了许多新研究成果。另一方面,新兴学科知识和科技手段的介入也加快了体育学科的自我更新和完善。例如,20 世纪 50 年代以来,运动生理学借助电子显微镜、电子成像仪等先进仪器和肌肉组织活检、超微量测定等现代技术手段,开始对肌纤维超微结构的功能和生物分子的物理、化学变化过程进行探索性研究,从而把运动生理学推向细胞和亚细胞水平。肌肉纤维的工作机制和红白肌之说以及人体运动中的神经、呼吸、代谢等相关研究得到开启,运动生物化学逐步成长为一门独立的体育学科。20 世纪 70 年代,德国建成了具有一定规模的运动生物力学测试仪器系统。美国又将电子计算机和高速摄影技术运用于运动训练技术中,运动生物力学进入了崭新的发展阶段。今天,从 CT 断层扫描到核磁共振成像技术的运用,进一步扩展了人类对运动机理的认识深度,也表明新的体育科学发展越来越依赖于科技进步。

人文科学的研究成果也被借用到体育科学的研究中,推动了体育人文研究领域的发展和完善。经济学、管理学、社会学、新闻学、历史学、法学等学科理论和学术研究方法被移植到体育科学研究之中,如趋势外推法、特尔菲法等研究方法用于学校体育、竞技比赛、社会体育等领域的研究。体育科学研究的范围更为宽泛,研究成果更加深入,体育科学研究的实效成果得到公认。

2. 体育学科的发展呈现分化和综合并行

体育学科呈现的高度分化与综合并行的现象是现代科学发展的重要特点之一。

所谓学科分化,具体表现为把科学知识中的个别具备条件的学科分支分离出去,使之成为具有自己特殊研究对象、研究方法和理论体系的相对独立的学科。现代体育科学发展中涌现出大量新学科。一方面是体育学科同其他学科之间的交叉渗透产生新的学科分支,如体育美学、体育史学、体育新闻学等。另一方面是已有的体育学科的分化并重新组合所形成。例如,以往统一而论的体育理论分化出了体育概论、体育哲学、学校体育学等;从体育社会学中分化出体育伦理学。

所谓学科综合,一般指在学科分化基础上,由于认识到各个领域之间的相互依存和相互转化的必然联系及其共有特征,由此又形成一些具有新内涵的大学科门类。目前,体育学科在日益分化的同时,综合趋势也占据重要地位。从某种意义上说,体育学科的分化,实际上成了综合趋势的另一种表现形式。如对运动训练的研究,我们与其说运动训练学是由笼统的体育理论分化出来,倒不如说它是在新时期背景下的一次多学科综合。因为要研究运动训练这一现象,涉及医学、遗传学、生理学、营养学、教育学、选材学、生物化学、生物力学等众多学科,运动训练学也是综合这些学科而形成的。再如,运动解剖学也是在医学、解剖学、生理学等学科基础上综合而来,体育测量学则是在人体测量学、体育统计学、评价学的基础上形成的综合学科。

随着科学发展和知识体系的拓展,一些表面上看来相对独立发展的学科,不可避免地要吸收其他学科的研究成果和方法,在纵向和横向区间寻求新的突破。体育学科也不例外,体育学科的分化和综合是辩证统一的,无论是分化还是综合,都体现体育学科在现代社会背景下被认知的深度超过以往,体育科学正逐渐趋于成熟。

3. 体育科学发展的整体化趋势

体育现象具有复杂性的特点,任何一个学科知识只能解决某一局部问题。体育问题的完整解决需要多学科的合作,打破各学科间的壁垒与隔断,相互了解、渗透。20世纪50年代,学科综合研究已是相当普遍,对体育进行多学科的综合研究也已逐渐出现。正是这种合作,体育科学开始呈现整体化发展趋势。体育科学发展的整体化包括两方面含义:一是从体育科学所包含的知识内容上看,它构成一个相互联系的统一整体,能够从不同层次对体育现象进行不同角度的解释。二是从科学方法论来看,扬弃了以往把事物分割为各个部分而单独对其进行研究的方法,改为从整体出发去研究对象。

冷战时期的苏联和美国相继对体育开展多学科、多维度的综合研究。苏联在莫斯科的全苏体育科研所建立了综合试验台,对运动员进行遗传学、生理学、心理学、生物学等全方位的研究。这种整体化的研究让苏联在1976年蒙特利尔奥运会上超越美国,收获颇丰。苏联的成功案例刺激了美国人,他们相继建立了两个奥林匹克训练中心,集中了大批顶尖的生物力学、材料科学及其他学科的专家,遵循科学的规范,研究如何提高运动员的竞技实力和运动成绩。其他国家如澳大利亚、韩国等也都认识到体育科学整体化存在的优势,纷纷建立相应的综合机构。这些举动加速了体育科学发展的整体化。

显然,体育科学发展的整体化趋势,是受现代科学发展整体化趋势影响,由体育科研发展和新方法论的广泛采用而形成的。尽管体育科学中较早形成而又较为成熟的是体育生物学科群,但今天体育科学研究领域早已超出了生物学、医学和教育学的范围,而与绝大多数社会科学学科发生联系,且占相当大的比重。随着人们对于体育本质和规律认识的加深,现代体育科学的发展日益体现出系统整体性。

4.体育科研成果转化助力于体育实践

现代体育科学的发展决不仅限于学科理论建设和分科研究,体育科研的实际成果如何运用于体育实践成为体育科学研究的重点。在冷战造就的世界两大阵营对垒过程中,奥林匹克运动承担着超乎体育本身的内容,国际间体育竞争愈演愈烈。各国的体育科研都越来越关注如何提高运动技术水平的问题,希望体育科研可以帮助国家在体育竞争上占得先机。近几十年,体育科研已经跳出冷战阴霾,体育科研成果的实际运用却有增无减。运动医学关注的是如何最大限度地提高人体的运动能力和适应性,防止因训练过度和训练不当而引起的运动性伤病;群众体育锻炼研究着力于如何提高体育运动对人体健康的有效干预;在日本出现了运动处方的研究,目的在于关注普通个体的身心健康水平。此外,体育社会学、运动心理学、体育管理学等学科日益成熟的同时,研究成果的现实转化也不断加快。研究者开始普遍地探讨运动员、学生、群众等个体或群体体育行为及其与社会环境的相互关系。

随着社会经济发展水平的加快,体育社会化和市场化的格局已然形成,许多新的科研成果如今物化为有形的体育产品或无形的体育服务,普通民众在物质条件得到满足后开始热衷于购买体育产品或服务,以此来增强自身健康。体育科学研究正逐渐形成"研究—成果—开发—商品—研究"的良性发展道路,体育科研创造出超越以往任何时代的社会效益和经济效益,这也是体育科学研究转化为实际成果最好的证明。

(四)我国体育科学的发展历程

1.我国近代体育科学的出现

如果没有西方体育的强势进入,中国的体育科学可能仍处于有脉络可寻却无体系可研究的初始状态。近代西方传教士在中国建立的教会学校带来了西方体育的种子,洋务运动革新传统教育的同时强化了体育课程的学科地位,大量派遣外出的留洋学生从海外带回了一些体育活动,这些举措为近代体育在中国的传播奠定了基础。而新文化运动的兴起,让以欧美体育科学理论为主的体育科学知识得到一定程度的译介和传播。

康有为、梁启超、孙中山、蔡元培、毛泽东等大批精英人物都阐述了自己对于体育重要性的认识;新式学堂中体操、游戏、生理等学科相继出现;多地还开办了专门的体育学校。一批国外体育教学著作被翻译为国内体育教材。如1890年,庆丕、翟汝舟翻译了《幼学操身》,1902年丁锦编译的《体操》,1906年李春醴翻译的《新撰小学校体操法》和《瑞典式体操初步》被清政府学部定为小学教材。体育科学伴随教育学的发展在中国落地生根。在之后的几十年中还出现了各层次、多类型的体育组织,国内发行了难以计数的体育类期刊杂志,民国年间爆发了"新旧体育""土洋体育"的争论以及轰轰烈烈的国术推广。这些举动都不同程度地对我国近代体育科学的发展产生过重大的影响,并为之后的中华人民共和国的体育科学发展进程铺垫了基石。

2.中华人民共和国体育科学的发展

从1949年中华人民共和国建立至今,我国体育科学又已经历了数十年的发展历程。由于旧中国体育研究受时代限制无法实现全面、系统和组织规划以及 1949 年后出现的多次重大社会变革影响了体育科学的前进步伐，因而我国体育科学发展并非一帆风顺。研究者往往根据时间和事件将之划分为三个阶段：

（1）起步、探索阶段（1950—1965）。中华人民共和国成立初期，先后创办了多所体育类院校并创办了一批具有影响力的体育科技期刊，为中华人民共和国体育科学的发展打下良好基础。1953 年，我国先后成立中央、华东、中南、西南体育学院。1957 年全国已创办 6 所体育学院和 11 所体育学校，在 38 所高等师范院校中设立体育科系。1958 年，北京体育科学研究所成立（国家体育总局体育科学研究所前身），这是中华人民共和国第一个专门体育科学研究机构。同年，具有影响意义的体育科学研究十年座谈会在北京成功召开。1960 年，全国总工会和原国家体委在北京召开了第一次全国体育科学工作会议。

在加强科研机构建设的同时，中华人民共和国在体育科研人才的培育上也不遗余力。1964 年，北京召开全国第一届体育科学报告会，来自全国各地多个系统和单位的体育科研人员、体育教师、教练员及相关专业学者 400 多人参会，取得了许多可喜的研究成果。体育理论、体育史、运动训练、运动生理、运动医学等学科在这一时期都取得了相当可观的建树，我国体育科学在探索中迈开了脚步。

（2）停滞阶段（1966—1976）。突如其来的"文化大革命"打乱了整个国家的社会发展规划，我国刚刚蹒跚起步的体育科学也难逃厄运。在这十年中，学校体育因"教育革命"而皮之不存，群众体育掺杂群众运动而畸形发展，竞技体育专业队伍遭遇解散而近乎全面瘫痪。体育科研机构被强行撤销，科研人员被疏散到各地，刚刚有所起色的体育科学工作陷入了低谷。在这一时期，中国与世界体育科学研究间的差距被拉大。

（3）恢复与发展阶段（1977 至今）。1977 年，"文化大革命"结束次年，邓小平在科学和教育座谈会上发表了《关于科学和教育工作的几点意见》的重要讲话。中华人民共和国的科学发展终于回归正轨，科学技术的学习热潮席卷神州，体育科学研究重新启动。原有体育机关陆续恢复功能，体育专业人才纷纷回归原来岗位。当年，原国家体委召开全国体育科学技术规划大会，草拟了《1978—1985 年全国体育科技发展规划》。1978 年，体育科技被纳入国家科委制定的《1978—1985 年全国科学技术发展规划纲要》中。1979 年，第二届全国体育科学技术工作会议召开，大会就构建体育科研机构，成立体育科研组织，着手开展体育科学研究等问题作了商讨。1980 年，中国体育科学学会成立，从最初的 5 个分科学会，如今已经发展成为 14 个分会的完整学会体系。1986 年中国教育学会体育研究会和中国高等教育学会体育研究会成立。此后，全国各省市相继成立体育科学研究所，多数高校的体育系科也积极投入体育科学研究，体育科研队伍不断发展壮大。

在体育自然科学研究领域，学术研究的新成果、先进技术仪器与手段的运用推动了体育自然科学的分化和综合，体育在纵向上的研究维度不断加深。与此同时，体育社会科学在新时期迎来了春天。大批学者开始重新审视体育社会科学的重要价值，他们关注国外研究热点,分析国内形势,纷纷著书立说。这一期间,学校体育、体育史、体育社会学、体育管理学、体育法学、体育哲学、体育美学、体育人类学、奥林匹克研究、民族传统体育等成果百花齐放。1996 年,全国哲学社会科学规划领导小组决定将体育社会科学列为国家统一规划管理的一级学科。体育社会科学的发展业已进入崭新阶段。

这一阶段,体育科学成果转化并服务于体育实践工作也取得了长足的进步,体育科技秉承"振兴体育必须依靠科学技术,体育科技必须面向体育运动的发展"的方针,为《奥运争光计划》和《全民健身计划》提供技术支持。体育科技在国际和国内赛场上帮助中国健儿取得优异成绩,在学校体育领域保障学生群体的体质健康,在群众领域助力成人体育休闲健身。总之,新的阶段中国体育科学正全力弥补与世界体育科学发展间的差距,走具有中国特色的科学技术发展之路,脚踏实地向更高的目标稳步前进。

第二节 体育科学的学科体系

体育科学之所以被称为科学是因为它拥有独特的、有序的知识体系。我们把体育科学内部的结构和各学科之间相互联系和作用的关系称为体育科学的学科体系。然而,体育作为一个内容庞杂的知识体系,它拥有众多的学科,并在分化与综合过程中不断更新。因此有必要对体育科学体系作人为的学科分类,以便于体育科研工作的有序开展。

一、体育科学体系的学科分类

在体育科学体系的学科分类工作上,应当以科学的理论为指导,以学科分类为基础并结合体育科学自身的内在逻辑来把握。传统对科学的划分方法是"二分法",即将科学划分为哲学社会科学和数学自然科学两类。然而,这种分类方式显然违背了体育学科综合性的现实状况。随着体育科学理论研究的深入,不少学者对体育科学体系的学科分类见仁见智,提出了各自的分类方法。

(一)按学科性质划分

体育学者胡晓风先生曾在 20 世纪 80 年代著文,将体育科学体系按学科的性质划分成体育社会学学科、体育基础学科和运动学学科,每个学科下面又有各自的具体分支(见图 7.1)。

图 7.1　体育学科体系的构成(一)

(二)按理论与实践的关系划分

白春育教授曾提出按理论与实践的关系将体育学科体系划分为体育基础科学、应用科学及未来体育学三大层次,各个层次由相应的学科群构建而成(见图7.2)。

图 7.2　体育学科体系的构成(二)

(三)从科学的整体观划分

曹湘君先生在其1985年出版的《体育概论》中认为体育学科体系应当在马克思主义的辩证主义和历史唯物主义哲学指导下,从科学的整体观出发,包含体育应用学科、体育专项技术学科和体育基础学科三大类及下属若干分支学科构成的一个开放的系统。(见图7.3)

图7.3　体育学科体系的构成（三）

上述三种体育科学体系的学科分类只是不同研究者从各自的角度对体育科学知识体系作相应的类别划分。所有的分类并非绝对,只是相对意义上便于研究者在全面把握体育科学综合性的同时能够较为准确地对学科类别、层次有所了解,继而能够更好地开展教学、科研等工作。人类社会科学发展的无限可能性让体育科学同样具备了无限可能,体育科学的知识体系虽不可说瞬息万变,但随着学科间交叉和融合频率的加剧,体育科学的前景也将无限广阔。

二、体育科学的特征

近年来体育学科的发展,特别是新学科的涌现,并与体育融合,加之体育原有学科成熟后的分化,让体育科学体系变得纷繁复杂。但是,面对纷杂的外部环境,我们有必要从整体着眼,再从内部特征差异来清晰认识体育科学的个性特征。

(一)体育科学整体的交叉性

体育科学研究领域的所有学科基本都是体育科学与其他科学交叉产生而来。首先,这是体育科学的应用性质所决定的。体育科学体系中的学科有属于应用科学和技术科学层次的成分,如研究人体运动过程和运动技术问题必然需要人体解剖学、生理学、医学、力学、化学知识的帮助。而研究体育运动的社会过程、运行机制,就必须要有哲学、社会学、经济学、管理学知识的参与和应用。其次,体育科学成长于人类科学的交叉发展时期。现代科学的高度分化和综合在近几十年内尤其活跃,而体育作为一门新兴的年轻科学其理论的构建过程和实践的探究历程都少不了借鉴、移植、模仿和引入,因而体育与其他学科知识交叉广泛而频繁。

(二)体育科学明确的实用性

体育科学是以自然科学、社会科学中许多学科为基础的综合科学,是自然科学知识、社会科学知识与体育运动相结合的产物。体育科学既要研究人体的身体运动过程,又要研究运动中的人与社会间的互动关系。体育科学的方方面面来自于人类的体育实践,以人类科学研究的成果为理论基础和实践基点;体育科学研究的成果又将服务于人的身体、心理健康与社会适应,在为个体的人奠定社会生存重要生物基础的同时,促进人类政治、经济和社会文化生活的总体良性运行。体育科学的每一次律动都充斥着实用的因子。

(三)体育科学知识的结构性

体育科学体系因融合了自然科学和人文社会科学两大门类的众多学科而呈现出二元结构特征。体育科学体系中科学性与阶级性并存,继承性与时代性共在,国际性与民族性同生。但是,这些科学内容按照内在的秩序有机地构建起来,彼此相互联系又相互作用,为最大程度地发挥体育的各项功能而服务。

(四)体育科学体系的开放性

所谓体育科学体系的开放性,一方面是指体育科学的每一具体学科系统都同周围环境及其他系统处于相互联系和相互作用的关系中,都可以从其他学科中获取丰富的营养。另一方面指的是整个体育科学的学科门类也是一个开放的系统,随着社会对体育的需求进一步多样化,必然会产生一些新的体育学科门类。只要人们对体育的认识没有完结,只要人类科学探索的历程没有穷尽,那么体育新学科的出现将是不可避免的。

第三节 体育科学研究简介

据《说文解字》:科,会意字,"从禾从斗,斗者量也"。故"科学"一词乃取"测量之学问"之义。任何一门科学都有其严谨的研究方法体系用以论证其理论与实践的合理性,保证其科研的规范性。体育科学也不例外,体育科学研究有着自己的研究对象和任务,并要依据科学的研究方法,按照规范的操作程序来实施。

一、体育科学研究概述

(一)科学研究

研究的英文单词为"Research",意思是反复地探索和寻求。科学研究是人类能动地认识客观世界,探索客观真理的创造性劳动过程。它不仅要重复前人已经取得的成果,更要站在前人肩膀上,通过研究者的钻研与思辨,探究那些前人没能进入的领域或没能完全验证过的问题。正如英国哲学家弗兰西斯·培根(Fancis Bacon)所言:"科学的真正合法的目标,就是给人类生活提供新的发展和力量。"诚然,科学研究的根本任务就在于坚定不移地探索客观事物的本质,揭示其运行发展的内在规律,最终将规律运用到实践中来。

(二)体育科学研究

体育科学是一门综合性学科,在其不断发展的过程中吸收了自然科学、人文科学和社会科学领域的大量知识和方法。体育科学的研究面相当宽泛,研究的问题也越来越深入。体育科学研究是指人们运用科学的研究理论和方法,探索体育现象内在本质和规律,并将之应用于体育实践的创造性劳动过程。

(三)体育科学研究的意义和任务

体育科学研究具有重要的现实意义,它主要表现在:

①体育科学研究是促进体育运动面向现代化和科学化发展的内在驱动力,是社会主义体育强国梦的根本需要;

②体育科学研究的结果为我国体育发展方针、政策的制定提供决策参考和科学依据,是加强体育事业科学管理的前提;

③体育科学研究是提高体育科学理论水平的必要途径;

④体育科学研究有助于提高体育工作者的专业认知能力、科学素养和业务水平。

体育科学研究的任务在于探索未知体育领域的本质,揭示体育运动发展的客观规律,并利用这些规律为体育实践活动服务。具体说来体育科学研究的任务可归纳如下八项:

①掌握和运用新的科学理论指导体育实践活动,促进体育事业的发展;

②从宏观上研究体育运动产生和发展的过程与规律,探讨体育运动与社会协调发展的关系和规律;

③研究各种体育手段对人体健康的促进作用及机制,为增强全民族体质提供服务;

④研究提高竞技运动员竞技能力和竞技水平的途径与方法,提高运动训练、运动竞赛的科学化水平,为"夺标育人"提供服务;

⑤研究体育教育对儿童青少年实施素质教育的作用和意义,探索实施基础体育教育和专业体育教育的有效手段与方法;

⑥研究体育与社会经济发展间的关系、体育产业化运行的规律、体育市场营销原则等，增进体育资源的投入与产出；

⑦研究体育社会公共服务体系的价值和作用，为制定体育管理制度和方法服务；

⑧研究体育运动中不同行为主体的权利和义务，完善体育法规体系，保障不同权利人群的合法权益，促进体育法制化发展。

二、体育科学研究的内容与特点

（一）体育科学研究的内容

体育科学研究的内容非常宽泛，这是由体育科学体系的自身特征所决定的。目前，研究者往往会根据不同的角度对体育科研内容进行相关的分类，较常见的分类有以下四种：

1. 基础理论学科

体育基础理论学科包括目前已经形成或正在形成的一些体育学科，例如：体育学、运动学、体育哲学、体育社会学、学校体育学、体育教育学、运动训练学、体育史学、体育法学、体育管理学、运动生理学、运动心理学、运动生物力学、运动生物化学、体育保健学、运动选材学、运动营养学、运动竞赛学、体育科研方法等。

2. 运动技术学科

运动技术学科指体育运动项目的专项技术和专项理论。目前仅奥运会竞赛项目，夏季奥运会设28个大项和38个分项，100多小项的体育专项；冬季奥运会包括7个大项和15个分项，30多小项的体育专项。这些项目的理论与技术实践也都是体育科研的重要内容。

3. 体育实践

体育科学是实践性非常强的知识体系，从体育方针与政策的制定、体育场馆和器材、运动竞赛设置与安排、国民体质测量与评价，到运动员兴奋剂检测、运动创伤治疗与康复、相关仪器和技术手段的运用无不突出实践特征，因而以体育实践作为研究内容不可或缺。

4. 新兴学科和新兴科学技术

只要人类科技继续进步，人类对体育认知继续深入，与体育有关的新兴学科就会不断出现。体育气象学、体育仿生学、体育遗传学、运动人体信息学，以及人工智能、系统工程、信息技术更新作用于体育后产生的种种新兴技术与学科门类都是体育科学需要关注的热点。

当然，体育科学研究具体内容与体育科学体系的学科分类内容相类似，其具体划分没有所谓的定论，它只是在体育科研过程中便于我们选题和研究的常用手段。

（二）体育科学研究的特点

1. 研究内容的综合性

体育科学的综合性特征在前文已经有了论述，其研究对象涉及自然科学、社会科学和人文科学。随着现代科学技术的迅猛发展，各门类科学向体育科学渗透和转移，使体育科学内部的新学科不断兴起。这些新学科广泛涉及科学研究的各个领域。此外,体育科学研究的对象,不但有人体本身,也有物体如体育仪器设施等,还有人与物、个体的人与人类社会间关系。这种综合性的特点对体育科研人员的知识结构、能力结构以及现代体育科学的组织管理工作提出了更高要求。同时,也只有进行多学科的综合研究,才能更好地探索和揭示体育实践中存在的问题。

2. 研究方向的创新性

一切科学研究的目的都在于发现新事物,创造新知识,在继承前人成果的基础上进行创新或探索前人未能企及的研究领域。每一次体育理论或是体育运动技术手段的创新都会给人类的体育活动带来许多新的惊喜。体育教学理论的创新会为学校体育研究领域带来更多突破,让体育教育在素质教育中找准自己的位置;训练理论、训练方法的创新,使竞技运动从不够完善到逐渐完善并向科学化的方向发展;大众休闲健身领域研究的创新则会为整个社会群体机体健康状况和生活幸福指数的提高贡献力量。体育科研要在理论的知识和方法上不断扩大、深化和发展,也要在技术手段运用和体育实践上提出新见解,得出新结论,发现新规律,推动体育科学向更好的方向发展。

3. 研究成果的应用性

体育科学研究的最终目的在于发展体育运动,增强人民体质,促进运动技术水平的提高。其选题均直接来源于体育实践,特点是研究周期短,应用性强,无中间环节。研究对象与研究结果往往与体育教学手段和方法、运动训练手段和方法等的进度有关,并能在较短时间内直接或间接地促进运动技术水平或体育教学质量的提高。体育科学研究的应用性还表现在研究过程中往往要运用有关基础理论提供的科学依据和基本资料来解决体育教学、运动训练和与运动技术水平有关的基本问题。以运动训练为例,在运动训练中能否将科学理论应用于运动实践,并促进运动员技术水平提高,取决于是否弄清或解决了以下问题:第一,所在项目要求运动员具备什么样的生理、生化特征;第二,所在项目要求运动员在不同训练量、训练手段中具备什么样的生理、生化特征;第三,运动员个人的生理、生化特征;第四,人体生长发育的基本规律;第五,能组合多种训练方法以达到训练的目的;第六,训练中善于扬长避短,克服不足;第七,确定监测、检查指标;第八,所在项目的技术形态要求,并能用生物力学要求加以解释;第九,预防运动性职业病的发生;第十,在大运动量负荷下的营养、保护和恢复措施;第十一,所在项目的国内外发展趋势。

4. 研究对象的动态性

体育科学研究主要是针对具体人——即"运动中的人"。因此,体育科学研究具有明显的对象化的特征。同时,"运动中的人"这个研究对象具有社会及自然(生物)双重性,对这一对象的研究也不同于医学对人的研究。后者对人的研究主要是在人体系统内外环境受到破坏的前提下进行的,而前者对人的研究是在运动中的状态和变化,这也就决定了体育科研的对象具有动态的特点。"运动中的人"具有极为鲜明的个体差异性,这表现在性别、年龄、遗传素质、健康状况、成长环境、生活经历、训练年限及水平、技术风格、战术风格、心理及智力特点、个性特征等方面。由于个体差异性的原因,体育科学研究往往难以进行重复试验。例如,同一个项目的两位都达到世界先进水平的优秀运动员,由于个体差异性,甲的训练方法就未必适合乙。因此,必须根据不同的对象区别对待,因人而异安排科学训练。

5. 研究过程的复杂性

体育科学研究过程的复杂性表现在体育科研的对象是人,而且是运动过程中的人,这是非常难以把握的。研究对象的复杂性造成体育科研过程精确性与模糊性、确定性与随机性相结合。其中精确性主要指对研究对象必须进行精确的描述,要求观察、实验以及各种数据都必须精确,要求对研究对象进行定性分析,更重要的是要求定量化。然而,某些体育对象具有模糊性,难以用精确的方式表现出来。例如,对武术和体操等主观评分类项目的运动员某些技术动作的分析、评定就难以精确定量,只能对其加以模糊分析与评定。而体育现象中存在大量随机过程和必然过程,特别是某些运动员,在不同的比赛环境下会取得不同的成绩,其中一个重要因素就是确定性与随机性的作用。对这些因素的研究过程,也就必然具备了确定性与随机性相结合的特点。

三、体育科学研究的过程

虽然体育科学研究的类型形式多样,研究时间长短不一,研究对象不尽相同,但是体育科研终归是一个有目的、有计划的科学探究过程,必须要遵循科学研究的规律并按照相关规定有序地、严谨地进行。了解并掌握体育科研的基本程序可以加强研究者对于科研工作的计划性和科学性,避免走不必要的弯路,最小程度地消耗精力和物力,从而更顺利地接近研究目标,完成科研工作。

当前对于科学研究的过程阐释提法各异,程序划分也不一而足,但究其核心程序不外乎以下内容:科研准备、研究设计、调查与实验、形成研究成果。

(一)科研准备

选择和确定研究课题是科研工作的首要环节。首先,要确定自己的研究方向。第一步要有目的地进一步了解这一研究方向上的学术进展情况。研究者需要通过各种手段查看与此选题方向相关的文献资料,关注在同一研究领域中出现过哪些类似的研究内容,前人的研究有哪些可取之处,前人的研究有没有缺憾或不足。这样既能避免重复选题、浪费学术精力,又可以发挥自己特长确保选题价值。其次,选择研究选题。研究者应当根据自己的专业知识能力范围、研究兴趣爱好,结合当前研究工作的热点,权衡把握后通过查阅相关文献资料或了解体育实践中的有关状况,提出具有一定研究意义、现实价值和可行性的研究选题。科研选题的过程也是培养研究者科研能力的重要方式之一,一个成功的选题往往使研究成功了一半。因而,好的选题在体育科学研究的目标、价值、可能性和工作量上要与研究者的理论素养、科研经验、自身能力和科技信息量等实际情况相匹配。虽然选题是科研过程中较为困难的一环,但科研选题也有其一定的步骤和方法,关键取决于研究者日常有意识的训练和钻研。

(二)研究设计

1.提出研究假设

研究假设又称科学假设,是人们对将要进行研究的问题提出的预期结果和假定性设想及解释,是形成和建立科学理论的预制模式。科学的假设不是胡乱的猜测或臆断,是要以科学的事实为依据,并且要经受实践检验真伪。科学假设一般经过以下三步:①发现新事实、新关系;②对新事实、新关系产生的原因及发展规律进行初步假定;③运用科学方法对所作的初步假定进一步实行逻辑推理或思辨论证。体育科学研究前的研究假设越明确清晰,研究取得突破的可能性越大。

2.确立研究方法

完成研究假设后需要做的准备工作即是选定验证假设的途径、手段或方式,我们将之称为确立研究方法。体育科学的研究方法种类繁多,在本章节中将有专门内容介绍。总体上我们常常将方法分为定性研究和定量研究。研究方法的选定要考虑选题的特点、性质和研究对象、研究内容、研究条件的特征,恰当的研究方法可以确保材料的真实可靠和研究任务的顺利完成。

3.制订研究计划

研究计划是对选题结果作书面的正规表达,目的在于明确规定研究范围和目标,具体规划研究的整体进度,使研究者的研究实施过程有计划、有系统、有步骤,以保障研究任务顺利完成。研究计划是科研管理工作对课题实施全程管控的书面依据,一旦确立计划并受到多方论证认定,在实施过程中不得随意改动。

体育科研计划一般包括以下内容:①课题名称;②选择依据(国内外研究现状、选题的价值与意义);③研究目标与主要内容;④研究对象与方法;⑤研究进程的安排;⑥研究所需的经费预算;⑦研究的预期结果和主要成果形式。

(三)调查与实验

1.搜集材料

每一项成功的研究都是在大量相关研究资料支撑的基础上完成的。当做好了选题和研究设计工作之后,科学研究将步入调查与实验阶段。材料搜集的内容包括文献资料和经验事实两大类。前者是间接实践经验的表现,是对前人实践经验与规律性的系统理论的再研习。后者是直接来自社会实践过程。特别是体育科研的实践性极强,研究需要大量新鲜、直接的研究材料。无论是文献资料还是经验事实都需要研究者与研究对象作具体接触,要深入社会实践或亲自参与实践操作,以保证所获取材料的真实性、有效性和可靠性。

2.材料的加工与整理

如果说搜集材料是一个粗加工过程的话,那么材料的加工与整理则是科研产品进入精细化操作的必备过程。大量庞杂的文献资料如调查问卷、访谈笔录、研究手稿以及其他如图像、音频等材料需要作甄别、筛选;经验实践中的实验结果需要转化成可以统计的数据并要经过相关的方法做加工和处理。这一阶段是研究假设的后期阶段,是去伪存真、去粗取精、去表留本的关键一步。材料加工和整理的水平往往决定最后科研成果的创造性、可靠性和影响力。

(四)形成研究成果

当研究者按照上述步骤完成各阶段的工作之后,形成研究成果将是水到渠成的。体育科研的主要研究成果表现形式有科研论文、科研报告、调查报告、学术专著等。研究者依据研究材料的加工和整理,最终获得了相关的观点和结论。如果原有假设经验证可以成立,则原来的假说中的"假定"成分可以去除,再将研究过程用文字、图表或数据等形式加以描述、解释和判定,就形成了真正、可靠的科学理论与结论。研究成果将会向社会推介,接受相关人员或部门的审查和评价,并最终应用于体育实践之中。

但如果研究者经过前期的工作,发现所得结论、观点与原来的研究假设不相符或完全相反时,这表明课题研究成果并非预期。严谨的做法是重新审视原来假设的科学性与合理性,并要求对原有的研究过程作仔细地审查和反思,找出其中的失误或漏洞,以尽力弥补。一般来说,未取得成功的研究不必形成研究成果,但如果能形成有关的书面总结将会为自己或他人提供有益的教训与参考。

四、体育科研方法简介

(一)体育科学研究方法的概念

"方法"指的是人们在某一活动领域内从实践或理论上把握现实,为达到某种目的而采用的途径、手段、工具和方式的总和。科学研究方法在狭义上指人们在某一科研活动中所采用的具体方式。广义的科学研究方法则是指人们为了正确认识和揭示自然、社会和思维发展的客观规律而采取的途径、手段、工具和方式的总称。

体育科学自有一套完整、有序的知识体系,其中的本质和规律需要人们去寻找和探索。我们把人们从理论和实践上,为科学地认识和揭示体育运动现象理论和实践的规律而采用的途径、手段、工具和方式的总和命名为体育科学方法。科学研究的方法论是以辩证唯物主义认识论为指导,以科学研究方法为基本内容的系统理论。

(二)体育科学研究方法论

1.科学研究方法论概述

方法论是一种以解决问题为目标的体系或系统,通常涉及对问题阶段、任务、工具、方法技巧的论述。方法论会对一系列具体的方法进行分析研究、系统总结并最终提出较为一般性的原则。

对科学研究方法的研究也是科学研究的重要内容。各种具体的科研方法必须要有正确的方法论为指导才能保证科学研究工作的顺利进行。

2.体育科学研究方法的哲学基础

从方法论的角度,马克思的辩证唯物主义和历史唯物主义具有哲学方法论和具体研究方法论两层含义。在哲学层次上,强调知识源于实践,强调经验事实先于理论,主张以人的活动作为哲学思考的重心,强调以动态发展的观点分析自然界、社会和思维。在研究方法层面上,强调研究过程的实践性与经验性相结合,用系统和整体的观点考察社会现象。从马克思主义哲学方法论出发,体育科学研究要坚持实事求是,运用辩证法和系统论的观点研究体育现象,要坚持科学研究成果服务于人民大众。

3.体育科学研究方法的逻辑学基础

逻辑学是关于思维的规律、形式和方法的科学。科学研究中的逻辑方法是指认识客观现实,处理思维材料的一些特定的门路、程序和规则,包括科学解释、科学预测、探求因果联系,以及建立科学假设的方法等。体育科学研究的理论应用过程和理论构成过程都必然要有逻辑学的参与,以保障体育科学研究过程逻辑的一致性和严密性,从而得出可信的、有效的、实用的研究成果。

4.具体的体育科学研究方法

科学研究的具体方法种类很多,我们往往将之分为两类:一是资料收集方法,包括文献法、问卷法、访谈法、观察法、量表法与测验法、实验法等;二是资料分析方法,包括统计分析法、数理分析与模拟法、比较法、构造类型法、理论分析法等。本节将对五种常用的具体研究方法作简要介绍。

(三)具体体育科学研究方法简介

1.文献法

文献法又称文献资料法,它不仅是一种资料收集方法,更是包括资料收集和分析在内的一种综合研究方法。凡将人类知识以文字、图形、符号、声频、视频等技术手段记录在一定物质形态上,用心交流传播的一切出版物或物质形态的载体都被称为文献。体育文献则是指文献内容涉及体育科学知识范畴的部分。

文献法是任何一项体育科研都逃脱不开的研究方式,其作用主要体现在以下四个方面。①有益于全面了解以往研究成果。充分查阅文献可以认清前人的研究成果,保证科学研究的连续性与继承性,避免研究的盲目性和不必要的重复。②有利于为体育科研提供科学的理论与实践的依据。在了解已有研究的方法和观点的基础上,甄别前人成果的优缺点,便于发现新的研究视角、研究手段。③有助于掌控研究对象的社会历史背景。通过收集研究对象的社会、历史、经济、文化等各方面的文献能够获取大量有价值的信息,对自我研究过程的设计具有重要意义。④有利于开拓思维。文献资料查找和收集的过程是科研工作能力培育的重要环节,它有助于培养研究者对资料信息的敏感性,利于触发研究者的研究灵感。

文献法的优点在于以下三个方面。①经济性。可以在较少消耗人力、物力的同时获得较大的信息量。②简捷性。随着现在计算机和网络技术的普及,文献资料的检索和收集都非常便捷,运用好文献法可以极大提高研究的效率。③适用性。文献法既能完成同类事件的纵向研究,又可作相关的横向比较研究,受研究条件的限制较少。

文献法的缺点在于以下三个方面。①文献法在文献选择上常常会出现不客观、不全面、不系统的弊端,影响研究的可信度。②研究者的态度可能造成文献检索时的不完善、不科学,导致研究结果不能体现应用的价值。③文献资料因各自研究目的、手段、标准的不统一,易造成研究难以采用统计学方法进行处理,限制了其研究内容的选择。

文献阅读和搜集的要求有以下三点。①精读与略读相结合。对设计研究课题相关的重要专著、论文及其中的重要内容、观点、原理与结论,需进行精细、精心的阅读,并同时做好各类读书笔记,这是研究课题获取主要参考材料的途径。而对于与研究课题联系不多的文献资料,则只需粗略阅读、浏览即可,或了解一般情况或启发思路,或从中搜集个别例证与数据材料。即使同一篇论文,篇幅很多,也可将精读与略读结合。②阅读与理解、记忆相结合。在阅读原始文献时,既要力求弄清原文的要点、实质、特点与成果价值,又要带着自己研究的问题去积极思考,对比联想,启发思路,激发智慧火花,就可能在阅读过程中产生一些清晰的观点、构想,为研究问题提供有创意的假说,或修正事先提出的某种假说、研究方案与方法手段。同时,阅读文献阶段的深刻理解与记忆,还有助于以后对文献资料的加工和撰写论文的分析运用。③掌握阅读科技文献的一般程序。对学术专著、教材或学术论文资料,可首先从内容简介、序言或论文摘要开始阅读。先初步了解其内容概要与结构轮廓,然后决定是否再读或精读与略读。如需再读原文,可先精读论文结论、重点章节与研究方法等部分,然后根据情况再读全文或部分内容。

2. 调查法

调查法是指为了达到研究设想的目的,制订某一计划全面或比较全面地收集研究对象的某一方面情况的各种材料,并作出分析、综合,得到某一结论的研究方法。调查法的目的是可以全面把握当前的状况,也可以是为了揭示存在的问题,弄清前因后果,为进一步的研究或决策提供观点和论据。

调查法在体育科研中具有相当多的优点。①可以基本上不受时间和空间的条件限制而间接地研究某一问题。在体育科研实践中,往往不可能直接观察到全部现象,也不可能全都用实验法进行研究。如群众体育参与的动机、学校体育对于学生个性成长的影响,等等。但采用调查法,可以通过间接地掌握实际情况(或材料)去研究和解决这些问题。②经济省时。可以通过多种手段收集材料。采用调查法,收集资料的手段多、速度快,涉及人数和问题的范围广。它可以通过访问、座谈、问卷、测验等多种手段向熟悉研究对象的当事人或第三者了解情况,也可以通过测验、收集书面材料等途径了解情况,掌握现状。③简便易行。调查法是在自然状态中进行的,它主要通过考察现状收集资料进行研究,而不是像实验法那样通过控制实验因素的方法进行研究,所以调查法比较简便易行。④可以对客观的现象(或现实)进行描述和解释。某些现象是无所不有、复杂多变的,要研究它,就得进行调查研究,变复杂为有序、变模糊为清晰,在头脑里形成整体概况,以便进行正确的评价与判断。

调查法也存在一些缺点:①调查法只能揭示事物之间的某种关联,却不能可靠地揭示事物间的因果关系;②被调查对象由于种种原因可能对问题作出虚假或错误的回答。

常用的调查法有三种。①访问调查法,它是指研究者与被访问者之间面对面的接触,通过有目的的谈话寻求研究资料的方法。访问调查法一般方式有面谈、座谈、电话访谈;主要步骤为取样、制订访谈提纲、进行访问、记录和整理。②问卷调查法,它是一种书面形式的谈话调查,以卷面形式提出若干固定问题来询问被调查对象,然后对所得材料进行分析并得出结论的方法。问卷内容设计可分自由式问题和封闭式问题;问卷调查法常用的四种形式是选择法、是否法、计分法、等级排列法。基本步骤为:根据调查主题确定问卷类型;围绕研究目的设计问卷;问卷的信效度检验;发放和回收问卷;统计问卷结果,分析调查数据;撰写调查报告。③专家意见法,又称特尔菲法,是调查者(或调查机构)采用背对背的通信方式征询专家小组成员的预测意见,经过几轮征询,请专家分别对事物进行评估、判断分析,以期最后获得一致意见的调查方法。专家意见法的主要程度为:制订含义十分明确的调查提纲,确定专家人选和名单;将调查提纲分发给选定的专家,请他们用书面形式回答;专家要求背靠背、互不通气地就某些问题独立回答;回收专家答案,由调查者进行定量分析,统计结果,再次制订调查表;将统计归纳的调查表再反馈给专家们思考,专家可以改变自己意见,再将意见以书面形式反馈给调查者。一般经过 3~4 轮的反馈,此时意见往往比较集中,最后通过数学处理后得出结果。

3. 实验法

实验法是根据研究目的和任务,利用科学仪器、设备,人为地控制或模拟研究对象,排除干扰,突出主要因素,以便在最有利的条件下对其进行观察,研究其规律的一种方法。科学实验有三个要素:受试对象、处理因素、实验效应。

实验法作为体育科学研究的常用方法,具备以下三个特点。①实验能简化和纯化研究对象与现象。实验可以控制研究对象及其周围环境,从复杂的条件及影响因素中找出主要的、关键的因素,排除与研究目的无关的偶然因素和次要因素的干扰,经过简化或纯化帮助我们找出最主要的规律,揭示事物的本质。②实验能强化和深化研究对象与环境。实验中,人们可以借助各种仪器设备,制造出自然状态下难以出现或不能出现的环境和特殊条件,以达到研究的目的。③实验可以再现和缩小研究过程。在学校体育领域中,有许多现象发生的过程十分短暂,瞬间即逝,不易观察。运用实验法不仅可以严格控制实验条件,再现研究过程,而且实验规模和范围要比客观实际小得多。在体育教学实验中大都是以小规模的实验群体(或少因素)进行的,通过反复实验,最后对施加因素做出客观判断,从而排除偶然的结果。

实验法在现代科技发展背景下种类逐渐增多,实验手段也日益丰富,常用的实验方法有以下四种。①定性实验法,它是确定研究对象是否具有这种或那种因素或特征,以及它们之间是否具有关系等,对研究对象的性质作出回答的方法。②定量实验法,对研究对象的特征按某种标准作量的比较的实验,以测定研究对象的数值,用以揭示某些因素间的数量关系的实验方法。③对照实验法,是通过比较来研究、揭示实验对象的某种特性的研究方法。具体做法是将对象分为两个或两个以上相似群体,通过一定实验步骤,在对照中判定实验组是否具有某种性质或受某种因素影响。④模拟实验法,它是指在科学实验中,有时受客观条件的限制,无法对某些对象进行直接实验,而人为设定环境以寻求间接实验的方法。

实验法的一般逻辑原理:先测量在没有受到 A 影响之前 B 的情况,即前测;然后施加实验刺激 A 并保持其他条件完全相同,再对受 A 影响后的 B 进行测量,即后测;最后比较前测和后测结果是否存在差异来判定 A 和 B 间是否存在因果关系。

实施实验法有以下三个基本程序。①实验准备阶段,包括:确定研究课题;根据课题确立基本假设,并制订实验设计;根据研究变量引入具体的实验刺激;完善对因变量的测量方法,提高信效度;进行实验刺激和因变量的预实验。②实施阶段,包括:选择合适的实验对象;随机原则下组合实验对象,并对其进行必要的指导;对因变量进行前测;进行实验刺激;进行实验后测;向实验对象说明实验的真实目的和原因,询问他们的实际感受。③资料处理阶段,包括:收集实验资料进行分析;通过统计方法对研究假设进行检验;提出理论解释和推论。

4.观察法

观察法是指在自然条件下,通过人的感官或辅助工具,根据一定的目的和计划,对研究对象进行主动、系统、细致的考察,以收集资料并运用相关方法加以整理,综合、分析出事物运动客观规律的研究方法。科学的观察具有目的性和计划性、系统性和可重复性。使用观察法可以扩大人们的感性认识,启发人们的思维,导致新发现。

观察法具有以下特点。①观察是在事物自然发生重复出现的情况下进行的。观察过程中,研究者对观察对象不施加干扰,在控制条件下进行观察。②观察是一种具有能动性的感性的认识活动。观察是通过人的感官以及仪器去直接认识观察对象的活动,它能记录、报告、思考观察的事实。但观察不是被动和反射式的活动,在观察的过程中,必须要伴随着能动的理性思维活动,得到的研究结果才能为后来的研究提供有效的经验事实材料。③观察不是一种盲目的搜索或简单反应的运动,它具有明确的目的性和计划性。因此,需要根据研究课题,预先确定观察的对象、任务、角度、范围、步骤以及要求等,才能完成科学观察的任务。

体育科学研究中观察法运用较为频繁,观察的方式也多种多样。常用的观察法类型有:①直接观察法,是指研究者通过自己的感官对研究对象或事物直接进行感知和描述的方法;②间接观察法,它是研究者借助辅助仪器或借助别人的直接观察取得材料,对研究对象进行间接观察分析的方法;③定性观察法,即通过观察来确定研究对象性质、特征及其与其他现象有何联系的方法;④定量观察法,它是指在定性观察的基础上进一步深入,以确定研究对象数量、强度、经历、时间、空间等数量变化的观察方法。

实施观察法一般有以下五个步骤。①制订观察计划阶段,包括:明确观察的目的和任务;选定观察对象和观察时间;确立观察内容和方法;选择客观、合理和可能性的观察指标;确定观察方法及具体要求。②做好观察前的准备工作,包括:取得相关单位的支持和配合;了解观察对象的一般情况;制订观察记录表格;做好观察前的动员;备好观察使用的材料和仪器。③进行观察阶段,包括:严格按拟订计划开展工作,必要时做到随机应变;灵活确定观察位置角度,善于及时捕捉观察时机;观察过程中,观察者注意力要集中于预定指标,同时要留意对某些例外、偶然和特殊现象与事件的把握;充分利用和发挥观察仪器的的作用,以弥补肉眼观察的不足;对复杂的研究任务,应采用研究人员分组观察的方式。④观察记录,要求:不要依赖记忆;尽可能节省书写时间;记录要清楚,易读易用;不同的观察任务和内容要分类记录;借助仪器记录。⑤整理观察材料,每次观察统计后都应及时整理资料,以免出现遗漏和积累难题;观察结束后应分类填写总表,及时统计,以便撰写论文时采用。

5. 测量法

所谓测量就是对所确定的研究内容或调查指标进行有效的观测与度量,在广义上是指按照一定的法则给事物增派数字的过程,在狭义上是指借助一定的工具或手段并依照一定的法则,直接或间接地给事物的某种属性赋予数值的过程。在体育科研中,从方法学的角度来看无论是收集资料,进行研究设计,还是进行实验和评价都需要以测量作为基础。

测量法的作用表现在以下三个方面。①利于获取大量原始资料。采用测量法所搜集到的数据资料具有较高准确性,为进一步研究课题提供了第一手原始资料。②为定量分析奠定研究基础。由定性描述到定量分析是学科发展成熟的重要标志,体育运动现象的数量变化离不开测量法的参与。③是检验科学假说和理论的基本形式。科学测量所得的数据是科学实践的形式之一,以此验证科学假说和理论具有极大的说服力。

测量法按不同的角度有不同的分类方法,一般以测量内容为准可将之划分为物理量测量和非物理量测量。体育测量中对象的身高、体重、力量、速度等,以及具有时间、距离、重量等特征的测量都属于物理量测量;对于技术战术水平、心理特征、疲劳程度、认识状况的测量属于非物理量测量。按测量的形式可以将测量法分类为直接测量和间接测量。前者主要针对如长度、时间、重量等物理量测量形式,后者主要针对诸如运动员心理特征、疲劳程度等非物理量采取间接的测量。按测量水平还可划分为类别测量、等级测量、等距测量和比率测量等类型。

测量法的使用有严格的要求。①针对性。测量的针对性是根据研究问题中的各种因素的某一特征,有目的、有计划地直接或间接的度量。②测量与评价的一致性。测量与评价是两个相互依存的概念。测量的目的在于搜集所需的信息资料。测量是评价的前提,评价能否达到预期目的,直接取决于搜集资料信息的可靠性和有效性。③可靠性。测量的可靠性又称信度,它是指在同等条件下对同一受试对象重复测量时,其结果的一致程度。任何测量在实测中总会受到一些偶然因素的影响,使测量结果存在一定的偶然误差(随机误差)。测量应尽量减小误差以提高测量的可靠性。④有效性。测量的有效性又称效度,它是指测量所反映的被测特性的准确程度。通过测量能否准确地反映被测特性而实现其目的,取决于测量工具和条件误差(系统误差)所占比重的大小。⑤客观性。测量的客观性是指不同测试人员对同一批受试者实施同一测量手段,测量和评价结果的一致程度。测量要做到程序规范、指标统一、条件控制严格,以保障测量结果的客观。⑥标准化。测量的标准化是测量结果客观性、可靠性、有效性的根本。它包括测量方法及测量指标的规范化,测量仪器的性能及使用方法的稳定性,测量过程的程序化,测量者预先统一的内容、方法标准及要求等整个测量系统的标准化。

第四节 体育科研的现状和发展趋势

在各国体育事业发展过程中,人们越来越深刻地感受到体育科学研究的重要性,可以说体育事业的进步必须依靠科学技术的进步,体育科学研究则是科学技术作用于体育事业发展的必要手段。在全世界范围内,体育科学研究都在追寻着一定的热点,为各自的体育发展目标而努力。今后,体育科学研究仍然是体育事业发展的重要基石,并会按照一定的趋势继续向前推进。

一、体育科学研究现状

(一)体育科研规模扩大化

近年来,人类科学技术一直处于飞速发展阶段,人类知识更新的速度超过以往任何时代,人类对体育的认知追求从没放松过。世界整体经济水平的提高,使许多发达国家和发展中国家的人们获得了大量的余暇时间,体育成为人们追求健康生活的必备生活方式。奥林匹克运动强大的影响力,让体育在世界的每个角落都散发着惊人的能量。因而世界许多国家和地区都有大批专职或兼职的人员对体育科研投入大量关注。世界舞台上的体育强国和体育大国大多都建立了专门的国家级的体育科研中心,投入专门的资金从事与体育相关的科学研究。

在我国,体育科研发展也非常迅速。1980年中国体育科学学会召开的第一届全国体育科学学术报告会共征集论文621篇,实际选入论文280篇。1987年12月召开了第二届全国体育科学学术报告会,征集论文 1 082 篇,实际选入论文 412 篇。10 年之后的 1997 年 11 月,在北京召开的第五届全国体育科学大会,征集论文 2 044 篇,实际选入论文 1 019 篇。而在 2015 年 11 月杭州举办的第十届体育科学大会上,共征集论文 7 628 篇,实际选入论文 3 523 篇。体育科学研究规模的扩大可见一斑。我国国家哲学社会科学研究基金和自然科学研究基金也设立体育学专项,仅国家社科基金立项体育学项目已从 1997 年的 20 项增加到近年来的 120 余项;各省市和多部门也有专门基金支持体育科学研究;各级各类体育科研单位和高校等部门中集聚了一批专职或非专职的体育科研专家与学者,形成了投入大、范围广、人员多、成果丰富的科研局面。

(二)体育科研内容综合化

如今,体育科研多学科统合研究的现状已经十分明显,体育学科交叉性和综合性的特点在当前科研中一览无遗。据学者统计,仅提高运动员运动成绩研究就包括了体质、素质、机能、心理、技术、战术、智力及多种社会因素,这一现象的研究涉及人体形态学、遗传学、解剖学、组织学、生理学、生物化学、营养学、医学、心理学、教育学、管理学、信息学等众多学科,其影响因素达到 150 多种。关于运动损伤的研究往往会有体育社会学、运动生物力学、运动医学和运动生理学四个学科板块的参与。国外竞技体育研究热点之一的运动心理研究,光从研究理论依据来看,就有竞赛状态焦虑理论、成就目标理论、心理应激理论和自我决定理论四个理论的综合介入。

当前,无论是学校体育、竞技体育还是大众体育的研究,其内容都不可避免地出现综合化的趋势。边缘学科的不断产生,新运动技术的层出不穷,跨学科研究的数量增加,使体育科研内容越来越丰富。当然,这对于体育科研本身来说是一件好事。因为,只有从多学科的角度进行综合的考察和研究,才能找出其发展的现律,求得更加有效的整体解决问题的方法。

(三)体育科研方法多样化

现代体育现象的复杂化和体育学科发展的综合化加大了体育科研的难度。在体育研究领域,社会科学和自然科学相互渗透的现象相当频繁和复杂。然而,与 20 世纪控制论、系统论、信息论和继之出现的模糊论、耗散论、协调论、突变论等系统方法理论曾引起科学研究界方法的再发展相类似,当今计算机网络、多媒体技术、基因重组和表达等新技术手段的投入和大量精密、先进仪器的使用,也让体育科学研究的方法呈现了多样化趋向。定量研究和定性研究的互补运用在当前的体育科研成果中已屡见不鲜。另外,随着体育科研国际交流的增多,各国之间在体育科研方法上也不断相互借学习和借鉴。

现阶段,我国体育科研界对国外研究方法的本土移植也逐渐成为风尚。例如,在近年来一些具有代表性的体育人类学研究成果中,针对一些具有特定地域性、民族性的体育文化现象,研究者既运用了体质人类学中测量法、实验法等定量研究方法,又采取了文化人类学常用的田野调查法、访谈法等质性研究方法。单一的科研方法显然已经难以适应体育科学研究的现实,只有不断地创新研究方法并能熟练地根据研究对象的变化来运用科研方法才能取得理想的研究成果。

(四)体育科研成果实用性

体育科学具有的实践性特征让体育科研与社会实践间始终保持着很近的距离。在以现代奥运为代表的竞技体育推动下,半个多世纪以来,许多国家和地区在竞技体育领域投入大量人力、财力和物力,把重点集中于运动项目规律研究、优秀运动员个体特征研究、青少年运动员选拔与培养、运动员伤病防治等若干制约竞技体育发展而又亟待解决的重要科技问题,使人类的竞技水平一直朝着更高、更快、更强的目标迈进。在学校体育领域,体育课程与体育教学居于中心地位,体育学科体系及分类、体育教师专业化发展受到高度关注,体质健康是持续受到重视的热点话题。现代体育科研对大众体育的关心程度得到提高,运动处方、健身理念、促进大众群体健康的技术和手段被提出并实际运用。在当前,体育科研成果转化和应用的速度大大加快,体育科研的成果与人的健康和社会生活间的关系更为密切。

我国体育科研在注重基础研究的同时也越来越重视科研成果的实用性。21世纪以来我国在竞技体育上取得的辉煌战绩显然有体育科研成果的贡献;近年我国学校体育研究广度与深度不断拓展,科研重心倾向于对青少年体质健康水平的提高;公共体育服务、社会健身指导和体育产业发展等方面的研究与我国社会发展现实紧密相关。

二、体育科学研究的未来趋势

(一)尖端科技引领体育科研新动态

现代科技的发展速度超乎想象,尖端科技手段将引领体育科学研究的未来发展方向。计算机网络和信息技术的飞速更新使体育科研中的观察、测量和资料处理的便捷程度与往日不可比拟;大数据时代的来临给体育科研发展带来了新的契机和挑战。生物技术的进步,特别是基因科技的诞生为今后体育科研的革命奠定了一条可能性的道路。材料科学研究成果涉及运动员的服装、比赛器械、场地和场馆,成为体育科研的另一热点。可以说,谁掌握了尖端科技并将之应用在体育领域,谁就在体育科学研究中占得了必然的先机。

(二)体育科研更加注重"以人为本"

现代科学只关心技术的应用而不注重事物人文意义的弊端已经遭到了反对。人文体育观念强调在体育活动中的人,需要尊重科学,但不能陷于科学主义;需要理性,但不能为理性主义所支配;强调体育的"科学性",但当体育走向"唯科学"时,应强调体育学更接近人文学科。体育科研也不例外。在竞技体育上,体育科研除了着眼于竞技成绩的提高,更要关注运动员的身心健康。体育科研要关注到不同群体的体育需求和体育权益保障,比如:大众健康领域公共服务体系的构建,竞技运动员的权益保障和反兴奋研究的深入,对学生群体体质健康提高的持续关注,体育产业经济与社会发展关系等与"人"息息相关的研究将备受瞩目。体育科研"以人为本",更为人类社会发展作贡献,正是体育科学实用价值的最好体现。

(三)体育信息传递和学术交流更为广泛

信息技术引领的信息时代到来后,知识爆炸让人类知识传递和更新的速度变得惊人,从事知识创造、加工和传播工作的人口数量激增。每年全世界出版的体育报刊杂志和体育科研文献数以万计、汗牛充栋。体育文献资料电子数据库的构建,让许多研究者可以足不出户便尽览最新体育科研成果。计算机网络技术的普及让体育信息的互动、传播和交流更为便利。与此同时,交通工具和通信手段的发达让地区甚至国际间的体育学术交流更加频繁。许多国家和地区都会有不同层次和类型的体育学术交流活动,全世界每四年会举办一次国际奥林匹克体育科学大会。各种见解和主张能够在相应的平台得到发表,通过交流增进研究者在体育科学上的沟通和了解,对体育科学的整体发展起到了巨大的推动作用。随着时代的发展和科技的进步,体育信息传递和体育学术交流将会更为广泛,并将促进体育科学研究的总体前进。

本章小结 —— 本章从阐释体育科学的概念入手,介绍了体育科学从古代萌芽到近代形成的历史进程和当前的发展概况,分析了体育科学的学科体系构成及其总体特征。随后,讨论了体育科学研究的对象、主要内容和特点,概述了体育科学研究的四个基本过程,并就体育科研的主要方法论和几种常用的具体科研方法作了探讨。最后,分析了当前体育科学研究表现出的规模扩大化、内容综合化、方法多样化、成果实用化的现状和其未来发展趋势。

回顾与思考 1.简述我国体育科学形成和发展的历程。

2.体育科学研究的基本过程有哪些?

3.谈谈在体育科研中如何使用文献法。

土洋体育之争

1928年"中、日、德三国田径对抗赛"在东北大学举行以后，德国体育的迅速发展再次引起国人瞩目；1931年"九一八"事变后，抗日救亡运动风起云涌，体育界的"体育救国"呼声再次高涨；中国在历届远东运动会上的成绩每况愈下。一连串的事件促使体育界重新检讨中国体育发展的道路。企图通过对历史的反思寻找答案。其直接动因则是1932年刘长春一人代表中国首次参加奥运会，并在100米和200米预赛中即遭淘汰。消息传来，舆论哗然。此时，正逢全国体育会议即将在南京召开，会议准备讨论制定"国民体育实施方案"。许多关心体育的人士纷纷在会议召开之前发表主张，要求进行体育改革。部分人士坚持以武术、养生为中心的"土体育"取代由欧美传入的近代田径和球类运动项目。这种论调遭到一批以留学西方为主体的体育学者的强烈反对和批判。为此双方在各类报刊上发表文章相互争论。

土洋体育之争实际触及当时重要的两个体育基本理论问题：一是对体育本质和价值的理解，二是中国体育应走什么样的体育发展道路问题。提倡土体育的认为，中国过去的体育盲目模仿西洋，妄自菲薄，走入了歧途。当前国家外受列强欺凌，内陷贫困动乱，西式之运动，亦不必学，且不可学。因此应脱离洋体育，觅取中国独有的体育之道。而提倡洋体育的则认为，推动体育固然应该根据"国民性与国情"，但不能拒绝学习国外体育的先进成果，因为西式体育以近代科学为基础。总之，土洋体育之争，可以被理解为是"五四"时期有关体育问题讨论的继续。它不仅使"洋"体育以后能更好地走进中国社会，而且也为后来的中国"土"体育即民族传统体育走向世界创造了条件。

第八章
体育体制

【学习目标】

通过本章内容的学习,掌握当前体育组织制度存在的政府型、社会型和政府社会结合型三种形态及其特点、功能;了解国外美、德、法、日等体育强国所实施的体育组织制度;了解我国目前采取的层次制和分职制相结合的组织管理体制的基本构成、特点、不足及今后的改革方向。

【学习任务】

1. 掌握体育组织制度的概念。

2. 了解政府型、社会型和政府社会结合型三种体育组织制度的形态及其特点。

3. 掌握我国"举国体制"的基本特征与意义。

4. 了解我国体育组织管理体制的基本构成。

5. 了解体育组织管理体制层次制和分职制相结合的特征。

【学习地图】

体育组织制度的概念→体育组织制度的三种形态和功能→几个典型国家的体育组织制度形式→我国体育组织制度的形式与特征→我国体育组织制度改革的方向

第一节 体育组织制度的形态和功能

制度是社会的博弈规则,它是人为设计的、用来规范人们互动关系的规制。体育组织制度指的是一个国家体育组织在机构设置、组织形态、权力划分和权力运行等方面所形成的制度总称。它是实现体育事业目标的组织保证,受国家政治经济体制的制约。在现代社会中,体育领域的权力和利益通常归政府或社会所有。体育权力和利益的归属者掌控博弈规则,并最终决定着体育组织制度的性质和形态。

一、体育组织制度的形态

世界各国体育组织制度的性质、内容与结构各有不同,按照体育组织管理权力和利益的归属,体育组织制度可分为政府型、社会型和政府社会结合型三种形态。

政府型体育组织制度的特点是由政府设立专门的组织机构管理体育。体育组织、运行、管理的权力高度集中于政府手中,政府采用行政干预的方式,从宏观到微观对体育事业进行全面的管理。政府型体育组织制度突显一个国家制度的特色,这种管理制度和管理方式主要存在于一些中央集权制的国家,如前东欧各国及古巴、朝鲜等,中国在 20 世纪 50—80 年代也曾经采用典型的政府型体育组织制度。政府型体育组织制度有利于集中有限的资源实现预期目标。

社会型体育组织制度的特点是由各种社会体育组织管理该国的体育,政府一般不设立专门的体育管理机构,政府对于体育事务很少介入和干预。即使介入和干预,也常常是采用立法或经济补贴等方式间接地进行制度或经费支持。在多数采用社会型体育组织制度的国家中,管理权力分散于各种社会体育组织之中,因而也可把这种管理形式称为分权型组织管理体制。美国的体育组织制度是比较典型的分权型组织管理体制。这种体制有利于调动社会体育资源,发挥社会各方面的积极性。

政府社会结合型体育组织制度是一种由政府和社会体育组织共同管理体育的新型体制。政府设有专门的体育组织管理机构,或指派几个有关的部门负责组织管理体育。政府对体育实行宏观管理,即制定方针政策,发挥协调、监督的职能。社会体育组织在政府的宏观指导下,负责体育的具体业务管理,如制订项目发展规划、各种规章制度,开展大众体育等。世界大多数国家采用这种组织管理制度,如英国、德国、法国、韩国和加拿大等国家。政府社会结合型组织管理制度有利于发挥政府对体育事业的主导作用,鼓励社会支持和参与体育事业的发展。

当前,很多国家都在进行体育组织制度的改革与创新,一些过去采用政府管理型体制的国家,如前东欧国家、中国等,开始容纳社会组织与国家共同管理体育。而一些过去采用社会管理型体制的国家如加拿大、韩国等,其政府逐渐介入体育事务,并设立了体育管理机构,从而使其组织管理制度转变为政府社会结合型方式。这种兼有"政府"和"社会"两种特征的体育组织制度是国家政治经济体制变化的结果以及发展本国体育事业的需要,是现阶段世界各国进行体育组织制度创新的首要选择。

二、体育组织制度的功能

(一)保证满足社会生活的需要

根据人所具有的自然属性和社会属性,我们认为人有生物性的基本需要和精神文化的需要。而人的需要又是不断发展的,也是永远不会满足的。但在某一特定的历史时期,人们怎样通过体育较大限度地满足其生理、心理、文化的需要呢?从体育领域来看,就需要考虑主体体育行为的系统化、规范化,使主体的需要在允许的情况下得到最大限度的满足。也就是说,在社会的体育领域,要满足人们生理、心理和精神文化的需要就必须有制度作保证。当然,建立了体育制度,并不意味着需要必然得到实现,需要的实现必须是人的行为践行了制度,制度的功能才能体现出来。

(二)提供社会化的行为模式

促进体育社会化,已经成为体育事业的发展方向。所谓社会化的体育行为模式,也就是社会角色的理想模型。作为体育组织制度,它对自己的角色是有要求的,这种要求就是进入体育领域的人应该成为模型化的人物准则,这样的模型化就是理想角色。体育制度能否提供人们社会化的体育行为模式,能否在培养理想的角色中作出贡献,那就要看体育制度是否适应体育领域和社会发展的需要,能否妥善处理好体育发展过程中的各种关系和参与者的权益问题。

(三)促进社会整合

体育组织制度是人们在体育领域社会关系的规范、行为的准则。体育领域作为社会的一部分,它具有相对的独立性,但它又和社会的其他领域紧密联系,这就决定了体育组织制度一方面在体育领域起整合作用,另一方面它又同其他制度结合起来对社会其他领域起整合作用。随着社会现代化的发展,社会分工越来越细,专业性越来越强,体力劳动相应有较大的减少,随之出现的职业病种不断增加,在这种情况下,政府就必然会制定适合本国或本地区利益的体育制度,并试图通过贯彻、执行其制定的体育制度,使社会处于规范的运作中。

(四)传递体育文化

制度是一种文化,制度同样传播文化。社会的每一个领域,都有自己的专业语言。有了这样的语言,人类才能在特定的语言环境里思维、实践。作为社会文化现象之一的体育,通过制度的保存、施行而传递体育的文化,靠体育制度的种种规定进行实践活动。每一个时期都是在与当时社会相适应的制度前提下进行体育实践活动。

总之,建立健全良性发展的体育组织制度,有利于发挥体育的各种现代职能,是促进各国体育在新的历史时期可持续发展的重要目标之一。

第二节 国外体育组织制度及其特征

世界各国体育事业的发展目标是不相同的,各国政府出于不同的政治、经济和文化发展的需要,采取不同的体育政策,建立相应的体育组织管理体制。当今世界各国的体育组织管理体制复杂多样,有些还处在改革发展过程之中,有些过去比较成熟的体育体制,也有不少变化和调整。

一、美国的体育组织制度及其特征

美国是全球公认的体育强国。在一直保持奥林匹克运动霸主地位的同时,美国各项体育事业持续、稳定、健康发展。究其发展的内在规律,重视体育的政治功能、教育功能和社会价值,是美国体育事业持续发展的基础;重视体育与教育的全面融合,重视职业体育制度的完善和体育产业的发展,重视发挥社会管理型体制的优势,是美国体育事业得以持续发展、体育产业成为国民经济支柱的重要保证。

美国政府没有专门的体育主管部门,也没有单一和垂直的权威机构来负责全面的体育工作。多个专门的社会组织和私人企业在体育运动中扮演着主要角色。美国的社会组织分为业余体育组织和职业体育组织两大类。业余体育组织由全美业余体育联合会、美国奥委会、全美大学生体育联合会和全美中学生体育联合会四大群众团体组成,它们分别在各自组织的框架内自主管理和运作。其组织基础覆盖全国的各类单项体育协会、行业体协和俱乐部。职业体育组织由美国职业体育联盟和所属的职业运动队构成。职业联盟的最高权力机构是执委会,由各职业队的业主组成,负责重大问题的决策。职业联盟内设两个部门,一个负责训练和竞赛管理,另一个主要处理与商业有关的事务。职业代表队的所有制形式主要有独资、合资和股份制三种形式。美国政府对体育的经济资助,一般情况下不直接提供财政拨款,只是针对某些特殊情况提供一定数额的补贴。

二、德国的体育组织制度及其特征

德国是典型的社会主导型体制,以“俱乐部体制”为基础,体育管理的任务主要由各类社会体育组织如体育类协会和俱乐部来承担。在这种体制下,德国体育事业的各个方面如竞技体育、群众体育和学校体育等得到了均衡发展，是名副其实的"体育强国"。德国体育体制的成功经验包括四个方面：①各级政府（体育）主管部门的职能分工明确，国家层面、联邦州层面和地区层面的（体育）主管部门分别关注（负责）竞技体育、学校体育和场馆建设方面的工作，使体育事业的各个方面得到平衡发展。②大力发展体育俱乐部，以体育俱乐部为基础，全面促进竞技体育、群众体育和学校体育的开展。③联赛体系高度完善，通过职业联赛提高竞技运动水平和体育产业发展水平，通过业余联赛促进群众体育的开展。④政府投入修建体育场馆设施，作为公共福利事业交给俱乐部或学校使用，同时向大众体育俱乐部开放学校场馆，合理利用体育资源。

德国社会管理体育的机构主要有德国体育联合会、德国奥委会、德国青年体育会和德国体育促进基金会。体育俱乐部是德国体育的基本组织形式，也是德国国民从事体育活动的载体。德国体育俱乐部数量多，规模小，全国共有7.8万个体育俱乐部。大部分体育俱乐部、体育院校、成人教育教材、体育概论以单一项目为主。德国的体育俱乐部过去具有非营利的性质，但从20世纪90年代以来，一些以营利为目的的私人俱乐部大量出现，从根本上改变了"非营利性"。它有利于减少政府的体育开支，并通过税收增加政府的财政收入，扩大就业市场。政府通过对体育组织的财政拨款，用经济手段影响体育组织，贯彻政府的意图。

三、法国的体育组织制度及其特征

法国体育体制的组织结构与其他西方国家都不同，它是以工作过程标准为协调机制的机械化组织结构。政府体育管理部门把工作的重点放在宏观调控上，社会体育组织（协会）在政府的扶持下，积极开展与社会私营企业的经济合作，寻求社会的支持和体育投入。这种政府与社会相结合的体育组织制度，有利于充分发挥社会办体育、大众参与体育的积极性，广泛满足人们的体育需求。

法国的国家行政机关有两个部门负责管理体育事务，一个是青年与体育部（简称"青体部"），另一个是国民教育、高等教育和研究部（简称"国民教育部"）。青体部负责管理高水平竞技体育和体育运动的普及工作，协商国家对体育团体的资助，制定并监督实施有关职业体育和体育普及的规定。国民教育部负责身体和运动教育的教学，管理中小学和大学的体育组织。法国的大区和省级政府也设有与青体部相对应的体育机构，执行青体部的政策，对青体部制定的各项法规负责。法国的社会体育组织主要有国家奥林匹克与体育运动委员会，是社会体育界与政府合作，与综合性国际体育组织建立联系的唯一机构。此外，还包括各类学校或青少年体育协会、全国综合性运动协会和单项运动协会。

四、日本的体育组织制度及其特征

日本的学校体育由中央的文部省和地方的都、道、府、县等教育委员会直接管理,而竞技体育和大众体育主要由全日本体联和奥委会来管理,政府对这部分采取民办官助的间接管理方式。日本政府的财政拨款主要用于体育基础设施建设,如日本《体育运动振兴法》规定:"地方公共团体设置的供一般使用的体育场馆、游泳池和其他政令所规定的体育运动设施所需修建经费的三分之一,都、道、府、县为培养提高体育运动指导人员水平而举办讲习活动所需经费的二分之一均由政府补贴。"

第三节 我国体育组织制度的构成和特征

一、我国体育组织制度的功能

在我国,体育是关系到亿万人民社会行为的复杂系统,它需要动用大量的人力、物力和财力,履行多种专门的社会职能。如果没有一个科学的组织管理制度,就很难保证各项体育事业有序地进行,也很难充分调动社会各界人士的参与积极性,难以保证我国体育目标的实现。因此,根据社会对体育的要求,建立和健全良性发展的体育组织制度,是促进社会可持续发展的重要目标之一。其功能在于:

第一,保证体育事业有领导、有计划、有组织地实施。在我国,体育是社会主义建设事业的组成部分,发展我国的体育事业,不仅需要必备的物质条件、先进的体育科技,还需要组织上和制度上的保证。建立和完善适应社会主义市场经济需要的体育组织管理体制,是加快我国体育事业发展,保证体育事业沿着社会主义方向健康发展的保证。

第二,调动社会各方面的积极性,促进体育社会化。促进体育社会化,已经成为发展体育事业的方向。要使社会各行各业参与体育,政府、集体和个人办体育,就需要发挥国家对体育的组织管理作用,妥善处理好体育发展过程中的各种关系和参与者的权益问题,促进其健康有序地发展。

第三,加强体育法制建设,加快体育的现代化进程。我国社会主义市场经济条件下的体育组织管理体制,客观上要求加强体育法制建设,使整个体育活动领域,竞技体育、社会体育、体育产业、体育市场、体育社团等,都在法制的框架内运行。

建立健全良性发展的体育组织管理体制,有利于发挥体育的各种现代职能,也是促进我国体育在新时期可持续发展的重要目标之一。

二、我国体育组织制度的基本构成

我国体育组织制度的基本构成包括：体育的组织领导机构；运动训练制度；运动竞赛制度；体育人才培养制度；群众体育管理制度；以及保证组织领导体制实施管理的各种相关法规、制度和措施。

（一）我国体育的组织领导机构

1. 中华人民共和国体育总局

国家体育总局是国务院主管体育的行政部门，负责统一领导、协调、监督全国的体育工作，其主要职责包括以下九个方面。

①研究制定体育工作的政策法规和发展规划并监督实施。

②指导和推动体育体制改革，指定体育发展战略，编制体育事业的中长期发展规划；协调区域性体育发展。

③推行全民健身计划，指导并开展群众性体育活动，实施国家体育锻炼标准，开展国民体质监测。

④统筹规划竞技体育发展，研究和平衡全国性体育竞赛、竞技运动项目设置与重点布局；组织开展反兴奋剂工作。

⑤管理体育外事工作，开展国际间和与中国香港特别行政区、澳门特别行政区及台湾地区的体育合作与交流；组织参加和举办重大国际体育竞赛。

⑥组织体育领域重大科技研究的攻关和成果推广。

⑦研究拟定体育产业政策，发展体育市场；制定体育经营活动从业条件和审批程序。

⑧负责全国性体育社团的资格审查。

⑨承办国务院交办的其他事项。

2. 中国人民解放军体育指导委员会

我国军队系统的体育，由原解放军四总部组成的体育运动指导委员会行使管理职能，其主要职责是：制订军队系统体育的规划和计划，实施军事训练中的身体训练工作，管理军队院校的体育工作，举办全军运动会和各类运动竞赛，培养军队系统的优秀运动员，开展国际间的军队体育交往，计划和修建军队系统的体育设施，负责军队体育所需的经费和给养等。

3. 国务院其他部委

体育是关系到全民健康的大事，必须联合有关部委共同搞好体育工作。在国务院的组成部委中，一些部门设有体育工作的管理部门，并与国家体育总局在各自的职权范围内密切协作，相互支持和配合。教育部是教育系统主管体育工作的部门，它所设置的体育卫生与艺术教育司，是具体的管理职能机构。教育部通过地方各级教育委员会、厅、局（设体卫艺处、科）管理各级各类学校的体育工作。卫生部主管本系统体育工作，通过地方各级卫生部门和医疗卫生机构，开展体育医疗，配合做好对体育的医务监督和对学生的健康检查和体质调查工作。

4.中华全国体育总会

中华全国体育总会是全国性的群众体育组织,其主要任务是:依据《中华人民共和国体育法》,推进全民健身计划和奥运争光计划的实施;联系、团结运动员、教练员、体育工作者、体育爱好者及热心支持体育事业的团体和个人,联系台湾、香港、澳门同胞及海外侨胞中的体育界人士,努力发展体育事业,为全面建设小康社会、推进中国特色社会主义服务;同中国奥委会密切合作,为增进世界人民的友谊服务。

中华全国体育总会的业务范围包括以下九个方面。

①宣传和普及群众体育运动,不断增强人民体质,提高全民族身体素质。

②举办或联合举办全国性、境内国际性比赛和体育活动,进一步提高竞技运动水平,攀登世界体育高峰。

③大力推进体育改革,对体育事业的重大方针政策、发展战略提出建议,为政府决策服务。

④通过组织体育活动,向广大群众尤其是向运动员、青少年进行爱国主义、集体主义和社会主义教育,培养奋勇进取、顽强拼搏、团结友爱等优秀品德,树立遵纪守法观念。

⑤组织体育理论、运动技术、科研教学等专题调查研究,促进体育科学化。

⑥发展体育产业,培育体育市场,开发无形资产,促进体育产业化。

⑦加强与全国各体育组织的联系,沟通情况,交流经验,指导工作。

⑧开展国际间的体育交流,发展同国外体育组织和体育工作者的友好往来。

⑨对全国性单项体育协会自律性经济处罚收入实行内部收支两条线管理,对总会收入和支出实行"统一核算,统一管理"。

5.中国奥林匹克委员会

中国奥林匹克委员会简称"中国奥委会",是以推动奥林匹克运动和发展体育运动为宗旨的全国性体育组织。其任务和职能是:促进奥林匹克项目在中国广泛开展;组织中国奥委会代表团,参加国际奥委会主办的夏季、冬季奥运会,并提供必要的经费和运动器材;协助其他全国性体育组织举办体育竞赛和运动会。

中国奥委会的业务范围包括以下六个方面。

①依据奥林匹克宪章,在全国范围内发展和维护奥林匹克运动,宣传奥林匹克主义的基本原则,保证《奥林匹克宪章》在本国得到遵守。

②促进竞技体育和群众体育的发展,鼓励和支持妇女全面参加体育竞赛和体育活动。

③全权代表中国组团参加地区性的、洲级的和世界性的综合体育赛事,包括冬、夏季奥运会,冬、夏季亚运会和东亚运动会等以及其他与奥林匹克运动有关的活动。在有关全国单项体育协会的合作下,选拔运动员组成中国奥林匹克代表团参加上述运动会,并为该团提供必要的费用和体育装备。

④协助其他全国性体育组织举办全国综合性的比赛活动。

⑤反对体育运动中任何形式的歧视和暴力,禁止使用国际奥委会或国际单项体育联合会禁用的药物和方法。

⑥在中国选定适于举办奥委会、亚运会、东亚运动会等综合性国际赛事的城市。

中国奥委会的最高权力机构是全体委员会议,全国各单项运动协会的奥林匹克项目协会是中国奥委会的会员组织。

6. 中国体育科学学会

中国体育科学学会是全国性的群众学术团体,是中国科学技术协会的组成部分。其主要职责是:积极开展体育学术交流,组织重点学术课题的探讨和科学考察活动;编辑出版体育学术书刊,普及体育科学技术知识,积极传播体育科研、教学、训练等方面的先进经验;对我国重要的体育科技政策和问题发挥咨询作用,积极提出合理化建议,向有关部门反映体育科技工作者的呼声;积极开展国际体育科技交流;举办各种培训班、讲习班、进修班,努力提高会员的学术水平;举办为体育科技工作者服务的活动。

中国体育科学学会的最高领导机构是全国体育科学学会会员代表大会,执行机构是理事会。根据需要,学会下设若干分科学会或研究会。各省、市、自治区建立相应的体育科学学会及其分科学会或研究会,并申请加入所在省、市、自治区的科学技术协会。

7. 中华全国总工会体育部

中华全国总工会体育部是中华全国总工会的体育职能部门。其主要任务是:在全国总工会的领导下制订开展全国职工体育运动的方针、计划,推动地方工会及各产业工会发展,吸引和组织广大职工参加各种各样的体育活动以增强体质。

8. 中国共产主义青年团中央委员会文化体育部

团中央文化体育部是团中央主管文化体育工作的部门,它同其他有关部门配合,开展青年的体育工作。

(二)运动训练制度

我国的运动训练体制始建于20世纪50年代,60多年来,逐步形成了以青少年为主要对象的训练网络。从50年代起,我国就按照"思想一盘棋,组织一条龙,训练一贯制"的要求,在全国从若干项目着手,开始建立层层衔接的运动训练体制。

我国运动训练体系总体上可分为三个层次,也称三级训练网络。初级训练形式主要是打基础,扩大人才选拔的范围,形成运动员的三级队伍。中级形式侧重提高运动技术水平,培养并向上级运动队输送后备人才,形成运动员的二级队伍。高级形式是集中全国各省、市的优秀运动员,代表各省、市和全国最高水平,形成了我国运动员的一级队伍。(见图8.1)

几十年来,这种"全国一盘棋,组织一条龙,训练一贯制"的三级训练体制,被学者们称为"举国体制"。这种举国体制的基本特点是:实行高度集权的体育行政管理体制,政府体育机构集中了全部的管理职能;政府实行统一拨款的财政管理体制;实行专业化的训练和竞赛体制。正是在这种举国体制的推动下,我国培养了一大批优秀的竞技运动人才,使我国的运动技术水平得到飞速发展,为我国竞技运动水平冲出亚洲,走向世界起到了重要的促进作用。

图8.1　我国运动训练的各级组织形式示意图

(三)我国体育专业人才培养系统

早在20世纪50年代初期,针对体育师资数量不足质量不高的问题,党和政府采取了一系列措施,先后创办了6所体育学院,11所体育学校和中等体育专科学校,并在38所高等师范院校设立了体育系科,为我国体育人才培养工作奠定了坚实的基础。今天,我国的体育学院现已有13所,体育大学1所,体育科研所近30个,普通高等学校体育(院)系100多所。多数体育学院和高等学校体育系都具有学士学位授予权,有些院校(系)还具有硕士或博士学位授予权。

我国体育专业人才的培养形式主要有以下三种。

①高等体育院校、高等学校体育院系和体育科研所,是培养体育专业人才的主要场所。

②体育运动学校、体育中学、师范学校的体育班,是培养初级体育干部和初中及小学体育师资的重要基地。

③各种短训班、培训班、函授班、进修班和教师进修学院(校),是脱产、半脱产或不脱产形式培养体育干部和师资的形式。这种形式主要对在职体育教师、体育干部和教练员进行短期轮训。用短期培训形式,系统学习体育基础理论、专业知识与运动技术,以提高在职教师、教练员、管理干部的业务水平。

(四)我国群众体育管理体制

群众体育是现代体育体系中的重要组成部分。广义上讲,群众体育是指社会成员为了达到或保持自身的身、心、群(人的身体、心理和社会性)诸方面的健康状态,提高人口素质,自愿在余暇时间进行的与身体活动有关的社会活动,也可以说是社会成员在余暇时间进行的体育活动。狭义上讲,群众体育是指除了学校体育和高水平竞技体育、军队体育之外的各种体育活动。

在现代社会中,群众体育的作用越来越明显。它不仅可以增强一个国家的国民体质,改善人口素质,直接促进社会生产的发展,减少社会的医疗费用等,从而产生巨大的经济效益,而且在人们生活方式的改善、道德品质的培养、社会秩序的稳定等方面起着积极的作用,产生一系列不容忽视的社会效益。因此,世界上许多国家将积极发展群众体育作为自己的一项基本国策,采取有效措施给予积极支持,并试图对之进行有效的管理。

群众体育的组织管理,是指遵循群众体育发展的规律,对开展群众体育各种有关的要素和资源,如人、财、物等进行合理地计划、组织、领导、控制,以求充分利用这些资源的潜力,实现群众体育的总体目标的过程。

群众体育在社会发展中的重要作用,使它成为一个国家体育事业的重要组成部分,对它的管理也相应地成为现代社会中体育管理的一个重要方面。但由于群众体育涉及的因素广泛而复杂,对它的管理又成为现代社会中体育管理的一个难点。从目前世界各国体育发展的状况来看,群众体育管理无论在理论上还是实践上,都落后于学校体育和竞技体育的管理。

我国群众体育组织包括行政组织和社会群众组织两大体系。行政组织指各级政府中的体育部门。社会群众组织包括各大社会团体(工会、妇联、共青团、学联、老协、残协等)中主管群众体育的部门或专门人员负责群众体育的社会组织与机构。

随着社会的发展,我国推出了全民健身计划,这是具有战略意义的宏观群众体育计划,其总体目标是经过几十年的艰苦奋斗,建成较为完备的具有中国特色的全民健身体系,提高国民参与体育的意识,扩大经常参加体育活动的人数,普遍增强国民体质,使国民体质及群众体育的主要指标在21世纪中叶达到或超过中等发达国家水平。这一计划的实施对中华民族的长远利益有着十分深远的意义。在改进生活方式,提高生活质量,满足群众日益增长的健身需要,增强国民体质,丰富社会文化生活,维护社会稳定等方面起着重要作用。

由于全民健身计划的各项措施正逐步出台,我国群众体育新的管理体系构建工作正在进行中,其最终的完成还需要一定的时间,但是它的基本框架已经初现端倪。概括地说,这个新的群众体育管理体系就是以社会各方面积极参与的、社会化的组织管理网络,取代体育总局一家办的、行政型的管理模式,充分依靠市场经济,变单纯的福利型为消费型,将事业型的运作方式转化为产业化的运作方式,最终形成一个充满活力的、有良性循环机制的群众体育体系。

为了贯彻落实全民健身中提出的各项指标,我国将要建立一个群众体育组织管理网络。在这个组织网络中,政府体育管理系统与行业体协要密切配合,发挥群众体育团体和基层体育组织的作用,广泛建立多种项目、各类形式、不同规模的社会体育指导中心(站)、群体协会、俱乐部和各种形式的基层体育组织,形成覆盖面广、包容量大、适应性强的新型组织管理体系;县(区)以上行政区将逐步建立社会体育指导中心,全国性的行业、系统逐渐建立起体育协会,城市街道和农村乡(镇)要组织建立体育指导站。

三、我国体育组织制度的特点

多年来,我国体育组织管理工作积累了一定的经验,对体育领域的各项工作的管理逐步形成了相对稳定的管理体系,呈现一些明显的特点。

我国目前采取的是层次制和分职制相结合的组织管理体制。层次制是指从纵向上分为若干层次,层次不同,管辖的范围也不同。层次越高,管辖的范围也越大,反之则越小。但每一个层次管理的内容和性质是相同的。上层指挥下层,下层对上层负责,从上到下呈"金字塔形"。国务院所属的国家体育总局是我国体育运动管理最高层次领导机构。它通过制定体育管理方针、政策及有关法规、条例,对全国体育运动的开展实行领导和管理。各省、市、自治区体育局是体育管理的第二层次领导机构,在贯彻执行中央制定的体育管理的方针、政策、法规、条例的同时,结合本省、自治区、直辖市的实际情况,制定相应的体育管理法规、条例,对本省、自治区、直辖市的体育工作实行领导。各地(市)、县人民政府的体育部门是体育管理的第三层次领导,除认真积极地贯彻执行中央、地方所制定的体育管理方针、政策、法规和条例外,还应对本地(市)、县的体育工作实行具体领导。我国体育运动管理还表现出举国制的特点,其特征是纵向领导层次分明,垂直领导,上下一致,每一层次的领导者对所辖的范围负全面责任,而下层次则接受上层次的领导和监督,这样便于统一指挥。但层次制的举国体制也有信息反馈缓慢、效率低等缺点。

所谓分职制,也称职能制,是指从横向上设立平行的若干部门,各司其职,它们管辖的内容不同,但在同层次的不同部门所管辖的范围一样。我国的体育管理也是这样,中央有国家体育总局、中华全国体育总会、中国奥委会、中国体育科学学会、教育部体育卫生与艺术教育司等,分别负责对运动训练、运动竞赛、群众体育、体育科学技术、学校体育等的管理。分职制管理模式的优点在于分工细密、业务单纯,有利于提高管理人员的专业水平。实行层次制和分职制相结合的管理模式,最突出的弊端是容易造成职能部门之间的各自为政,多头领导,导致管理混乱。

四、我国体育组织管理体制的改革

体育组织管理体制改革的核心是体育组织的结构和权力分配。我国从计划经济体制向社会主义市场经济体制的转变,是涉及全社会的根本性转变。在市场经济的条件下,市场对体育的资源配置发挥着越来越重要的作用,体育再也不可能只强调高度集中高度集权的管理,需要发挥中央和地方、国家和社会办体育的积极性。因此,从20世纪90年代开始,我国在体育组织管理体制方面,进行了以下重大调整和改革。

第一,改革政府体育机构。1998年3月,国家体委被改组为国家体育总局,不再是国务院的组成部门,而是列入国务院直属机构,并相应精简了部分行政机构和行政人员,调整了部分职能。

第二,加强社会体育组织建设。重点加强了体育协会和体育俱乐部、体育中介组织的建设,使这些社会体育组织逐步成为具有法人资格,能独立承担民事责任,并有能力负责各自项目的发展和主要业务管理。为推进协会实体化,已组建具有法人资格的运动项目管理中心21个,作为41个单项协会的实体机构,管理全国56个运动项目的业务工作。加强社会体育组织的另一项重要工作,是积极稳妥地发展各类体育俱乐部,包括职业体育俱乐部和业余体育俱乐部。国家鼓励和支持各系统、各行业和社会组织及个人组建各类体育俱乐部。

第三,改革集中统一的管理模式,实行政、事分开,管、办分离,把不应由政府行使的职能转移给事业单位、社会团体和中介组织。坚持和完善"举国体制",明确中央和地方发展竞技体育的责任,充分调动中央和地方以及社会各方面的积极性。建立健全全民健身机构,形成政府领导、依托社会和群众参与的新格局。通过行业体育协会,组织各行业人员开展全民健身活动,充分发挥各级工会、共青团、妇联、各行业和社会团体办体育的积极性。着重抓好场地、组织和活动三个环节,保证农村体育以乡镇为重点,城市体育以社区为重点,军队体育以连队为重点。关注老年人和残疾人体育,倡导民族传统体育。加快体育产业的发展,拓展体育事业发展的经费渠道,改变单纯依靠国家拨款办体育的状况。

本章小结

体育组织制度指的是一个国家体育组织的机构设置、组织形态、权力划分和权力运行等方面的体系和制度的总称。它是实现体育事业目标的组织保证,受国家政治经济体制的制约。在现代社会中,体育领域的权力和利益通常归政府或社会所有。体育权力和利益的归属者掌控博弈规则,并最终决定着体育组织制度的性质和形态。体育组织制度从属于政治、经济体制,并以此为依据划分成三种基本类型。我国体育组织制度的基本构成包括:体育的组织领导机构,运动训练制度,运动竞赛制度,体育人才培养制度,群众体育管理制度,以及保证组织领导体制实施管理的各种相关法规、制度和措施。从20世纪90年代开始,我国在体育组织管理体制方面,进行了重大调整和改革,改革政府体育机构,调整了部分职能;加强社会体育组织建设,使这些社会体育组织逐步成为具有法人资格的组织;改革集中统一的管理模式,实行政、事分开,管、办分离。

回顾与思考

1.现代体育组织制度分为哪些基本类型?

2.我国体育组织制度包括哪些基本内容?如何理解"举国体制"?

3.我国体育组织管理体制改革的方式是什么?

— **举国体制**

举国体制是指以国家利益作为最高目标，国家体育管理机构在全国范围内调动相关资源和力量，国家负担经费来配置优秀的教练员和软硬件设施，集中选拔、培养、训练有天赋的优秀体育运动员参加奥运会等国际体育赛事，在比赛中与他国竞争，争取优异比赛成绩、打破纪录、夺取金牌的体育体制。中国体育的"举国体制"是从苏联学过来的。苏联就是由政府选拔和培养有天赋的运动员参加比赛，这样做的最大好处就在于可以集中力量，使优秀的教练员都有统一的观念和训练计划。在这种制度下，运动员守纪律，训练刻苦，求胜欲望非常强烈，这在奥运比赛中是制胜的关键。

与举国体制相对应的是市场体制，指的是选拔和培养运动员的经费及其他费用由市场行为来筹集。但只有少数职业化程度高、商业化程度强的体育项目可以通过市场解决，大多数的其他体育项目，因商业性比赛少有人看，靠市场体制是不可能解决经费问题的，最后还是要靠政府的支持。美国也有奥林匹克训练中心，美国奥委会的费用是政府根据税法的规定由民间组织或个人捐助的。美国奥委会在全国拥有3家官方奥林匹克训练中心，分别位于：科罗拉多州的斯普林斯、纽约的普莱西德湖和加利福尼亚的丘拉维斯塔。美国的税法规定，美国企业和个人捐款赞助奥林匹克事业可以抵税，这实际上是政府将应得的税收转让给了奥林匹克训练中心和其他体育机构。所以不要认为美国政府对美国的体育事业没有投入，与中国政府不一样的只是它投入的渠道有所不同罢了。

争取金牌是要花钱的，而且要花很多钱。在没有群众基础的体育比赛项目上要想出成绩，没有钱那是万万不能的，不管你是什么体制。所以举国体制不只是中国有，世界上凡是对国际体育比赛足够重视的国家都是这样做的，尽管各国的做法有所不同，说法也不一样，但政府支持的实质是没有什么区别的。

一枚奥运金牌7亿元

2004年奥运会开幕前后，一篇名为《奥运金牌的陷阱》(以下简称《陷阱》)的文章开始在网上的多个论坛流传，而后又以新闻的形式出现在了各大门户网站上。在《陷阱》一文中，作者展示了惊人的数字：2000年悉尼奥运会后，中国体育总局的事业费从每年30亿元上涨到了每年50亿元。按此计算，雅典奥运会备战4年，中国花费了200亿元。如果中国队在雅典获得30枚金牌(事实上得了32枚)，那么每枚金牌的成本大约为7亿元，"可谓世界上最昂贵的金牌"。

　　7亿元人民币一枚金牌!这个结论在网络及社会上引起了非常大的反响,人们纷纷对此发表意见,顿时争论四起。对于普通人来说,7亿元无疑是个天文数字,知道之后再看电视上升国旗时,除了原有的兴奋与激动外,不免又多了一些复杂的心态。

　　而对于缺口依然存在的国家教育、科研、社会保障等经费来说,一枚金牌的7亿元也同样不可忽视。《陷阱》一文就指出,夺取一枚奥运金牌的7亿元,"可建造3 500所希望小学,挽救35万儿童避免成为文盲",4年备战雅典奥运的200亿元,"足够组建一只现代化的舰队",10多年来的体育经费360亿元,则"足够搞两个载人飞船的项目"。

　　这样的对比令人感到震撼,生活刚刚富裕起来的中国人深知挣钱的不易,也了解现实中国家存在的各种困难。金牌自然是令人神往的,但为此付出的是否太多,人们开始对此反思。

第九章
未来体育

【学习目标】

　　通过本章内容的学习,能够分别从人的发展的角度、从社会发展的角度、从科技发展的角度,了解人的发展、社会的发展、科学技术的推进与体育发展之间的关系,并对体育发展的趋势适当展望。

【学习任务】

　　1.了解人的发展对体育的需求。

　　2.认识社会发展对体育发展的推动作用。

　　3.理解科技进步对未来体育的影响及促进。

【学习地图】

　　人的发展→社会的进步→科学技术的推进

从人发展的角度看体育发展

一、健康生活与体育发展

加拿大籍华人、加拿大皇家医学院院士、世界知名儿科专家谢华真教授提出了"健商"的概念。"健商"强调的身心健康其实是指:通过自我保健取得最佳的健康状态,使身体达到最佳的状态。从健商的角度上阐述,健康状况良好是指人身体上、精神上、情感上、信仰上、生活环境和社会环境上的状况良好,它包含了人类所有生存因素上的健康,也指生命质量的状态良好。这里所说的"健商"与世界卫生组织(WHO)所定义的健康概念"健康不仅是免于疾病和衰弱,而是保持身体上、精神上和社会适应方面的完美状态"是相吻合的。所以说,增进健康本身是一个系统工程,健康来自人的身体、心理和社会多方面之间的复杂的相互作用。

体育在增进健康、改善生活方式、提高生活质量等方面,发挥着越来越明显的作用。有人曾经这样说:一个人如果有一个美满的家庭,是一个0;有一位美貌的娇妻,是一个0;有一双孝敬的子女,是一个0;有私家车,有别墅洋房,有银行存款等分别是一个0;只有身心健康,才是一个1,这些0只有排在1的后面,才会形成价值,否则统统还是一个0。这就是说健康是第一位的,它可以给你的一切赋值,也可以剥夺你的一切,可见,身心健康在人的现代化的过程中始终起着基础性的作用。从做一个现代人、健康人的角度来看,体育可以发挥重要作用。

体育对增进人类健康发挥着独特的贡献。研究指出,适量体育运动对人体健康带来的好处表现在:增强心血管功能;消耗体内脂肪(控制体重);增加骨的密度(防止骨质疏松症、减少骨折的可能性);提高高密度脂蛋白胆固醇(又称良性胆固醇)的含量,降低甘油三酯的水平;降低血压;减少血小板凝集(血液凝块);增加葡萄糖耐量,提高胰岛素敏感度;降低心肌对紧张激素的敏感度;减少上呼吸道感染的发生;预防癌症;延缓衰老,延长寿命。

体育运动不仅对人体生理机能的改善起着特定作用,还在促进人的心理健康方面有着特殊作用。从心理上讲,体育锻炼有缓解压力的作用,从而能帮助保护心血管和免疫系统免受压力的影响。经常锻炼是对付焦虑的有效办法,它治疗轻、中度抑郁的效果被证明与心理疗法的效果相同。研究发现,长期锻炼能够改善心情和自我感觉。凡是令人愉快的锻炼都能使人得到心理上的升华,有助于缓解生活压力的影响。体育活动是放松的重要方法,能缓解日常生活的压力,防止压力致病。可以说,体育活动是快速生活节奏的心理调节器。

体育运动是一种极富感情色彩的高尚活动。在体育运动中，人们追求积极向上的荣誉感和人们之间相互交往的亲和感。体育运动给人们提供的情感体验是复杂多样的，顺应了现代人对情感的多方面要求。在社区体育里，人们可以得到对集体、社团的信赖感、依托感；在家庭体育里，成员们可以在和睦欢乐的气氛中，享受天伦之乐的归属感和稳定感；在休闲体育里，人们能感受到身体与心灵的愉悦感和快感。由此可见，体育运动是人们情感方式现代化、行为方式现代化的积极渠道。

未来社会是知识密集型的高智能社会，知识不断更新，竞争日益激烈，需要大批具有健康体魄，富有创造精神和开拓精神的人。体育对培养锻炼这种人才，有着独特和重要的作用。参加富有挑战性的竞技运动，成为人们文化活动的重要内容，使人们受到精神鼓舞，增强征服自然、改造自然的信心。在体育运动中，可以培养人的"重在参与""公平竞争"的良好意识和品德，以及勇于探索、乐于创新的积极心态。知识经济时代是一个物竞天择"快"者生存的时代。体育运动就是培养人们探索和创新精神的重要手段。因此，长期坚持体育学习和运动，有利于形成"健康第一""公平竞争""开拓创新"等积极向上的价值观念。

现代文明的历史是人类不断征服自然、改造自然，即"自然的人化"过程。随着现代生活方式的巨变，人类越来越意识到自己与自然的疏远。尊重自然、仰慕自然、崇尚与大自然融为一体成为新世纪人们生活的必然选择。与此相适应产生了大量诸如漂流、定向越野、攀岩、探险、登山等非功利性的体育项目，极好地满足了人们挑战自然、敢于创新的需要。

超越自我、完善自我是体育运动与生俱来的理念。超越就是突破已有限制和模式，创造出完善人性的、具有个性特征的东西。经常参与体育运动，有利于培养人的创新精神，从而使人保持乐于接受新鲜事物、积极创新的良好心态。

体育运动中的集体项目反映了社会生活情节、过程和人类对生活的共同愿望，协调着社会生活感情。真实的情感流露能让人们体验到人际关系、社会关系的和谐，参与体育运动，是人们抒发情感的积极而友好的重要渠道和方式。

由上可见，体育不仅是健身的积极手段，而且是健心、提高社会适应能力的重要路径。体育承载着人类增进健康、提高生活质量的希冀。这是体育本质的反映，更是后工业社会体育发展的主导。这一切使得体育运动在人的现代化过程中发挥着越来越重要的作用。

二、生活方式的改变与体育发展

生活方式是影响健康和生命质量的重要的因素之一。据统计，十大死亡原因中的七大原因可以通过生活方式的简单改变而减少对人的危害。今天，健康已不仅仅是指没有疾病和伤残，还包括获得生理上、精神上和社会上的健康，此外，健康还意味着拥有高质量的生活。

现代科技发展急剧改变着我们的生活方式。20世纪是人类文明发展史上的一个重要世纪，是科学技术大发展的世纪。在历史长河中的这短短的一百年里，人类创造的奇迹超过了以前几万年的总和。人类实现了上天入海的梦想，甚至开始走出生存的摇篮——地球。以计算机为代表的信息技术则为人类配备了一个威力无比的帮手,使人类的智力潜能得到难以想象的开发。然而,科学技术从来都是一把双刃剑,人类必须为它的进步付出代价,在它带给人类数不清的好处的同时,也带来了一个又一个的陷阱:①机械化、电气化、信息化文明造成的人类生物结构和机能的退化;②高营养、低消耗的能量与物质代谢造成体内物质积累;③快节奏、大压力的生活造成的心理障碍与疾患;④高危险生活、高密度拥挤造成形形色色的意外事故;⑤高技术忽视人们的高情感,使人变得冷漠浮躁。⑥大面积环境污染造成人类生存条件恶化。可见,科技发展也让人类付出了沉重的代价。某些"文明疾病""都市疾病"广泛蔓延和爆发,大面积的环境污染、生态失衡威胁着人们的生存条件,各种心理障碍和疾患在多种人群中高发、多发。现代生活方式的巨变造就了一个灰色健康群体,亦称亚健康群体。解决身心健康问题的最好办法就是积极参与体育运动。因为,健身运动、消遣娱乐是调理亚健康状态的最积极有效的和最方便廉价治疗疾病的手段。

在生活方式的巨变中,作为社会文化现象的体育正扮演着越来越重要的角色。毋庸置疑,体育已经或正在悄然地走入我们的生活,体育生活化的提出,必将代表目前乃至未来大众体育新的、充满生机和希望的走向。目前,我国正处于从传统的农业社会向现代工业社会转型时期,随着社会生活条件和生活环境的日益改善,人们对生命价值有了新的认识,对社会生活方式有了新的思考。人们对于体育需求的增强,就会促使原有的生活方式发生革命性的变化而形成科学、文明的生活方式。没有人类产生对于体育的需求,就不会产生体育生活方式。

我们认为,人们对体育的需要,是体育生活化的根源。这种需要反映在以下三个方面:

①现代社会,由于运动不足导致了种种"文明病"的产生,给人们的生活带来种种不适、病痛甚至死亡,人们求助于体育活动,希望重新找回生活的活力。

②现代社会强烈的竞争压力,使人们的神经经常处于紧张状态,由此而产生的心力疲惫、焦虑等症状,直接影响人们的生活和健康。为此,人们通过参与体育活动,重新认识自我,重新寻找生活的平衡点。

③通过各种形式的体育活动,人们获得了身心愉悦的感受。身心愉悦也是一种需要,它代表参与运动的人们对于体育需要的满足感受。所以,需要还是一种驱动力。人们对体育的需要以及由需要产生的心理欲求,是参与体育运动的心理内在过程的起点,也是启动体育生活化发生、推动体育生活化发展、制约体育生活化进程的主体的内在原始动力。从这个意义理解体育运动的价值,可以把体育运动当作一种不可或缺的生活需要,在这样的大前提下,我们提倡的体育生活化能逐步满足人的需要。

人类对生活的需求已不仅仅停留在对衣食住行的局部满足上,更拓展到涉及整个人生的全过程、全方位的需求上,即全面改善和提高人们的生活质量和生命质量。可以说,在我国现代化的进程中,生活方式的变革几乎影响了每一个家庭和每一个社会成员,推动了体育生活化,体育生活化对于人们形成体育生活方式,将体育融入自己的生活,有着特别重要的意义。

体育生活化在这个新的世界中能找到自己的重要位置,体育运动逐步普及化就是一个明证。然而,必须充分重视的是,当今大工业生产引起的文明公害在世界范畴内四处蔓延。都市化的生活方式和紧张节奏,环境污染和诸如吸毒、赌博等生活弊端,造成人体的畸形发展和对健康的戕害。近代欧洲就是在这样的背景下兴起了野营运动、户外竞技运动,甚至裸体运动,回归自然是当时最时髦的享受,这也是体育生活化的本意。体育进入生活是在造就科学、健康、文明的生活方式。是否采纳体育生活方式与人的生命质量关系密切,与现代人生理、心理、社会健康休戚相关。体育生活作为回归人的本质、体现人的价值的生活活动及社会实践,意味着一种人性的解放。通过愉快、自由地享受体育生活可以发展人类的身体智力和认识能力,可以轻松愉快地与人、社会和大自然产生沟通和交流,使人拥有健全的人格,体验人生的幸福完美。选择体育生活方式表明享有了体育给人们的基本权利。通过体育,通过大自然追求生命的质量和生活的意义——这便是珍爱生命、珍爱身体、珍爱大自然的健康文明的生活方式。

三、人的现代化与体育发展

体育是社会文化的一部分,体育既作用于"自然"的人,同时也作用于"社会"的人。对"自然人"的作用,是体育运动的明显作用,它的主要目的是发展和提高人的身体素质,不断促进人的生理、心理机能的完善。而对"社会人"的作用,则是体育运动的潜作用,其主要作用表现为对人的文化意识的潜移默化的"教化"和"提掣"。通过体育运动的竞赛、训练和观看、观赏,可以有效地促进人的观察判断能力;不断提高思维敏捷能力和反应能力;不断加强集体主义精神和集体配合意识;增强人的竞争意识和竞争能力,从而促进人的思维方式、行为方式、生活方式和价值观念的改变。体育运动在现代社会中的这种特殊的文化功能正是推进和实现人的现代化的关键所在。

体育运动正是通过其教育、娱乐、净化、激励等功能对人的思维方式、价值观念、行为方式和生活方式等方面产生积极的影响,不断提高人的整体素质,促进人的现代化的顺利实现。

1. 体育运动有助于增强现代人的民族意识和民族责任感

强烈的民族意识和民族责任感是现代人最基本的社会意识和社会责任感。只有勇于为民族振兴献身的人才是真正立足于现时代基石上的人。体育可以从不同的方面激励现代人的民族自信心和自尊心。在和平时期体育有礼仪战争的美称,是民族间竞争的最好形式。现代奥林匹克运动运动会上升国旗仪式,是对获胜者的最高奖赏。这种奖励明显的文化意义是对获胜者民族意识和民族责任感的充分肯定和弘扬。皮埃尔·德·顾拜旦说:"我们认为,国际主义是由对各自祖国的尊重,对高尚竞争的尊重构成的。通过竞争,运动员看见由于自己的努力而升起的国旗时,他们的心就会激动不已。"体育运动就是通过这种带有强烈的民族意识的奖赏而积极地帮助参加和参与者建立自己的民族自信心和责任感。

2. 体育运动有助于培养现代人的思维方式

思维方式是人们认识世界、改造世界的相对稳定的思维定向和习惯性的思维程序,是人的思维功能的前提和条件。体育运动作为一个有序、多维、开放的运动系统,对现代人的思维方式的系统性、多维性和开放性有积极的影响。体育运动对人的价值取向的多维性产生积极的影响。在体育运动中,人们不仅可以得到最基本的锻炼效果——身体健康,还可以增强自己的竞争意识和奋发向上的精神,开阔视野;同时在积极参与、参加体育竞争的过程中,还可以加强相互间的了解,增进友谊,加强学习和交流;在对体育的观赏中,人们还可以从中领略到竞争的乐趣,积极地感受和体会体育运动的喜悦或悲壮的审美情趣。其次,在体育活动中,人们接受的指导、训练和运动技术信息,是多向的和开放的。体育运动的积极参与者、参加者不仅可以从各种不同的角度,通过各种不同的传播媒介接受全新的运动技术和信息,而且还可以吸收和引进先进技术和设施,促进体育运动的发展。三是运动的复杂性、对抗性和多样性,也决定了参与和参加体育运动的人,在观察、判断和决策中,必须用整体的、全面的、系统的思维方式来发现问题和解决问题,这是现代体育运动的一个显著特点。

3. 体育运动有助于激发现代人强烈的进取精神,强化现代人的竞争意识

竞争意识是每一个现代人必备的基本素质之一。美国普林斯顿大学在一份研究报告中指出:现代的生产及生活方式更接近于体育中的比赛,在机会相等的条件下,谁的节奏更快,竞争意识更强,谁就有可能占据优势。体育竞赛是一门充分体现竞争艺术的运动,竞争是最根本的原则。体育竞赛是在同一场地条件,同一裁判规则,同一时间点进行的最公正、最公平的竞争。这种竞争的原则,也恰好与自然界优胜劣汰的竞争规律相符,它对于一切胜利者,无不奉以荣誉和鲜花,而对一切失败者都施以奋发向上的鞭策。体育运动呼唤具有强烈竞争意识的人参与到体育运动中来进行自我奋斗和实现自我价值。在体育高强度的激烈竞争氛围中,领略竞争的快乐和真谛,陶冶竞争意识,增强竞争的审美功能,从而使参与、参加者自觉地肯定竞争,并积极地参与社会竞争,不断用公平竞争的观念和态度去正确对待现代社会中的各种竞争,积极地创造生活。

4. 体育运动可以促使人的素质的现代化

人的素质是人的生理、心理、文化、政治和思想等素质的总和。在人的本质性能力中,人的素质是最主要的,其集中地表现为人的创造能力。爱因斯坦说:"一个由没有个人独创性和个人志愿的规格统一的个人所组成的社会,将是一个没有发展可能的不幸的社会。"现代社会的发展所需要的就是具有个人独创性的现代人。体育作为一个充满创造活力和个人独创性的文化活动,正是培养和造就个人独创性的较好的教育手段。体育运动作为现代人自我价值实现的一项重要社会文化活动,是现代人人格完善的重要因素之一。在体育运动中磨炼出来的钢铁般的意志和运动目标的实现,都是其自我价值逐步实现的过程。体育运动正是通过对健康、坚定、挺拔的生命的礼赞,不断促进人的现代人格的健康发展和人的

自我价值的实现。正如现代奥林匹克创始人皮埃尔·德·顾拜旦所言:"奥运会复兴不仅能促进青年人的健康及体力,而且对人的品格也具有很有效的影响。"现代体育融体、智、美三者于一体,正是通过运动中的希望、挫折和成功,对参与者的人格进行不懈的培育,使每一个积极参加体育运动的人积极发挥其创造性,充分展示自我能力。

5. 体育运动对现代人生活方式的现代化起着重要的推动作用

生活方式是指一定社会条件下所形成的人们生活的形式、特点和样式,它是测量和反映一定社会文明进步的重要尺度。在一定程度上,生活方式制约和影响人们的行为方式。体育运动在人的生活方式中起着潜移默化的推动作用,开放的、高雅的、充满竞争性和进取性的体育,必然强烈地冲击着传统社会遗留的封闭的、保守的生活方式,改变着传统文化所铸造的自我封闭、自我萎缩的人格,通过其开放、创新、求异的特点,号召人们追求高质量的、有价值的、健康向上的文明生活,从而不断改造传统的生活方式。瑞士卢塞恩布的一所市立学校校长认为,现在瑞士学校体育的任务不是增强学生体质,而是教会他们如何提高生活质量。因为人们在参加体育活动时,首先感到精神振奋饱满,充满青春活力和生命力;其次,感到生活的多彩,感受到生活充满强健的诗的境界。体育运动正是以其广泛的活动形式、丰富的活动内容吸引人们参加、欣赏,并在积极地参加、欣赏过程中,体味人生的乐趣,探索体育运动带给人类生命的活力和源泉,从而追求更加丰富多彩的生活。体育积极地吸引和引导每一个热爱祖国、热爱民族的人,把自己置身于集体竞争的文化氛围之中,把个人利益同民族的、国家的集体利益紧密地结合起来,通过其民族、国家或集体目标的实现,不断实现自己的人生理想,把自我同民族、祖国合为一体。而在现代社会中,人际关系随着社会分工的精细而逐渐变得淡漠,竞争同时又在一定程度上使人际关系紧张,因此,通过体育交流来消除和缓解人们心理和思想上的紧张情绪,无疑是一剂有效的"济世良方",从而使人在体育运动中交流感情、加深理解,不断加强集体协作精神,培养和造就纯洁无私的友情,这是通往现代社会人类生活方式的必经之路。在体育运动的熏陶和培育下,人们的生活方式必然会从封闭走向开放,从单一走向多样,从而使传统生活方式得到彻底改变。

第二节　从社会发展的角度看体育发展

一、人口老龄化与体育发展

(一)人口老龄化的含义

老龄化是因个体身体健康状况随年龄增长而日渐恶化,劳动能力下降,进而从作为生产者和消费者的个体沦为单纯的消费者。老龄化一般是以某一国家（或地区）老年人口占总人口的比重来衡量。按照联合国的传统标准，一个地区60岁以上老人人数达到总人口的10%（或按照国际新标准是65岁老人人数占总人口的7%），即该地区被视为进入老龄化社会。据联合国统计，1950年全世界大约有60岁以上的老年人2亿，1975年上升到3.5亿，到2000年已增至5.9亿，预计到2025年可达11亿。根据第六人口普调查数据估计，我国2010年60岁以上人口达到13.26%，预计在2015—2035年的20年里，中国老年人口比例将会增加一倍。随着老龄化越来越严重，人口的健康状况也呈现恶化趋势，不能自理者的比例在急剧攀升。人口总体健康恶化不仅使得劳动力数量及水平下降，同时还增加了社会医疗负担，而这两者都直接影响了经济的进一步发展和人民生活水平的提高。一言以蔽之，解决与老龄化相伴而生的健康问题，成为我们应对老龄化的一条可选择的有效途径。

（二）健康老龄化与体育

无独有偶，人口学和社会学研究者在众多的应对老龄化策略中，也都认为改善个体的健康状况是应对老龄化最有效策略，并提出了"健康老龄化"这一术语。当然，健康老龄化的术语在社会学和人口学里的外延相当宽泛。它不仅仅指个体的身体机能健康、心理健康，同时也指人所处的社会环境健康、人文环境健康等方面。然而，健康老龄化最为根本的还是身体机能和心理健康，这一点也是社会学、人口学、医学以及其他领域学者的共识。也就是说健康老龄化的要义实际是延长老年人的"健康寿命"，而不是一般意义上的寿命。这让体育通过"健康"这一中介变量建立了与"应对老龄化"之间的关联，我们可以通过图9.1了解三者之间的关系。图中表明应对老龄化的首要的问题是保证个体的身体和心理健康，只有这两者都得到确保才能达到健康老龄化的基本目标。体育锻炼对身心健康的促进作用大

图9.1　体育、健康与健康老龄化的关系

致可分为三条路径：①体育对人体生理功能的改善。体育锻炼可以增强心肺功能，增加肌肉力量，提高免疫力，增强人体抵抗疾病的能力。②体育改善人的生活和生命质量，提高人的主观幸福体验，促进心理健康。作为个体的人既具有生物性也具有社会性。通过体育锻炼带来机体健康的同时，也体验到了在运动参与过程中与他人的互动和协作带来的愉悦感，增强个人对生活的信心和幸福感体验。③参加体育运动能改善社会外部环境和增加人文环境健康（这也是健康老龄化的目标之一）。体育参与有利于增强社会凝聚力和社会团结，增加社会资本，而这些都间接地促进了人的健康。总之，体育可以通过多重路径促进老年人健康，进而达到健康老龄化的目标。有研究表明：①老年人参加体育锻炼能有效地降低患病风险；②老年人参加体育锻炼能大大降低患中度和重度疾病的风险；③参加体育锻炼能有效地提高老年人身心健康体验，强健体魄，愉悦身心，增加对生活的满意度。

(三)体育对促进老年人健康的作用

健康老龄化的目标是老年人口群体的大多数人健康长寿,更明显地体现在健康的预期寿命、寿命质量的提高上。体育对上述目标的实现具有显而易见同时也是不容忽视的作用。在来势汹涌的人口老龄化大潮之下,老年体育毫无疑问将是解决健康老龄化的有力手段之一,它甚至直接影响整个国家与社会的和谐与稳定,影响人类老龄化的进程。可见,老年人体育作为老年保障事业的重要组成部分,它的发展不仅标志着一个国家社会进步的程度,而且是实现健康老龄化的重要途径。

1. 帮助建立科学文明的生活方式,促进老年人身心健康

衰老和疾病虽不可避免,却可以通过某种途径来延缓机体的衰老或预防疾病的发生。法国名医蒂素曾说过:"运动的作用可以代替药物,但任何药物都不能代替运动。"体育作为纽带,联系着生命的衰老与健康。可见,老年体育作为老年科学文明生活方式的重要手段,它不仅可以增强老年人身体各个系统的功能,通过一些运动项目的锻炼,可以强化老年人的肌肉、骨骼系统,提高老年人的心血管系统功能及抗病能力,减少患病率,降低死亡率(见表9.1),为国家、社会、家庭节约大量的医疗费用开支,降低社会保险金的支出;同时,老年体育可以为老年人提供组织与活动的依托和场所,扩展老年人的生活空间,弥补由于退休造成的"角色空缺",使老年人在一定程度上实现社会角色的继续与社会价值的创造,保证他们的生活质量,使老年人度过一个幸福的晚年,实现健康老龄化。

表9.1 美国不同年龄段老年人运动程度与死亡率关系表

年龄段	完全不运动组/%	少量运动组/%	中度运动组/%	坚持运动组/%
60 ~ 64	4.90	2.32	1.19	0.92
65 ~ 69	10.33	3.85	1.74	1.38
70 ~ 74	11.02	4.92	2.60	1.56
75 ~ 79	16.05	6.55	3.46	1.96
80 ~ 84	16.43	8.49	3.96	2.49
85 以上	22.13	12.08	5.67	2.78

2. 有利于促进老年人的社会参与,保持生命活力

所谓的社会参与是指参与者在社会互动过程中,通过社会劳动或者社会活动形式,实现自身价值的一个行为模式。美国学者罗伯特·哈韦格斯特的"活动理论"则认为:"老年人应该积极参与社会,只有参与,才能使老年人重新认识自我,保持生命的活力。"马多斯科的"活动说"指出:"以新的活动取代旧的活动可使老年人获得较好的社会适应能力,参加活动多的老年人有益于身心健康。"我国学者和政府把"老有所为"作为老年人社会参与的同

义词。老年人作为一个特殊的群体,离开了生产和工作的第一线,他们所熟悉的有支持作用的社会交往被剥夺了,并失去其所担任的角色,常常因此而不能被吸收为某些组织的成员,降低了他们对社会的潜在影响。体育场所作为老年人的"第二空间"(工作单位)的补偿,可为老年人寻求或造就一种融于社会政治、经济、文化发展的环境,它不仅可为老年人提供情感交流的平台,举办丰富多彩的体育活动(见表9.2),而且还可为老年人不能复得的社会角色起到替代作用,为其继续社会化提供好的机会与空间,培养老年人快速适应新环境的能力,发挥老年人的潜能,为社会作贡献,有助于社会健康稳定的运行。可见,老年人参与体育活动实际上是老年人的社会参与和实现自身价值的过程。如部分学有专长的老年人可以在体育活动的开展过程中发挥余热,起到组织、协调、管理、指导、服务、医务监督等作用,它不仅能推动老年人体育健康有序地发展,更重要的是在这一过程中使老年人自我价值得以实现,真正做到老有所为。

表9.2　中国老年人适合的体育运动项目

年　龄	最适合的体育项目	较为适合的体育项目
55～65岁	慢跑,羽毛球,棋类,乒乓球,交际舞,体操,气功,太极拳,台球,保龄球。	游泳、健身器活动、旅行,武术,跳绳,网球,民间舞蹈,门球,地掷球。
65岁以上	散步,慢跑,棋类,交际舞,体操,气功,太极拳,门球,地掷球。	羽毛球,乒乓球,游泳,台球,保龄球,武术,门球,地掷球,健身器活动,旅行,跳绳,民间舞蹈,网球。

3. 有助于营造和睦的家庭生活,促进家庭代际和谐

中国自古以来,都传承孔子儒学文化关于个人修养的伦理道德。在家庭代际分配上,个人伦理非常注重孝道。孝,是中华民族的传统美德,是几千年来维系和谐家庭的重要精神支柱。在这种观念下,老年人很在乎儿女是否孝顺、贤德,因为人到晚年对家庭的依赖日趋增大,身体机能方面的退行性变化和社会角色转换所带来的许多问题,非常需要家庭和社会给予更多的照顾。然而,许多研究表明,给老年人提供一段时间的照顾之后,照顾的情感和身体压力会导致照顾者及其家人的健康恶化,还会造成照顾者的经济负担、社会负担、家庭成员之间的冲突以及与工作之间的冲突。而经常参加有益的老年体育文化组织或活动的老年人,能将一些生活、情感上的负面影响移情于老年体育活动中,还能延长他们的健康预期寿命,减少对家庭和社会照顾资源的依赖,从而促进家庭和睦、代际和谐,使其他家庭成员能够全身心地投入工作和学习,推动整个家庭朝着健康、向上的方向发展。与此同时,很多身体较为健康的老年人在家中还承担大量的家务劳动,为其他家庭成员解除后顾之忧,间接提高生产劳动质量和效率,促进家庭、社会的和谐。

二、体育产业化的发展前景

（一）体育产业的含义

体育产业,指以向社会提供与体育有关的物质产品和劳动服务为收入来源的经营性的各种行业的总和。原国家体委1996年颁布的《体育产业发展纲要》指出我国体育产业分为三大类别。①体育主体产业,是指发挥体育自身的经济功能和价值的体育经营活动内容,是通过开发体育本身价值而形成的体育劳务产品。包括体育竞赛表演业、体育健身娱乐业、体育培训咨询业、体育资产经营业等。②体育相关产业,指为体育活动提供服务的产业,它主要为市场提供体育精神和物质产品。主要有体育用品业、体育经纪人业、体育传媒业、体育广告业、体育旅游业等相关产业。③体办产业,指体育部门开展的旨在补助体育事业发展的其他各类产业活动,如体育场馆、餐饮、宾馆等。体育产业的要素兼容第二、第三产业的部分,因此西方国家又称之为体育复合产业。国家体育总局2011年4月29日印发《体育产业"十二五"规划》,首次明确提出了量化指标,"十二五"体育产业增加值以平均每年15%以上的速度增长,到"十二五"末期,体育产业增加值超过4 000亿元人民币,占国内生产总值的比重超过0.7%,从业人员超过400万,体育产业成为国民经济的重要增长点之一。

体育产业作为朝阳产业、绿色产业和健康产业已经得到世界的认可,发展速度持续加快。当今的体育产业已经发展成为一个庞大的商业体系,在满足公众精神娱乐需要的同时,也创造出了巨大的财富。

（二）体育产业的发展趋势

1.体育健身娱乐业

（1）体育健身娱乐业随休闲体育的兴起而快速发展。人有三分之一的时间是在闲暇中度过的。人们可支配的闲暇时间增多。提高生活质量、充分体验人生的观念越来越被大众所推崇,这标志着社会正在迈向休闲时代。休闲时代使人们意识到体育不光能强身健体还能健脑强智,能够起到休闲娱乐、缓解精神压力的多重功能。

人们的健身热情被唤醒,大众消费能力的提高与参与体育锻炼热情的高涨,休闲体育正在被越来越多的人们所接受。无论是体育观念还是体育休闲的传播方式以及参与的群体规模,都是以前传统体育所无法超越的,因此中国体育健身娱乐业的发展前景是广阔的。

（2）健身娱乐业呈现辐射性发展。健身娱乐场所经营项目包罗万象,其中游泳、乒乓球、网球、瑜伽、台球等项目较普及;从民众直接参与到各类培训、咨询、指导,几乎全部纳入健身娱乐的经营范围。部分企业还开设了武术、气功、棋牌,乃至拳击、室内模拟高尔夫球等独具特色的经营项目,呈现全方位发展的总体态势。

（3）体育健身娱乐业向乡村化方向发展。人类自身发展的需要是休闲产业走向乡村化方向的发展动机。我国休闲产业的乡村化发展对农村经济以及东西部区域经济具有重要的促进作用。通过发展休闲产业,将城市居民的休闲需求更多地引向广大的村镇,也带动村镇经济的发展。这对实现全国经济平衡发展有着重大意义。

2. 体育旅游业

（1）民族传统体育快速发展。从静态上讲，让游客体验"异国情调"，观看山水风景，文化古迹等自然资源；从动态上讲，我们要把握好民族传统体育，如赛马、赛骆驼、掷球、摔跤等以吸引海内外的体育游客，让旅游者既能领略当地的民族风情，又能使心情得到放松，还能起到锻炼保健的作用。所以，我们要大力发展民族传统体育。

（2）刺激性体育项目的开发。体育是一种时尚，旅游也是一种时尚，体育与旅游结合更为时尚。鉴于现代人对刺激的追求和心理倾向，我们可以发展刺激性体育旅游项目，如激流皮划艇、攀岩、潜水、自行车山地越野、野营等"冒险"旅行。据统计，1993—1998年，全球有9 800万人参加"冒险"旅行。发展刺激性体育项目将会成为一个非常有吸引力的运动项目，而且能直接拉动体育旅游项目所带来的实质性经济效应。这将会对体育旅游的发展起着不可低估的作用，而且还有很大的发展和利用空间。

（3）力争举办大型赛事。大型体育赛事的举办，是提高国际地位和进行体育外交的手段，同时也是体育产业经济发展的一种方式，综观各种大型体育赛事，都会给一个国家或地区带来不可估量的经济收入，其中体育旅游业的收入占了很大的比重。国家旅游局公布的统计数据显示，2008年北京奥运会期间，截至当年8月11日，6个奥运主、协办城市共接待了175个入境旅游团，旅游人数达6 350万人次，奥运签约饭店的入住率为81.2%。

（4）兴办体育旅行社。体育旅行社就是体育旅游的中介机构，我国体育旅行社有中国新疆体育旅行社、青海省国际体育旅行社、成都新新体育旅行社、江苏省体育国际旅行社、北京国际体育旅游公司、甘肃国际体育旅行社等为数不多的体育旅行社。而在德国，组织自行车旅游的旅行社就有200多家，因此，我国应大力兴办体育旅行社，并且要做大、做好、做强，使体育旅行社的发展成为我国促进体育旅游业发展的重要手段。另外，要利用好体育旅游资源、民族地域风情，推出有特色的旅游项目，为体育旅游创造良好的条件，为我国的体育旅游业作出贡献。

3. 体育广告业

（1）广告数量迅猛增加。我国竞技体育水平的不断提高，造就了越来越多的奥运冠军和世界冠军；同时随着我国职业体育的快速发展，许多运动项目的职业联赛吸引了大量的观众和众多媒体，因而也产生了大量的为观众尤其是青少年喜爱的偶像，这些世界冠军和体育明星成为体育广告的宝贵资源。另外，我国经济的稳步发展，实力雄厚的经济实体明显增加，越来越多的企业对于邀请体育明星做广告，利用体育明星广告潜在的市场价值，提升自己企业的知名度和产品品牌的优越性认识越来越深刻，加之传统媒体纷纷扩张，新兴媒体不断涌现，为更多的体育明星参与广告活动提供了平台。

（2）广告价格大幅攀升。体育明星广告刚刚出现的时候，价格相对较低，一般都不超过6位数。随着体育明星广告的不断升温，20世纪90年代中期上升到7位数。2002年年末，这一极限又被突破,奥运会跳水冠军田亮、郭晶晶联手为某饮料代言,使体育明星广告价格上升至8位数,突破了1 000万元的大关。伴随着姚明的成长,其国际知名度不断提升,他为联通代言的广告,更是创下了3 000万元的天价。体育明星广告价格攀升之快、增幅之大令人咋舌。随着体育经济的发展和人们体育意识的增强,体育明星广告价格还将不断上涨。

（3）广告领域趋向多元。初期的体育广告一般服务的主要领域仅限于与运动有关的运动服装、运动装备、运动饮料等。现在,随着其内涵不断被发掘,服务领域也拓展到了健身器材、保健品、洗涤用品、化妆品、酒类产品、食品饮料、家用电器、通信产品等领域。

（4）广告收入日显重要。在国外,体育明星广告收入往往占其总收入的很大一部分,甚至超过薪金。如今虽然国内的体育明星广告收入与国外相比相差甚远,但是随着体育明星广告价值的不断发掘,体育明星广告收入也在不断增加,在其总收入中所占比例也会越来越大,并将成为其收入的重要部分。

4. 体育用品业

体育用品业是我国发展较早、规模较大的体育产业,主要产品包括运动服装和运动器材。体育用品是开展体育活动最基本的物质条件,体育用品业是一个市场潜力很大、社会功能较强的产业。随着全球经济一体化和体育运动在各国的普及,体育产业正成为21世纪最具有前景的新兴产业之一。而目前,国内外体育用品格局和形势正在发生巨大的变化。体育用品制造业越来越多地走向国际化。目前国际知名体育用品企业凭借雄厚的资金和技术优势,并利用我国廉价劳动力,依托品牌优势,几乎占领了我国高档体育用品市场。但是我们却没有像样的国际知名品牌,仅仅通过廉价劳动力和低成本的优势成为世界上最大的体育用品生产基地。体育用品市场日趋激烈,中国入世以来面临着机遇也正对着挑战。中国想从"制造大国"往"创造大国"转型就必须拥有自己的国际品牌,才能在国际市场上占有一席之地。

（1）更加重视通过研发、创新设计来提升品牌价值。国内外很多知名的体育用品企业都非常注重产品的研发,如耐克公司拥有数千名设计和协调人员从事新型产品的研发和设计,其中耐克鞋的"气垫"技术,已经成为耐克鞋类产品的核心技术,并成为企业获得超额利润的基础。因此,我国的体育用品企业要加大研发力度,提高产品的高科技附加值,同时确立自己的主打产品,实现特色化经营。创新是体育用品业发展的关键环节,大力开展体育用品业自主创新,将现代科技融入体育用品的研发、设计、生产、销售中,形成核心知识产权,势必是体育用品业发展的一大趋势。

（2）更加重视品牌效益。加入WTO后,我国体育用品业发展的环境发生了巨大变化,世界各国体育用品企业也涌入了中国,竞争的环境更加开放、自由。我国体育用品企业与国外知名企业的差距主要表现在生产规模、研发技术以及产品营销方面。生产规模的扩张、研发技术的改进都不是一朝一夕能完成的。要缩小与国外企业的差距,重在转变营销理念。通过多元化的市场营销运作来推动品牌建设成为目前体育用品企业提升核心竞争力切实而有效的选择。因此,现今许多体育企业对品牌观念的重视程度日益加深,正在努力打造属于自己的国际品牌。

(3)更加注重塑造品牌文化内涵。品牌是区分不同企业的一个特殊标志,它能传递出属性、利益、价值、文化、个性等信息,但其中的文化是最持久,最不容易被复制的。如阿迪达斯表达出来的"专业",耐克体现的"动感"和"时尚",安踏的"草根"文化等,众多成功品牌都有着深厚的文化底蕴和特色。我国的体育用品品牌应该在品牌中融入文化因素,并将附带文化特征的品牌根植于目标消费者已有的文化理念中,让消费者从品牌认识和接受到品牌偏爱,最后到品牌忠诚,增强消费者对品牌的依附力。

5. 体育竞赛表演业

体育竞赛表演,是指通过组织各类体育竞赛表演,为社会提供较高水平的体育劳务产品,以满足社会体育观赏和精神享受需求的服务部门。体育竞赛表演业是竞技体育产业化的实体形式,是最具影响力、带动力和辐射力的体育表现形式,在体育经济中具有龙头产业的性质。体育竞赛表演业的发展,一方面会使更多的运动项目进入职业体育市场,使得无形资产市场得到有效的开发。另一方面,体育竞赛表演业的快速发展,还会带动第二产业中服装、食品、制造业的发展,以及第三产业中旅游业的发展。

(1)体育竞赛表演业将进入资本市场。随着经济的发展和中国金融体制改革步伐加快,国际资本和其他社会资本介入体育赛事将成为必然。其进入的方式和时间将取决于项目发展的水平和比赛的规范程度。中国将出现足球、篮球职业俱乐部的上市公司或职业联赛的组织机构以公司的形式上市。体育赛事作为竞技表演业的主要形式在新世纪将进一步加大市场化的发展力度,现有的职业比赛将形成较为固定的市场体系,大型综合性运动会的商业开发效益将进一步得到提高。为满足人们各种欣赏需求,新的比赛形式和新兴的比赛项目将越来越多。国际著名体育明星会越来越多地进入中国体育赛事市场。

(2)体育赛事市场化的运作方式将更为规范。随着中国加入 WTO 和 2008 年奥运会的成功举办,体育赛事的主办者、中介机构、企业和其他组织将进一步明确自己的责任、权利和义务,体育竞赛表演市场的规范化程度将大大提高。

6. 体育彩票业

体育彩票,又称体育奖券,是指以筹集体育资金名义发行的,印有号码、图案或文字的、供人们自愿购买并能够证明购买人拥有按照特定规则获取奖励权利的有价凭证。体育彩票业是体育经济中的支柱产业,也是体育经费的重要来源。体育彩票业已成为我国体育产业的支柱产业之一,它对拉动消费、维护社会稳定、促进体育事业发展作出了重要贡献。

(1)体育彩票业发展潜力巨大。中国经济的迅猛发展以及人们对体育事业和社会公益事业的关注程度不断增强,为体育彩票消费和娱乐提供了广阔发展空间。根据国务院发展研究中心课题组研究测算,今后 10 年中国潜在的彩票发行规模可达 846 亿元人民币。然而,据统计,中国只有 6% 的人买过彩票,而美国这一比例为 85%,法国为 64%,日本为

70%。从差距中可见,我国彩票市场的潜力远远没有被挖掘出来,中国体育彩票发展具有广阔的空间。

(2)高科技技术和网络技术为体育彩票业发展提供了广阔的空间。当今时代,是现代化技术发展极为迅速的时代,现代通信媒体、通信手段和计算机网络技术等为彩票业的发展带来契机。据悉,在荷兰、德国、英国以及奥地利等国,普通的手机都可以用来进行无线投注。

(3)中国体育彩票业已具备迅速发展的基础。中国体育彩票自1994年正式发行至今,已积累了一定的经验,这为中国体育彩票进一步发展奠定了坚实基础。首先,中国已经形成了比较先进的彩票管理和发行系统。在制度上,已经制定了一系列的彩票发行与销售管理制度。在组织上,已基本建立起了一整套与市场体制相适应的彩票发行与销售管理体系和框架,如内地32个省、市、自治区建立了体育彩票管理中心,近400个地方建立了体育彩票的三级管理机构。其次,中国体育彩票发行网络已基本形成。自1994年起,广东、吉林首先开始销售电脑体育彩票后,1998年便开始在全国部分省市大规模建设体育彩票电脑销售系统。到目前为止,已建成了国家体育总局彩票中心的数据中心、省(自治区、直辖市)地方分中心和销售网点终端。同时,即开型体育彩票已由大规模集中销售发展为网点式分散销售。这些标志着中国体育彩票销售网络系统基本形成。

7.体育经纪人

体育经纪人是指在体育领域中取得合法资格后,从事中介、代理经纪业务的个人或组织。近年来,体育消费市场和众多体坛新星,为体育经纪人这一职业的发展提供了丰润的"土壤"。体育经纪活动的内容主要包括运动员经纪、体育赛事经纪、体育组织经纪、体育保险经纪、体育旅游经纪等其他体育经纪活动。体育经纪人的业务范围涉及体育比赛和体育表演的组织、策划和推广,代理运动员教练员财务收支、形象开发等工作,帮助解决法律纠纷以及提供各类咨询服务等。

(1)由全面委托向单项委托代理发展。随着各项事物的逐步细化,越来越需要更专业的分工,因此单项委托代理将成为其发展的主要趋势之一。

(2)从代理运动员向组织赛事发展。随着体育赛事的不断增多和体育经纪人事业的不断发展,单纯的代理运动员作为体育经纪人这一职业的主要工作目的已经不能满足其自身的发展,因此组织赛事是体育经纪人发展的必然趋势之一。

(3)从行业竞争向规范化管理发展。行业间的竞争必然会经历从无序到有序的发展过程,体育经纪人这一行业也不会例外。未来向规范化的管理发展是必然。

(4)从国内运作向跨国运作发展。随着体育人才的"国际化"和国内外球员的双重身份等,我国体育经纪人必须要走出国门,与世界接轨,谋求更大、更广的发展空间,来促进自身的发展。

三、体育终身化趋势

(一)终身体育的含义

终身体育是指一个人终身进行身体锻炼和接受体育教育。终身体育的含义包括两个方面的内容:一是指人从生命开始至生命结束中学习与参加身体锻炼,使体育成为人一生中始终不可或缺的重要内容;二是在终身体育思想的指导下,以体育的体系化、整体化为目标,为人们在不同时期、不同生活领域中提供参加体育活动机会的实践过程。

(二)终身体育的阶段划分

已有研究把终身体育按人生长的顺序和受教育环境的不同分为三个阶段:学前体育、学校体育和社会体育。我们认为,终身体育按学前体育、学校体育、社会体育划分,既没有体现人的生长顺序和受教育环境的全部过程,也无法体现终身体育锻炼的各阶段特征,从而不能更深刻地理解和解释工作期间和离退休阶段的体育参与的现象。体育是渗透在人类社会生活中的一个比较复杂的社会现象,体育活动是人类社会生活中的一个重要组成部分,是个人生活方式的一项重要内容。它是随着人类历史的不断发展而发展的自然历史过程。只有把人的生物属性与社会属性两方面结合起来研究终身体育的思想和行为过程,才能全面、准确地把握终身体育的实质。

终身体育作为一种发展过程,个体要连续地经历不同的人生阶段和变化的相互作用。为此,研究终身体育既要深入了解作为生物的人,也要了解作为社会的人。还要了解他们之间的关系(见图9.2)。

图9.2 人的生长顺序与经历的社会过程

人的一生可以分为既连续又不同的几个阶段,每个阶段都有特定的发展任务。法国社会学派马塞尔·莫斯认为社会中的各种事物,只有当其和整体相联系而不仅是与特定部分相联系时才能对事物加以理解。本研究在分析人的生物属性和社会属性的基础上,按人生长的顺序与经历的社会过程把终身体育分为学前体育、学校体育、在职体育和职后体育四个阶段(见图9.3)。

图9.3 终身体育阶段划分与社会体育的关系

(三)终身体育的参与特征与影响因素

1.终身体育参与因素的不确定性

随着年龄的增长,身体形态、生理机能、工作条件及生活环境等条件的变化,人们都会改变原来的运动习惯、运动兴趣或运动项目。学校教育对终身体育意识的培养和健身知识的传授与健身能力的提高将起到非常重要的作用,但也并不是我们在学校体育阶段接受的体育教育,就能完全解决学生在未来遇到的所有问题。即使在学校体育阶段建立了终身体育的观念,养成了运动习惯,掌握了科学锻炼身体的知识与方法,也不意味着个体一定能实现终身体育的目标。只能说为终身体育目标的实现提供了可能。

2.终身体育参与因素的不一致性

终身体育各阶段存在不一致性:①运动内容的不一致性。学前体育阶段基本没有固定的活动内容;学校体育阶段,男生往往喜欢运动量大,具有灵活、敏捷、竞赛性强等特点的活动,女生则喜欢姿势优美、节奏韵律感强,具有柔韧、机智和美感特点的项目;而在职体育阶段,由于体育环境、体育条件发生了变化,往往不能满足人们的体育活动需要;职后体育阶段,身体素质和体能消退,主要选择运动量不大、轻缓的运动内容。②运动兴趣的不一致性。学校阶段学生身体素质好、体能状态佳,喜欢有竞争和刺激的运动项目。到了老年阶段,因身体素质和体能状态的改变,人们不能再参加学校阶段所喜欢的运动项目。③终身体育各阶段体育参与动机也存在差异。由此可见,学前体育阶段、学校体育阶段、在职体育阶段和职后体育阶段之间存在许多不一致性。

3.终身体育参与因素的稳定性

随着年龄、身体素质、体能状况、体育环境、工作环境的变化,人们的体育兴趣、体育习惯等也适时发生改变。而终身体育观念、科学锻炼身体的知识与方法是知识性、理论性、观念性的,终身体育观念一旦树立,就能受益终生。人们的体育价值观是体育活动的主要动因,也是人们体育需要在主体生活意识上的全面表现,它既决定个体生活需要的次序,也规定着个体对于体育生活化项目、内容、形式的选择和由此而获得的生活满足。正如李晋裕教授所言:"我认为能力是特别重要的,当他的工作性质变了、生活的环境变了,年龄大了,身体不如从前了,他只要有参与的意识,参与的习惯,又懂得最基础的东西,他就会找到自己坚持锻炼的方法。而且能够去坚持,我认为终身体育最重要的是这些东西。"可见,树立终身体育的观念和掌握科学锻炼的知识与方法,对实现终身体育目标是非常重要的。

4.终身体育参与程度的差异性

由于在既定的社会客观条件下,每个人所遇到的具体客观条件是不同的,因此,都实际地影响着人们对体育生活化价值的认同和行为的选择。不同年龄阶段的人参与体育锻炼的比例是"两头高,中间低"的马鞍形状态。之所以出现这种现象是因为中年阶段是社会的中坚力量,闲暇时间较少。他们不仅承担着家庭的责任,而且还承担事业的责任,加之这个阶段的人身强力壮、健康状况良好因而缺乏体育锻炼的迫切感。在学前体育阶段和学校体育阶段有专门的职能部门和体育教师进行管理,有相对良好的体育环境,因此,少年儿童的体育参与程度较高。特别是《教育部、国家体育总局关于进一步加强学校体育工作,切实提高学生健康素质的意见》的发布和"全国亿万青少年学生阳光体育运动"的启动,更加推动了学校体育的发展。而职后体育阶段,人们的空闲时间增多,对健康长寿和社会交往的愿望更加强烈,体育参与人数的比例明显增加。

终身体育各阶段的影响因素不是一成不变的。在终身体育的不同阶段,体育参与的多数因素随着各方面状况的变化而不同程度地发生着改变,进而影响个体参与体育活动的心理和行为。学前体育阶段主要受家长、家庭条件、幼儿园教师、体育环境等因素的影响;学校体育阶段主要受体育兴趣、体育习惯、体育态度、体育环境、体育教师、国家政策、学习压力、运动伙伴、新闻媒体、家长等因素的影响。有研究表明:孩子们参与运动的坚持性与其父母体育活动的参与频率有密切关系。在职体育阶段由于工作繁忙、家务负担重而制约参与体育活动,加之健康状况良好而缺乏体育锻炼的迫切感。因此,在职体育阶段主要受工作性质、经济状况、身体形态、体能状态、家务劳动、体育环境等因素的影响。职后体育阶段身体处于衰退期,对健康的需求更加强烈,因此,主要受身体健康状况、体能状况、社区体育状况、体育环境的影响。

四、城市化与社区体育发展

(一)城市化与社区体育

城市化是指随着社会的生产力发展、生产方式变化所引发的现代产业(非农产业)向城市集聚、农业人口向城镇集中以及城市文明、文化从城市向村镇不断扩散并使区域产业结构得以不断转换的过程。

我国城市社区作为城市社会的主体于20世纪80年代初开始出现,城市化程度的提高、经济体制改革的推进以及住房制度的改革和户籍管理的松动,促进了我国城市社会的重构与整合,使城市社区的地域规模得到了迅猛发展。随着城市社区的形成和以单位大院为主的城市人口居住结构向开放性居住结构过渡,人们的单位意识在淡化,那种依托单位的城市群众体育逐步向以地缘联系为纽带、以业余自愿为前提的城市社区体育方向转化,城市社区体育成为面向城市社区居民的公共物品,而城市社区体育建设的目的是为了满足社区居民的健身、交际需要。

国家体育总局、建设部、文化部、卫生部、民政部五部委联合下发的《关于加强城市社区体育工作的意见》,要求现代城市居住小区无论是新建设的还是改建的,均要达到适应新世纪的新标准,即小区建设必须体现"以人为中心,以经济为基础,以文化为内涵,以绿化为外延,以可持续发展为目标"的理念,使小区的建设能够满足每个居民的需求,达到"环境优美舒心,居住安定放心,生活方便称心,文娱体育欢心,团结互助热心,就业培训安心,同创共建齐心"的新境界。同时规定在城市社区的规划中,必须包括社区的公共体育设施的规划与建设。这些规定的出台和实施必将为城市社区体育的开展提供条件与保障。

城市化在促进经济增长的同时,加快了城市居民的生活节奏,也加剧了城市人群的优胜劣汰的竞争,城市居民生活压力进一步加大;另一方面城市化的加速,促进了工业化的发展和信息技术的革命,进而使城市居民生活空间变小,体力下降,健康状况受到威胁,城市居民体质普遍下降。城市社区体育作为改变城市居民健康状况、缓解生活压力、促进人际交往、实行全民健身的重要手段,在城市社会协调发展中的作用日趋重要。

(二)城市社区体育发展趋势

1.需要构建城市社区体育社会化管理模式

社会的转型和经济的转轨必然加速城市的现代化,促进城市社区的建设和发展,城市社区的成熟、完善,为城市社区体育的发展带来了前所未有的机遇,也对城市社区体育的管理体制改革提出了新的要求。从西方发达国家的城市社区案例理论和实践来看,其城市政府已由早期对福利和公共产品供应的热衷和垄断转向以市场为导向和基础的"新公共管理"模式,即充分发挥市场和民间机构(体育组织、协会等)在城市社区体育发展和管理中配置、组织、管理和协调职能。政府体育管理部门通过与市场和民间机构的合作,提供作为公共资源的社区体育资源、资产为社区体育发展提供基础性支持,并监督、保证社区体育有效发挥综合服务全民健身功能。在我国社会转型时期,必须淡化行政管理,培养社区内各单位的属地意识,加强社区体育各操作系统间的联系。在确立社区体育社会化管理的指导思想下,调整政府的体育管理体制,逐步实现社区体育管理由行政型管理模式向社会化管理模式转化,降低开展体育活动的重心,建立以社会化为主和多元化并存的社区体育运行体系,逐步实现社区体育管理体制由行政型管理模式向社会化管理模式转化,以适应我国经济、社会的全面发展。

2.培育城市社区体育社团

在中国城市化进程的背景下,依托单位的城市群众体育已逐步向以地缘联系为纽带、以业余自愿为前提的城市社区体育方向转化,政府直接参与式的社区体育管理组织只是一种过渡性组织措施,最终社区体育管理的权力应归还居民自治体育组织。目前我国市民社会正处于雏形阶段,社会体育自治组织程度较低,政府体育行政部门应致力于城市社区体育社团的培育,提高对体育结社自由的认识,扫清制度上的障碍,降低社区民间体育组织的准入要求,减少审核、登记的环节,制定完善相应的政策法规,引导、帮助、监督、协调民间体育社团和中介组织开展社区体育活动,使社区体育社团真正成为政府在社区体育管理中不可替代的力量。

3.探索城市社区体育市场化产业经营的道路

在市场经济的环境中,将作为福利的体育从城市企事业单位中剥离开来,彻底打破了由政府部门包办社会体育的单一局面,城市体育场地设施由国家、企事业单位管理逐渐转为承包或交由社区居民自行管理,其建设也正走向由政府、社区和社会捐助共建的道路,群众体育的管理也在向多样化方向转变,逐渐建立由国家调控、依托社会、服务群众、充满生机和发展活力的社会体育管理体制。从经济学的立场上看,城市是集约经济,在规模经济作用下,以人口为核心的资源要素集中、聚合的结果。城市在根本上是以市场为中心的,所以城市社区体育也应该积极探索符合现代市场机制运行要求的、可持续发展的产业化经营道路,一方面市场成为城市社区体育这一公共资源和资产优化配置的基本动力,实现资产资源的保值增值;同时明晰社区体育发展中市场与政府各自的责、权、利,明确城市社区体育中哪些属于公共产品资源,应该由政府组织运作,哪些则可以通过产权置换和重组进行市场化运作,把政府职能集中于规范、管理、监督、指导,并更多地从整体全局的立场进行城市社区体育的长远发展规划,以及制定符合实际的各项引导、鼓励社区体育产业发展的政策措施,注重社区体育内在质量的提升。

同时,城市社区体育产业化经营有着自身的特殊性,如城市社区体育场地、设施的建设,一方面是城市社区开发建设过程中,开发商为提升社区人文品质和住宅小区房屋附加值的建设内容之一,另一方面又是城市市政公共设施和城市文化建设的一部分,并成为城市开展全民健身活动和群众体育活动的主要载体,属于城市公共物品,因此城市社区体育产业经营的自主性应受到一定的限制,它不同于生产其他商品,必须服从城市社会文化事业的统一规划、管理和监督,经营者不仅应重视眼前利益,更应注重可持续发展的战略需要,在追求最大社会效益的前提下追求合理的经济效益,服务于社区居民。

第三节 从科技发展的角度看体育发展

一、计算机技术在体育中的运用

计算机技术的飞速发展和因特网的出现,象征着人类社会综合数据网,多媒体技术,语言、文字识别与机器翻译,虚拟现实等模拟大脑活动而发展的计算机原理、新的计算方法和软件是计算机科学的前沿领域。

西方国家的一些学者指出:以计算机技术为中心的高新技术手段在体育中的应用,将促使整个体育运动产生革命性变化。目前,计算机技术在运动训练中的运用,表现在以下七个方面。

①建立图像识别系统、利用图像重叠技术对技术动作进行图像处理,并及时反馈。

②利用因特网技术对运动员训练和比赛实施远程运动医学、训练学、心理学专家诊断,可使运动员在同一时间受到工作在不同地方和不同领域的专家的声像指导,以此方式还可以解决运动员流动训练的文化教育等问题。

③运用计算机大量存储数据资料、高速运算、模拟分析的功能,建立多功能大型专项数据库,可以准确地分析训练方式、修正训练指导思想。

④利用先进的计算机智能化功能,将计算机软件与先进的录像设备结合,组成"可视数据库",将比赛情况记录下来,运用数据库的快捷功能对比赛情况进行分类处理,将比赛现场技术、战术信息,如对手的比赛线路和攻击点迅速分析反馈给教练员,为教练员作赛前侦察、赛中指导及赛后总结提供帮助。

⑤利用卫星雷达计算机分析反馈系统,监测自行车项目、水上项目等比赛和训练过程,进行技术、战术诊断与指挥。

⑥运用计算机软件编程和多媒体技术实现体育管理的自动化,建立比赛管理指挥系统以及裁判员评价系统等。

⑦在基础科研领域,通过计算机模拟信号转换技术将呼吸、耗氧量、血压、肌电、心电、脑电等模拟信号进行转换后,再进行分析处理,可以遥控探测人体运动科学的动态真实规律等。

计算机技术的发展对体育运动的影响是不以人的意志为转移的,其发展速度和成效是难以预料的。

二、基因技术在体育中的应用

2000年最令世人瞩目的科技成就当属人类基因组序列工作草图的绘制完成,这一成果被誉为生命科学的"阿波罗登月计划""打开了生命天书的第一页"。人类基因技术的运用是现代生命科学研究取得重大进展的标志之一。从体育运动的角度看,随着分子生物学理论与技术的飞速发展,尤其是DNA重组技术的广泛应用,人们可以从基因水平上寻找决定人类运动能力的基因,在分子水平上探讨人体对长期训练的适应性变化,从而能更加科学而准确地评估个体的运动状态及运动潜力,加强对运动训练的控制。例如,可以通过基因调控防止运动性疲劳和加快恢复过程;利用基因诊断技术对运动员进行身体机能评定;利用转基因技术改造人体化学组成;建立运动性伤病与运动意外基因诊断系统;进行运动员基因选材等。

(一)利用生物芯片技术建立运动员身体素质功能诊断系统

采用先进的基因芯片技术,从不同运动项目运动员的身体素质相关基因表达的检测入手,可以筛选并确立运动员身体素质功能基因组;探讨不同项目运动员身体素质功能基因组表达谱的特点以及与运动能力有关的身体素质基因的遗传与变异规律;进行身体素质功能基因组的多态性分析;建立优秀运动员身体素质功能基因文库;最终实现优秀运动员身体素质功能基因诊断和基因选材的芯片系统的建立。这一系统的建立无疑是中国乃至世界运动员科学选材史上的巨大变革;同时,也将作为继人类基因组草图绘制成功之后,后基因组研究的重要组成部分,这一研究计划的实施不仅可以丰富后基因组研究的内容,为人类运动素质遗传特性的研究作出贡献,而且对我国实施"奥运争光计划"优秀运动员及后备人才的选拔具有重要的理论和实践意义。

(二)利用基因探针进行运动员科学选材

基因探针在诊断某些遗传病及其他疾病方面,已广泛应用于临床。利用某些生理、生化指标对运动员进行科学选材,也已得到人们的重视。研究表明,某些身体素质(如力量、速度和耐力)及其发展潜力具有相当高的遗传度。它们可能受一个或几个基因的调节和控制。在这项研究中,首先要利用限制片段长度多态性技术和随机扩增多态性 DNA 技术,分别对优秀运动员的力量、速度或耐力的 DNA 多态性进行检测,以找出他们基因组之间的差别和特异性基因,然后,进行克隆,制备成基因探针。最终利用探针杂交,来检测运动员所具有的身体素质特性,同时建立优秀运动员基因库。

(三)基因注射技术

需要引起我们重视的是基因注射技术的出现。所谓基因注射,是指通过注射手段,以人体内的微生物为载体,把特殊的基因嵌入人体细胞内,使原有的细胞产生变化。对于体育运动来说,基因注射技术或许是一场潜伏的灾难,因为在基因技术的帮助下,运动员可以改变自身的组织细胞来激发潜能、提高运动成绩,这与服用兴奋剂如出一辙,而且更加防不胜防。世界著名的运动生理学专家萨尔丁教授多年来一直关注着基因注射的进展状况,他在一篇题为《基因兴奋剂:科幻小说还是迫在眉睫》的论文中指出,基因注射技术的研究进展十分顺利,用于运动员只是时间问题。他甚至预测基因注射在未来五年内就能被广泛应用于商业目的。萨尔丁认为,如果从一只苍蝇身上取出一种基因,经过有目的地修改后重新将基因注射进苍蝇体内,这只苍蝇身上用于飞行的肌肉比注射前强化了近 300 倍。如果将增强上肢肌肉的基因注入标枪运动员身上,那么,98.48 米的世界纪录无疑很容易就会被打破;如果将促红细胞生长素或生长素的基因注入运动员体内,就可极大地提高他们的运动能力。而且,基因注射有着传统兴奋剂难以比拟的"优势",那就是很难被检测出来。

从上述基因技术运用的动态及其前景的描述中,我们可以看出,基因技术在体育中的运用可能会产生最具有革命性和爆炸性的结果。正如其他高新技术一样,基因技术也是一把"双刃剑",它不仅可能极大地改变体育运动,尤其是竞技运动的面貌,也可能引起竞技运动性质的改变,引发一系列关于体育竞赛宗旨,体育道德、伦理方面的冲突和争论,甚至可能引发竞技体育的异化。这是根本性的问题,需要引起我们的高度重视。尽管基因技术的研究开发到实际应用尚需时日,但其进展的速度可能超出人们的想象,在这个领域内的争夺将异常激烈。

三、材料科学在体育中的应用

材料科学的最新成果在运动装备方面的应用可以对运动成绩提高带来直接的影响,这已为大量竞技运动的实践所证明。

(1)日本科研人员发现游泳运动员的游泳衣在比赛中所产生的阻力约为总阻力的 3%,

为减小这一阻力,科研人员在泳装降阻方面花费了很大工夫。

（2）生物力学家测定表明,跑鞋的质量每增加 100 克,运动员的体能消耗就会增加 1%,为减轻跑鞋重量,1991 年,日本美津浓公司为卡尔·刘易斯制作了质量为 115 克的专用跑鞋。该跑鞋重要部位选用的是航空材料,刘易斯以 9.86 秒打破世界纪录时用的就是这一跑鞋。在第 27 届奥运会上,短跑运动员的跑鞋上使用了新的"Z"字形钉,也是最新的科技成果。

（3）为减轻足球运动员的服装重量,德国阿迪达斯公司生产出一种新型足球衣,布料纤维直径仅为头发丝的 1/5,0.5 千克纤维即可绕地球一周,非常轻便,当年参赛的 24 支足球队中,就有 16 支足球队的运动员穿上了该公司生产的这种足球衣。

（4）澳大利亚科研人员选用特制材料制造了自行车运动员头盔,并改变帽型与结构,从而大大减少空气阻力。据测验,在 10 千米计时赛中,使用这种头盔可提高成绩 15 秒。

在这方面,尤其要关注纳米技术的应用。新材料的科技前沿和杰出代表是纳米技术,纳米是长度单位,1 纳米是 1 米的十亿分之一,20 纳米相当于 1 根头发的三千分之一。这项技术就是对原子和分子进行加工,并将其组装成具有特定功能的结构,控制小到肉眼看不到的一种材料,从而向微观世界进军。专家称,纳米技术是跨越 21 世纪,关系到诸多领域技术革命的关键。可以预见,纳米技术在体育运动领域的开发、运用将极大地改变体育运动的面貌。已有报道称,国外正在运用纳米材料生产阻力更小的游泳衣。我国青岛双星技术开发中心于 2001 年研制出了第一双纳米鞋。

本章小结 —— 本章从人与社会发展的角度论述了未来体育的趋势,解析了体育在科技、人文不断发展的进程中的变化和特征。未来体育脱离不了人们社会生活的需求,同时体育又因为科技、文化的发展而呈现新的特征和规律。

回顾与思考 —— 1.从体育自身发展的规律来看,它的发展趋势是什么?

2.试述体育与人的现代化两者之间的关系。

3.从某些重要社会现象（如老龄化）的角度分析体育的发展趋势。

4.如何理解体育与科技的关系?

知识拓展 —— **NBA勇士队的高科技球馆**

当人们走在地砖上时,它可以发电;路灯可以将数据传送至路过的行人;利用虚拟现实拍摄的视频让球迷感到他们亲临赛场,实际上他们只是坐在自己客厅的沙发上。这不是科幻电影《星际迷航》(Star Trek)中的场景，而是勇士队为其新的主场球馆测试的一些技术。勇士队新球馆位于旧金山市，将于2018年开放。它将是一个占地12英亩的体育和娱乐综合设施，包括商场、餐馆和公园空间等，不仅供勇士队在这里进行主场比赛，还将举行音乐会和其他活动。

勇士队最近在NBA比赛中成绩不错，其目前的主场球馆是有50年历史、位于奥克兰市的奥克兰体育馆(也叫甲骨文球场)，该球队一直将其作为新技术的试验场所。不过一些技术，如苹果的iBeacon技术，其试用的效果还差如人意；一些技术在勇士队迁往新的主场前，将只在奥克兰体育馆的部分场所进行测试；而另有一些技术，可能在试验后被淘汰。勇士队数字化和营销副总裁肯尼·劳尔(Kenny Lauer)表示："我们的目标是，将来旧金山新球馆无论是举行勇士队的比赛，还是举办会议、艺术展览或其他任何形式的娱乐活动，都能为观众提供首屈一指的体验。我们不能让新球馆刚投入使用就已经过时。"

勇士队不惜重金打造高科技球馆的举措，是效仿了其他职业球队的做法。随着越来越多的球迷选择在家里观看比赛，美国各类职业球队都在想方设法吸引他们来到比赛现场，并让他们积极参与比赛的进程。一些高科技功能，如通过智能手机支付座位升级所需的费用，在让职业球队获得新收入来源的同时，也让球迷感到满意。由于大多数技术勇士队仍在探索中，对于如何充分利用这些功能以及它们的实际效果如何，目前仍存在疑问。另外，高科技产业的快速发展和变化，使得公司和其他一些组织制订为期数月的技术应用规划都很艰难，更不用说为期几年的了。

勇士队不是唯一正在紧跟技术发展潮流的球队。李维斯体育馆(Levi's Stadium)位于圣克拉拉市(Santa Clara)，是旧金山49人橄榄球队的主场。当该球馆2014年开始启用时，被一些人称为"硅谷建造的体育馆"，既因为它位于硅谷的中心，也因为它拥有许多高科技功能。许多美国职棒大联盟(MLB)球队的场馆——包括2014年MLB世界系列赛冠军旧金山巨人队的主场AT&T公园和纽约大都会(New York Mets)队的主场Citi Field——均配备了iBeacons基站，用于向游客推送专属优惠和花絮新闻。AT&T公司为其在达拉斯(Dallas)市的冠名体育场，同时也是达拉斯牛仔橄榄球队的主场，配备了大型、可互动的LED显示屏，以让球迷积极参与比赛。与此同时，其他球队对将高科技应用于体育馆有不同的观点。达拉斯小牛队的老板马克·库班(Mark Cuban)去年批评了在比赛中使用移动设备的现象，他告诉《商业周刊》："人们无聊的时候才会用使用它们。他们不希望有更多的理由来使用它们，而是希望使用它们的理由越来越少。"

勇士队数字化另一名高级主管凯文·科特(Kevin Cote)表示，对于像湾区(The Bay Area)这样一个高科技企业云集的地区，希望球迷在比赛的时候收起手机是不现实的。科特指出："在湾区，我们拥有独特的球迷基础，每一场比赛都有来自苹果、谷歌、Facebook和Twitter的高管观看。即使当比赛监管结束，只剩下5秒钟时，每个人仍会拿出手机，因为他们希望记录下决定比赛胜负的时候。"

勇士队并不是最早采用高科技的职业球队，但却在去年3月成为首个在主场球馆里安装iBeacon基站的NBA球队。2013年，苹果发布iOS 7手机软件时，首次推出了iBeacon技术，利用低能耗蓝牙技术向基站附近的智能手机用户发送通知。iBeacon基站现在主要部署在商场和体育场馆，让它们得以快速地与消费者和球迷互动。

当苹果未来几个月推出其首款可穿戴设备Apple Watch智能手表后，iBeacon技术可能得到进一步普及。市场研究机构Kantar Worldpanel的分析师罗莱娜·米拉内西(Carolina Milanesi)指出，iBeacon技术让苹果设备的用户使用更多的应用，同时让应用开发者更好地了解应用的使用情况和获得更多的收入。她说："当然，它的使用还有助于增加生态系统的黏性，并增加互动性，这将带来更高的品牌忠诚度。"勇士队通过球馆内的iBeacon基站发送四种类型的通知：欢迎消息，同时经常提示正在开展的促销活动，如免费送袜子等；提供座位升级服务；特殊优惠的交易；为球队商店促销。

勇士队数字化高级主管科特表示："我们不想让球迷收到不喜欢的消息，但我们要利用这一功能。"他还指出，在激活iBeacon的某一项功能时，该功能"必须对球迷有直接的好处，同时它能以某些方式推动业务"。科特说，在每场比赛的大约1.9万名球迷中，约有10%球迷接收iBeacon推送的消息。为了推送所有它想推送的消息，勇士队需要在球馆周围安装20~25个iBeacon基站。勇士队采用iBeacon技术还不到一年的时间，效果正在显现。科特表示，大约15%的座位升级是iBeacon消息推送直接促成的。

勇士队球队纪念品商店利用iBeacon消息推送，向球迷提供各种优惠，成为iBeacon技术应用一个更为成功的领域。通常情况下，在该商店消费一定金额后，可以获得一份免费纪念品。科特表示，收到推送消息的球迷，其消费金额比未收到的增加了93%。不过，并非所有通过iBeacon消息推送提供的交易均获得了成功。勇士队还没有想到如何让球迷利用小卖部推送的消息，尽管它们提供诸如购买一块比萨饼免费送爆米花的优惠。利用蓝牙推送功能，

iBeacon技术也能够发送无声铃声触发用户的手机。这让职业球队能通过音响系统推送消息，不管球迷是坐在赛场上还是在家里看比赛，都能收到这样的消息。

　　勇士队的劳尔表示："我们正在探索第二屏的概念，向收看比赛直播的球迷发送无声铃声，然后激活他们智能手机的应用。" iBeacon技术的另一个用途是提供更好的室内地图和导航服务，但勇士队目前还没有利用其iBeacon基站为球迷指路。

参考文献

［1］柏拉图.理想国［M］.张子菁,译.北京:西苑出版社,2003.

［2］蔡仲林,周之华.武术［M］.北京:高等教育出版社,2009.

［3］曹湘君.试论体育与德育、智育、美育的关系［J］.哈尔滨体育学院学报,1985(2).

［4］曹湘君.体育概论·第三讲:体育与其它社会活动的关系［J］.中国学校体育,1987(3).

［5］曹湘君.体育概论［M］.北京:北京体育学院出版社,1985.

［6］陈长礼,杨忠伟.体育的目的价值分析［J］.体育学刊,2006(5).

［7］陈红星.再论体育与教育的关系［J］.四川体育科学,2003(2).

［8］陈小龙,张宝强.关于体育分类的思考［J］.西安体育学院学报,2005(6).

［9］陈忠.体育·经济·社会［J］.福建论坛:社科教育版,1993(9).

［10］程云峰.体育功能结构的哲学构想［J］.贵州体育科技,1996(2).

［11］戴俭慧.社区体育——我国城市群众体育的一种发展趋势［J］.浙江体育科学,1995(4).

［12］丁伟忠.对制度的重新认识［J］.北京大学学报,2003(1).

［13］董宝林,朱乐青,蔡玉军.国外竞技体育研究时空特征、演进及热点探骊［J］.成都体育学院学报,2013(11).

［14］杜建军.新世纪我国体育目的的研究——基于体育价值观范式转变视野下的探析［D］.济南:山东大学,2009.

［15］弗洛姆.健全的社会［M］.北京:中国文联出版社,1988.

［16］高雪峰.试论我国社区体育的功能及其发展趋势［J］.湖北体育科技,1994(4).

［17］谷世权.中国体育史［M］.北京:北京体育大学出版社,1997.

［18］郭建如.社会学组织分析中的新老制度主义与教育研究［J］.北京大学教育评论,2008(3).

［19］国际奥林匹克委会.奥林匹克宪章［M］.北京:奥林匹克出版社,2001.

［20］国务院法制办负责人就《全民健身条例》答记者问［N］.经济日报,2009-09-07.

［21］侯晋龙.基于俱乐部理论谈我国职业体育俱乐部发展［J］.安徽体育科技,2004(3).

［22］胡小明.体育人类学［M］.广州:广东人民出版社,1999.

［23］胡小明.体育对改革开放的历史性贡献［J］.体育与科学,2002(1).

［24］胡小明.体育与军事［J］.解放军体育学院学报,2002(2).

［25］胡小明.体育的价值区域与探索路径［J］.体育科学,2007(11).

［26］胡小明.中国体育的改革与创新［J］.西安体育学院学报,2005(5).

［27］黄诚胤.试论体育的社会价值与作用［D］.重庆:重庆大学,2009.

［28］黄晓春.市场经济与体育价值观的变革［J］.广州体育学院学报,1994(2).

[29] 金育强,胡科,封伟,等.关于体育制度创新的路径思考[J].北京体育大学学报,2008(8).

[30] 江良规.体育原理[M].北京:商务印书馆,1945.

[31] 鞠洪林.体育与人的现代化[J].山东体育科技,1994(4).

[32] 约翰·凯利.走向自由:休闲社会学新论[M].赵冉,译.昆明:云南人民出版社,2008.

[33] 柯武刚,史漫飞.制度经济学[M].韩朝华,译.北京:商务印书馆,2000.

[34] 夸美纽斯.大教学论[M].傅任敢,译.北京:教育科学出版社,2005.

[35] 雷文秀.运动训练[EB/OL].http://baike.baidu.com/view/539473.htm"科普中国"百科科学词条编写与应用工作项目.

[36] 雷震.从社会学的角度审视体育制度的构成要素与功能[J].北京体育大学学报,2005(6).

[37] 李献祥.现代体育分类简论[J].体育与科学,1988(4).

[38] 李宗浩,苏连勇,叶加宝,等.关于体育手段的讨论[J].山东体育学院学报,2005(2).

[39] 李永跃.关于体育管理法制化的若干思考[J].安徽体育科技,2004(3).

[40] 李元伟.科技与体育——关于新世纪体育科学技术发展问题[J].中国体育科技,2002,38(6).

[41] 梁晓龙,杨卫东.当代中国体育概述[M].苏州:苏州大学出版社,2012.

[42] 刘晓忠,李琦玮,陶干臣.论体育的经济功能对国民经济的作用[J].商场现代化,2007(5).

[43] 鲁长芬,陈琦.从当代体育价值观的转变透视体育本质[J].体育文化导刊,2006(6).

[44] 卢现祥.新制度经济学[M].武汉:武汉大学出版社,2004.

[45] 卢元镇.体育社会学[M].3版.北京:高等教育出版社,2010.

[46] 马景芹.论体育的价值选择[D].济南:山东师范大学,2006.

[47] 马卫平,夏漫辉.我国体育人文社会学研究中的几个热点问题述略[J].体育科学,2015(2).

[48] 马卫平,范运祥.体育本质的公理化方法阐释[J].天津体育学院学报,2011(1).

[49] 马欣祥,田庄.对户外运动概念的重新甄别与界定[J].中国体育科技,2015(1).

[50] 孟凡强.体育概念在我国发展演变过程述评[J].天津体育学院学报,2008(3).

[51] 孟宪林,等.体操[M].桂林:广西师范大学出版社,1995.

[52] 欧文·M.柯匹,卡尔·科恩.逻辑学导论[M].北京:中国人民大学出版社,2007.

[53] 潘绍伟.揭开历史迷障　开拓体育前程——体育与政治关系综述[J].体育学刊,2001(4).

[54] 潘玉君,等.可持续发展原理[M].北京:中国社会科学出版社,2005.

[55] 祁宁,王乐.体育与经济相互关系浅论[J].中国商贸,2009(11).

[56] 乔玉成."体育"概念的发生学研究——兼论"Sport"能否成为中国"体育"的总概念[J].体育研究与教育,2013(1).

[57] 秦长辉.再探体育与军事、国防教育的关系[J].南京体育学院学报,2003(6).

[58] 仇军,周建军.论运动竞赛的社会效益[J].上海体育学院学报,2006(5).

[59] 曲伟,韩明安.当代汉语新词词典[M].北京:中国大百科全书出版社,2004.

[60] 全国体育学院教材委员会.体育概论[M].北京:人民体育出版社,1989.

[61] 商华.对我国城市一级社区体育可持续发展的宏观思考[J].武汉体育学院学报,2001(3).

[62] 尚庆云.体育与经济[J].商场现代化,2007(9)(中旬刊).

[63] 邵淑月,陈梦周.国际市场经济一体化形势下世界体育的发展趋势及我们对策[J].天津体育学院学报,1994(4).

[64] 宋狄雷.社会体育概论[M].哈尔滨:黑龙江人民出版社,2006.

[65] 苏竞存.学校体育的特点及其在义务教育中的重要意义[J].课程·教材·教法,1987(9).

[66] 孙金蓉.高龄化社会与老年人体育[J].湖北体育科技,2002(2).

[67] 孙汉超,陈林祥.竞技体育职业化对我国体育事业发展的影响[J].福建体育科技,1994(4).

[68] 唐宏贵.体育概论[M].北京:人民体育出版社,2007.

[69] 陈安槐,陈萌生.体育大辞典[M].上海:上海辞书出版社,2000.

[70] 体育概论编写组.体育概论[M].北京.北京体育大学出版社,2013.

[71] 王春燕,潘绍伟.体育为何而存在?——20世纪80年代以来我国体育本质研究综述[J].体育文化导刊,2006(7).

[72] 王聪.体育概念的发展史及其概念的界定[J].体育世界,2014(2)(下旬刊).

[73] 王建平.西方健康教育思想史[M].北京:首都师范大学出版社,2006.

[74] 王景连,赵崇珍.浅议体育概念的历史演变[J].安徽大学学报:哲学社会科学版,1995(6).

[75] 王凯珍,赵立.社区体育[M].北京:高等教育出版社,2004.

[76] 王莉.再谈学校体育与社会体育、竞技体育三者关系[J].贵州体育科技,2005(4).

[77] 王镇兴.浅谈体育与教育之间的联系[J].产业与科技论坛,2012(11).

[78] H.G.韦尔斯.世界史纲[M].北京:北京燕山出版社,2004.

[79] 伍绍祖.中华人民共和国体育史(1949—1998)综合卷.[M].北京:中国书籍出版社,1999.

[80] 叶加宝,苏连勇.体育概论[M].北京:北京体育大学出版社,2005.

[81] 夏荷莲,郭华恬.论休闲体育的社会价值[J].体育文化导刊,2004(6).

[82] 肖莲荣,申洪山,王芳.浅谈健身锻炼与运动训练的本质区别[J].山西体育科技,2000(1).

[83] 肖泽彬,岳岩."体育"概念研究综述[J].海南广播电视大学学报,2010(4).

[84] 熊晓正.体育概论[M].北京:北京体育大学出版社,2008.

[85] 亚里士多德.亚里士多德全集(第2卷)[M].苗力田,译.北京:中国人民大学出版社,1996.

[86] 姚维国.体育游戏[M].北京:人民体育出版社,2012.

[87] 杨世勇.体育科研方法概论[M].北京:人民体育出版社,2006.

[88] 杨文轩,陈琦.体育概论[M].北京:高等教育出版社,2004.

[89] 杨文轩,曲宗湖.现代社会与学校体育[M].北京:人民体育出版社,1999.

[90] 杨文轩,杨霆.体育概论[M].2版.北京:高等教育出版社,2013.

[91] 杨秀芹.体育科研方法[M].北京:北京体育大学出版社,2008.

[92] 杨志渊.浅析体育运动之美[J].中国商界,2010(1).

[93] 英克尔斯.人的素质现代化探索[M].曹中德,等,译.天津:天津社会科学院出版社,1995.

[94] 易剑东.体育概念和体育功能论[J].体育文化导刊,2004(1).

[95] 于光远.论社会科学研究[M].成都:四川人民出版社,1981.

[96] 袁海强,江亮.中西方体育本质发展的逻辑辨析[J].体育与科学,2014(2).

[97] 张宝华,陈革新.试论世界职业体育俱乐部兴起的历史背景[J].北京体育大学学报,2000(1).

[98] 张林,等.我国职业体育俱乐部的形成与发展[J].成都体育学院学报,2001(1).

[99] 张林,李明.职业体育俱乐部发展沿革[J].西安体育学院学报,2001(3).

[100] 张元阳.论现代终身体育的本质与必要[J].重庆交通学院学报,2004(3).

[101] 张岩.体育科学的特征[J].武汉体育学院学报,1992(2).

[102] 赵秋蓉,高炳宏.人口老龄化与老年人体质研究展望[J].体育科学,2000(4).

[103] 赵立.体育概论[M].北京:人民体育出版社,2009.

[104] 赵亮.我国军队体育管理体制现状研究[D].北京:北京体育大学,2010.

[105] 中国社会科学院老年科学研究中心.构建和谐社会:关注老龄化影响[M].北京:中国社会科学出版社,2007.

[106] 中国大百科全书编辑委员会.中国大百科全书体育[M].北京:中国大百科全书出版社,1982.

[107] 周爱光.试论"竞技体育"的本质属性——从游戏论的观点出发[J].体育科学,1996(5).

[108] 周海军.我国农村体育的现状与对策初探[J].武汉体育学院学报,1994(3).

［109］浣卫刚.发展体育休闲文化消费的几点思考［J］.消费经济,1998(6).

［110］周西宽.市场经济·体育·现代意识［J］.成都体育学院学报,1994(3).

［111］周西宽.体育基本理论教程［M］.北京:人民体育出版社,2004.

［112］诸爱琴,华伟林.对社区体育发展的探讨［J］.上海体育学院学报,2001(5).

［113］林坚.文化学研究引论［M］.北京:中国文史出版社,2014.

［114］周宪.文化表征与文化研究［M］.修订本.上海:上海人民出版社,2015.

［115］吴增基,吴鹏森,苏振芳.现代社会学［M］.3版.上海:上海人民出版社,2005.

［116］金岳霖.形式逻辑［M］.北京:人民出版社,1979.

［117］杨文轩,陈琦.体育概论［M］.2版.北京:高等教育出版社,2013.

［118］卢元镇.体育社会学［M］.北京:高等教育出版社,2006.

［119］吕树庭,刘德佩.体育社会学［M］.北京:人民体育出版社,2007.

［120］胡小明,虞重干.体育休闲娱乐理论与实践［M］.北京:高等教育出版社,2004.

［121］刘志迎,徐毅,庞建刚.供给侧改革:宏观经济管理创新［M］.北京:清华大学出版社,2016.

［122］王一川,等.中国文化软实力发展战略综论［M］.北京:商务印书馆,2015.

［123］韩顺法,杨建龙.文化的经济力量［M］.北京:中国发展出版社,2014.

［124］李稚田.腾飞的软实力:文化、产业与非遗［M］.呼和浩特:内蒙古人民出版社,2015.

［125］钟天朗.体育经济学概论［M］.上海:复旦大学出版社,2006.

［126］丛湖平.体育经济学［M］.北京:高等教育出版社,2004.